战争风云

美国士兵战争亲历记

The Deserters

A Hidden History of World War II

[美] 查尔斯·格拉斯　著 BY CHARLES GLASS
向程　译

新世界出版社
NEW WORLD PRESS

图书在版编目（CIP）数据

战争风云：美国士兵战争亲历记 /（美）格拉斯著；向程译. --
北京：新世界出版社，2015.9
ISBN 978-7-5104-5424-0

Ⅰ. ①战… Ⅱ. ①格… ②向… Ⅲ. ①第二次世界大战—史料
Ⅳ. ①K152

中国版本图书馆CIP数据核字（2015）第224851号

战争风云

作　　者：[美]查尔斯·格拉斯
译　　者：向　程
责任编辑：余守斌　熊文霞
责任印制：李一鸣　黄厚清
出版发行：新世界出版社
社　　址：北京西城区百万庄大街24号（100037）
发 行 部：（010）6899 5968　（010）6899 8705（传真）
总 编 室：（010）6899 5424　（010）6832 6679（传真）
http://www.nwp.cn
http://www.newworld-press.com
版 权 部：+8610 6899 6306
版权部电子信箱：frank@nwp.com.cn
印　　刷：北京嘉业印刷厂
经　　销：新华书店
开　　本：710mm × 1000mm　1/16
字　　数：265千字　印张：19.5
版　　次：2015年12月第1版　2015年12月第1次印刷
书　　号：ISBN 978-7-5104-5424-0
定　　价：38.00元

献给两位朋友，勇敢的美国军人，

一等兵史蒂芬·J. 韦斯

和已故的艾尔弗雷德·E. 贝克上校

在二战中，美国政府授予列兵韦斯铜星勋章、三枚战斗之星、第二次世界大战胜利奖章、法国南部登陆战[1]嘉奖、战斗步兵徽章和优良品德奖章。法国政府授予他荣誉军团军官勋位、两枚英勇十字勋章、抵抗奖章、战士十字勋章、孚日省[2]荣誉市民证书和法国国籍。

贝克上校在越战时期曾是一位功勋卓著的老兵。如宾夕法尼亚州众议院所记录，他因为作战英勇获得银星勋章，还有数枚国防部服役优秀勋章和功绩勋章、三枚铜星勋章、四枚紫星勋章（因为在战斗中英勇负伤），以及多枚服役和功绩奖章。

---

[1] 法国南部登陆战：即“龙骑兵行动”，是第二次世界大战中的一场战役，盟军于1944年8月15日攻入法国南部，作为“霸王行动”的辅攻计划，策应在诺曼底登陆的部队。

[2] 孚日省（Vosges）：在法国东北部的洛林大区。

目录

我害怕被人当成懦夫。

奥迪·墨菲，

《百战荣归》（亨利·霍尔特出版社，1949）

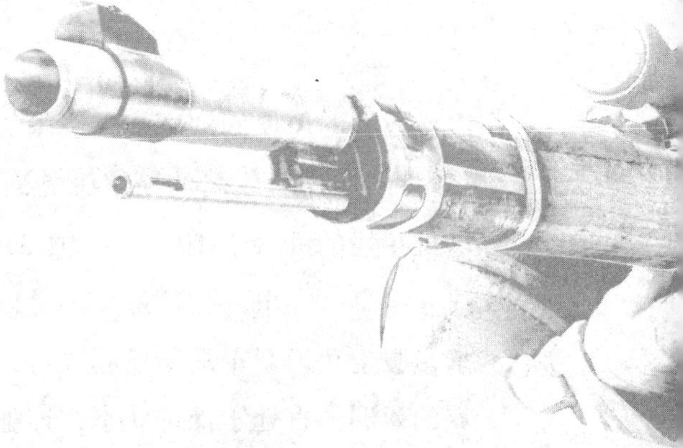

序

埃迪·斯洛维克认为自己是世上最倒霉的人。二战期间，有近 5 万名美军士兵和 10 万名英军士兵逃离部队，而斯洛维克是唯一被处死的那个。他来自密歇根州的底特律，有犯罪前科，当时 25 岁。1944 年 10 月 9 日，斯洛维克在法国北部逃走，其实并没有代表性。80% 的逃兵都是长期持续作战的前线步兵，而斯洛维克从未参加过战役。他的逃亡经历也与多数逃兵大不相同。他错就错在公然承认自己宁可坐牢，也不愿上战场。斯洛维克最终未能如愿，军事法庭判处他死刑，根据《军法条例》条款所规定的判罚形式，执行枪决。

二战中被判死刑的美军士兵共 49 名，只有斯洛维克的减刑请求遭到驳回。他的审判时逢许特根森林战役[1]。斯洛维克所属的第 28 步兵师共有 15000 人，在当年 11 月的战斗中伤亡 6184 人。惨烈的战况迫使军事法庭难以宽大处理。斯洛维克不服死刑判决，于 1945 年 1 月提出上诉。不巧的是，又逢德军开始反攻，发动突出部战役[2]，美军陷入生死之战。此刻盟军最高指挥官艾森豪威尔将军若是大发善心，赦免逃兵，绝非明智。

从高级将领之间的书信记录来看，他们都认为有必要处死斯洛维克，

[1] 许特根森林战役（The Battle of Hürtgen Forest）：二战期间美军和德军之间的一场旷日持久的战役，从 1944 年 9 月 19 日，持续到 12 月 16 日，战场在德国和比利时边境以东。

[2] 突出部战役（The Battle of the Bulge）：德军在二战后期发动的反攻，从 1944 年 12 月 16 日到 1945 年 1 月 25 日，在比利时东南、卢森堡北部和法国东北部的阿登森林地区。

以儆效尤。可他们却下令在法国的一个偏远小村圣玛丽欧米讷秘密处死他（背上“懦夫”之名的斯洛维克面对行刑队并没有求饶，还算有点骨气）。这位年轻的逃兵于 1945 年 1 月 31 日上午被枪毙，不管前线战士是否得知这一消息，突出部战役最后还是以盟军的胜利而告终。此后已无须以死刑来慑服士兵，盟军重新发起攻势，并于四个月后推翻了第三帝国。斯洛维克的死刑一直处于保密状态，连他的遗孀安托瓦妮特也未获知实情，她得到的消息是丈夫在欧洲战场阵亡。

1948 年，记者、小说家威廉 · 布拉德福德 · 休伊[1]发现了斯洛维克的死因，但这件事在当时仍太敏感。他在《自由》杂志上隐藏了斯洛维克的真实身份，称他为“一名 25 岁的美国白人，名叫刘易斯 · 辛普森，是第 28 师的补充兵”。休伊在文章中提出质问，逃兵有几千名，为何单单处死一人。文章还使人们对美国人的战斗意志产生了怀疑。二战期间，休伊在美国海军服役，他注意到总共有 175 万人经精神病医生批准，以“非身体原因”为由逃避兵役，也就是说每八个参加体检的人中就有一个。经过严格的筛选，有神经衰弱、精神创伤和“战斗疲劳症”（也叫“战斗衰竭症”）的士兵都被视为不适于作战。休伊指出，“二战期间，约有 38000 名军官和士兵因试图以歪门邪道逃避危险任务而受到军事法庭的审判，其中军官占 10%。”他们受到的判罚与其参战同袍所经受的苦难相比真的一点儿也不重，只有斯洛维克是个例外。休伊说这件事足以引起众怒，“如果一位身体健康、心理健全的美国士兵在战斗前夜离弃他的战友，他将面临的不但有舒适的监禁环境，还有随之而来的赦免，并且根据《退伍军人权利法案》规定，他还能接受大学教育，试问还有谁会为了祖国浴血奋战？”

他还说：“通过‘排除懦弱的行为’，精神病医生倾向于解除所有美国人参战的个人责任。”但绝大多数士兵还是参战了。太平洋战场上几乎不存在逃兵，即使想逃避危险也无处可躲。在欧洲战场，逃离前线的人不

---

[1] 威廉 · 布拉德福德 · 休伊（William Bradford Huie，1910 年 11 月 13 日 — 1986 年 11 月 20 日）：美国记者、编辑、出版人、电视节目主持人、编剧、演讲家、小说家。

超过总人数的 1%。但这部分逃兵中有 10% 是亲眼目睹过战斗的军官。盟军指挥官讨论过稳定军心的方法。乔治 · 巴顿将军恨不得枪决这群“胆小鬼”，在他著名的西西里岛掌掴事件中，他扇了一位患炮弹休克症的士兵一耳光，指责他装病。北非和意大利战场的英军高级指挥官恳求政府恢复一战中处死逃兵的做法。有的指挥官赞成前线救助站不仅要有传统的医疗救护手段，还要配备精神病医生，这一观点很受欢迎。他们意识到精神和肉体一样也会受到创伤——士兵每天都要面对死亡的威胁，忍受空中轰炸和密集炮火造成的脑震荡，地雷和诡雷带来的恐惧，营养不良，恶劣的卫生条件和睡眠不足。要让崩溃的士兵振作精神重返战场，为他们提供精神辅导、像样的食物、干净的衣服和充足的休息，可能比行刑队的威胁有用得多。

逃兵中没几个是懦夫。无间断地与轴心国敌军战斗，很多人是在持续作战的高压之下精神崩溃。盟军前线部队的轮换体系存在缺陷，迫使士兵超出自己所能承受的极限。下级军官训练不过关，带兵无方，很多军官自己不参与战斗，也没能鼓舞军队的士气，就把青年士兵赶上每天炮火纷飞的第一线。每个逃兵率高的连、营、师都受指挥不利和补给不足的影响，指挥官和逃兵一样应该受到指责。战后的研究表明，盟军在补充兵力时将单个士兵杂乱地分配到各个连队，这样就打乱了互相熟悉和信任的小团体，使得各个小分队缺乏凝聚力。小分队的其他战友都阵亡之后，继续战斗只有死路一条，有的士兵就会选择逃亡。

前线的其他战士最能与逃兵产生共鸣。有时他们自己也有退出战争的冲动，他们只需逃离部队，或者朝自己的脚上开一枪，或者不听前进的号令故意掉队就可以了。如果战友要离队，极少有步兵会试图阻拦。

1954 年，休伊的书《处决列兵斯洛维克》出版问世，该书通过翔实的调查，将埃迪 · 斯洛维克的真实身份公之于众。20 年后，马丁 · 辛在同名的电视电影中饰演斯洛维克。影片中马丁 · 辛念了一段斯洛维克临刑前的真实遗言，他说 :“他们处死我，不是因为我逃离部队，这样做的人有千万个。他只不过要杀一个典型，杀我是因为我有前科。我小时候偷过东西，就因为这个他们要杀我，就因为我 12 岁时偷过面包和口香糖。”

上一次有人因逃离部队而被处死还是在 1865 年，一个叫威廉·斯米茨的士兵被联邦军行刑队枪决，他隶属于宾夕法尼亚志愿军第 90 团 F 连。在那之后，埃迪·斯洛维克是第一个。（南北战争中，从南军和北军中出逃的士兵超过 30 万人。作家马克·吐温更以当过双方的逃兵而闻名。）从 1865 年到 1945 年这段时间里，也出过很多逃兵。南北战争过后，边防部队军心涣散，逃兵现象仍然常见。军饷太少，食物太糟，还得忍受军官的虐待，士兵毫无顾忌地逃离部队，奔往待遇更好、薪水更高的金矿、银矿和牧场。在与北美土著的战争以及美西战争中，美军没有一个逃兵遭受处决。一战期间，共有 24 名逃兵被军事法庭判处死刑，结果后来全被伍德罗·威尔逊总统赦免。

如果说斯洛维克是美军中最倒霉的逃兵，那么韦恩·鲍尔斯可能是最走运的一个。鲍尔斯在登陆日[1]之后第三天到达法国，那年他才 23 岁，是一名军用卡车司机。1944 年 11 月，他在法国北部靠近比利时边界的蒙多里尼[2]小村遇见了黑头发的法国姑娘伊薇特·贝勒兹。鲍尔斯生于密苏里州的奇利科西，不会说法语，伊薇特不懂英语。后来《法兰西晚报》上是这样写的：“经历了数月的奋战，鲍尔斯看到了伊薇特的嫣然一笑。”就在突出部战役的前几天，鲍尔斯往比利时边境运送补给，半路上他的卡车被劫走了（很可能是逃兵干的）。他孤身一人徒步而行，实在找不到自己的小分队，于是他逃回了伊薇特身边。他没法跟伊薇特结婚，因为绝不能让警察知道他的存在。他躲在贝勒兹一家的房子里，而伊薇特在附近的纺织厂上班。他俩生了五个孩子，从来不准孩子告诉别人他们的父亲是谁。后来二战结束了，朝鲜战争打响。接着朝鲜战争也结束，鲍尔斯曾经的顶头上司艾森豪威尔将军当选美国总统。这些年来，鲍尔斯始终是个通缉犯。美国宪兵和法国宪兵来伊

---

[1]　登陆日（D-Day）：诺曼底登陆战役发生的日子，在 1944 年 6 月 6 日，是第二次世界大战中盟军在欧洲西线战场发起的一场大规模攻势。

[2]　蒙多里尼（Mont d’Origny）：位于法国东北部皮卡第大区的埃纳省。

薇特家搜查过两次，都没发现鲍尔斯在楼梯下面的藏身之处。

休伊的书把斯洛维克案推上风口浪尖，直到四年后，韦恩·鲍尔斯的名字才见诸报端。1958 年 3 月，贝勒兹一家的房子外出了一起车祸，屋里的鲍尔斯不该隔着窗帘往外窥视。他这一看，刚好被调查现场的警察发现，他被移交给美国宪兵。这对年轻恋人的爱情故事被各大报纸竞相报道，短短三天之内美国驻法大使馆就收到了 6 万封来信——都是为鲍尔斯求情的信，请求宽大处理这位爱上法国姑娘的美国青年。军事法庭宣判鲍尔斯犯有逃离部队罪，判处他服 10 年劳役，不过很快就改判为 6 个月劳役。美国军法署复查过鲍尔斯的案子后决定将其释放。两年后，鲍尔斯和伊薇特在蒙多里尼完婚，那时他俩的第六个孩子刚诞生不久。

讲故事的人没有将斯洛维克和鲍尔斯与大规模逃离部队这一宏观现象联系起来。美军和英军的逃兵有 15 万人之多，其中绝大多数人的结局既不同于斯洛维克，也不同于鲍尔斯。斯洛维克是唯一被处死的一个，而鲍尔斯是少数几个处罚极轻的逃兵。二战逃兵真正的故事在这两类之外，还有一些士兵的命运更具代表性，并且鲜为人知。找到他们，是我的首要任务。

伦敦的一次偶遇给了我意外惊喜，帮我指明了方向。那是 2009 年的 3 月，为了推广我的上一本书《美国人在巴黎：纳粹占领下的生与死》[1]，我来到了伦敦的“前线俱乐部”，这是一个战地记者的集会场所。听众里有一位谦和有礼、穿着体面的美国绅士问了我几个问题。所有演讲者都怕遇到他这样的人：熟知演讲主题的听众。他对法国抵抗运动的了解显然要比我更详尽。他的胸前别着一朵玫瑰形的徽章，一点也不张扬，但可以证明他是法国荣誉军团的一员。原来他曾属于美国的正规军，还加入过 1944 年的法国抵抗组织。

后来我们移步南肯辛顿，在他家附近找了个喝咖啡的地方，他给我讲述了抵抗军的故事，听得我不亦乐乎。最后他问我接下来打算忙些什么。

---

[1] *Americans in Paris: Life and Death Under Nazi Occupation*，国内并未引进，《美国人在巴黎：纳粹占领下的生与死》是译者的暂译名。

我告诉他我要写一本书，讲述二战中美军和英军逃兵的故事，又问他是否知道些什么。他回答说："我就是个逃兵。"

我们又各点了一杯咖啡，从那天起我有了一位新朋友——史蒂夫·韦斯[1]，美军第36步兵师功勋卓著的老兵，法国抵抗军的一员，同时也是一名逃兵。

直到那时，我的研究才从档案馆转向图书馆，从军事法庭的记录转向老旧的缩印邮件[2]资料，从泛黄的文档转向浩如烟海的学术研究。史蒂夫·韦斯给战争和逃兵困境这两个题材注入了新的活力。他心胸宽广，接受了数小时的访谈，还给我看了他的私人藏品，包括一本未出版的回忆录、大量的书信、报刊文章、照片和书籍。我们一起去了法国东部，重访他曾战斗过的地方，在森林里找到了他和战友从前挖的散兵坑。我经常缠着他问问题，而他总是不厌其烦地如实回答。他生于1925年，如今仍保持着健朗的体魄和饱满的热情，跟1942年加入艾森豪威尔远征军的那个青年别无二致。

随着我对韦斯的了解加深，我对他的尊敬和崇拜也与日俱增。战争结束后，他的人生成为一次漫长的探索，揭示了战斗、军纪、监禁如何影响他和他的战友。长年接受精神病治疗让他自己也成了一名精神病医生，他的亲身经历使他能与治疗对象产生共鸣。他的病人有着与他相似的精神创伤，有些人的状况比他严重得多。有的老兵把往事埋在心底，韦斯却选择直面痛苦。他领着我重游战场，去看那些见证了他胜利和屈辱的地方。他还带我寻访了他的老战友。到了晚年，韦斯从加利福利亚搬到伦敦，在伦敦大学国王学院著名的战争研究系授课。

查尔斯·B.麦克唐纳在他的《齐格菲防线战役》[3]中写道："为困境中

[1] 即史蒂芬·J.韦斯，史蒂夫是史蒂芬的昵称。

[2] 第二次世界大战时，美军将邮件先用显微软片摄影，再运输到海外，放大之后印出，交给收信人。

[3] The Siegfried Line Campaign，国内也并未引进，《齐格菲防线战役》是暂译名。齐格菲防线是纳粹德国在第二次世界大战开始前，在其西部边境地区构筑的对抗法国马奇诺防线的筑垒体系。1944年和1945年盟军和德军在此处进行了激烈而持久的攻防战。

的美军士兵写书立传总让我受益颇多，就跟记录美军光荣凯旋一样意义非凡。”查尔斯是一名步兵上尉，1944 年和 1945 年期间在北欧作战。二战中的步兵是战斗主力，他们的巨大不幸也非常人可以想象。登陆意大利和法国海岸的大多数士兵没能活着见证二战胜利，而有的幸存者得知德国投降的消息时正因逃离部队而身陷囹圄。他们知道自己无法撤出前线，面对危险得不到丝毫喘息，在坟墓和耻辱之间只好选择后者。很多士兵甚至连选择的机会都没有。身体仿佛不听使唤，领着他们避开危险，他们回忆起逃离的情形，仿佛是在做梦一般。很多人胆怯了，很多人崩溃了，很多人实在忍受不了了。战地记者厄尼 · 派尔写道 ：“不管长得多壮，战场上究竟有没有人能够防止自己精神崩溃。我看这是个谜。”他的报道以同情普通士兵而闻名。

少数人逃离战场是为了谋财，他们偷走前线战友赖以生存的军用物资拿去卖。1944 年到 1946 年期间，那不勒斯、罗马、巴黎的黑市贸易都由盟军逃兵所掌控。他们劫掠盟军的运输队，常常是武装抢劫。当乔治 · 巴顿将军的坦克部队正要突破德军的齐格菲防线时，他们劫走了军队的汽油。逃兵无休止的劫掠使他们战斗在前线的同袍缺乏食物、毛毯、弹药等必需品。在意大利，逃兵开着卡车，把抢来的盟军装备运给意裔美国黑手党成员维多·吉诺维斯[1]（他隐瞒了自己的法西斯背景，通过手段成为了在那不勒斯的盟军将领不可或缺的人物）。臭名昭著的“莱恩帮”就由逃兵组成。1944 年，宪兵几乎全年都在追捕该组织的成员。该组织的头目叫沃纳 · 施迈德尔，是一名 23 岁的列兵，来自宾夕法尼亚州的阿伦敦，化名为罗伯特 · 莱恩。他的帮派抢劫、勒索、谋杀，无恶不作，一度让军队和民众陷入恐慌。1944 年 11 月，宪兵将他们抓捕归案，可他们在平安夜发动了一次胆大包天的越狱行动，逃出去后向罗马的黑社会寻求庇护。几周后施迈德尔和帮派的核心骨干再次被捕，并于 1945 年 6 月因犯谋杀罪而

[1] 维多·吉诺维斯（Vito Genovese，1897 年 11 月 27 日—1969 年 2 月 14 日）：绰号唐·维多（Don Vito），生于意大利那不勒斯，是美国著名黑手党帮派分子。

被处以绞刑。但此事并未终结，逃兵的犯罪活动此起彼伏，一直持续到战后。（在头目被绞死的一周以后，两名莱恩帮残余分子在从罗马到佛罗伦萨的路上劫持了一辆武装运钞车，车上装有133000美元现金。）在法国，美军逃兵与科西嘉岛的犯罪组织勾结起来，盗窃香烟、威士忌酒、汽油等其他货物，并参与销赃。美军逃兵在法国肆无忌惮地强奸、抢劫，在法国民众眼里，他们的暴行比德军在占领法国的四年里的“正确表现”好不到哪去。

巴黎有太多诱惑，尤其是漂亮女人和不义之财，都在向美英士兵招手，引诱他们逃离部队。有个叫艾尔弗雷德·T.怀特黑德的中士，本是个田纳西州的农场小伙，因为在诺曼底登陆战中的英勇表现获得银星勋章和铜星勋章。巴黎解放后，他摇身一变成为当地一霸。他与一位餐馆女服务员同居，抢劫盟军补给站、餐馆和普通民众。他代表了一类逃兵，法国媒体称他们为“芝加哥帮”卖命。跟那些躲起来的逃兵相比，他们更让盟军指挥官头疼。《纽约时报》的记者达纳·亚当斯·施密特写道：“美军逃兵光天化日之下在公路上劫持卡车，与美国宪兵交火。”他在巴黎的另一篇报道中说：“如果不跟宪兵合作，法国警方不敢介入。”抓捕逃兵成了大多数同盟国宪兵的全职工作。

战争初期，英国和美国军方明白有士兵会因为高度紧张的战斗而精神崩溃。这种事在一战中见得多了，“炮弹休克”这一术语也是从那时起开始普遍使用。老派思想认为不论是“炮弹休克”还是后来改称的“战斗疲劳症”都不过是给“怯懦”换了个新潮的说法罢了。但是一战以来的心理学研究发现，人的心理和身体一样，也会受伤。为了弄清哪些人容易崩溃，哪些人承受力强，当时有大量的研究。哈佛大学的埃德温·加里格斯·波林教授带领最顶尖的心理学家，与军方合作出版了一本《战士心理学》。这本书为每个参战的士兵而写，指导他们如何在战斗中保全心智，很快就卖了380000册。书中有很多真知灼见，尤其是对于不堪高压精神崩溃的普通士兵，此书郑重地指出：“他们不是懦夫。”

恐惧和精神崩溃让史蒂夫·韦斯逃离部队，贪欲驱使艾尔·怀特黑德[1]走上邪路，此外还有另一种逃兵，他们逃走纯粹出于对杀戮的厌恶。《战士心理学》指出对于成长在和平年代的孩子来说，战争和杀戮不是什么正常的活动，书中写道："美国人对打打杀杀没有特别的爱好。他们通常厌恶杀戮——认为杀人是错的、有罪的，杀人就要偿命。"这种观念不只美国人有。有一名叫约翰·弗农·贝恩的英军士兵出逃过三次。他从未在战斗过程中逃走，事实上他在北非和法国北部的表现都很不错。在诺曼底，英军的军事法庭总共审判了逃离战场的4名军官和7018名士兵，而贝恩却在战役中坚守阵地。他逃避的不是战争，而是军队。在他看来，军队是个灭绝人性的组织，所提倡的行为放到除战争以外的任何情况下都是犯罪。为了保全自己的人性，他选择了逃亡。贝恩的经历一定能让心存疑惑的士兵产生共鸣，他们也不知道自己在崩溃或者逃亡之前还能坚持多久。贝恩生前留下了不少书信、笔记和访谈记录，他的儿子约翰又提供了大量的细节作为补充，使我们能更深入地了解贝恩的品性、动机和缺陷。

约翰·贝恩以逃兵的口吻给他的儿子写了首诗：

但是孩子，内心深处，我的灵魂，
仍旧完美无瑕；
他们以为捏死我就像捏死一只虫子，
可到头来我才是赢家。

第二次世界大战不像有些电影和冒险故事里描述的那样精彩。经历过的年轻人感到身心俱疲，逃离战场，也没什么好奇怪的。约翰·基根最早记录下亲历者眼中的战争，他写道："战争没有任何精彩可言，尤其是二战，它造成了5000万人死亡，毁灭了欧洲大片的文化遗产，引发了政治腐败，动摇了明文的道德基础。"

[1] 即艾尔弗雷德·T. 怀特黑德，艾尔是艾尔弗雷德的昵称。

第一卷

从男孩到士兵

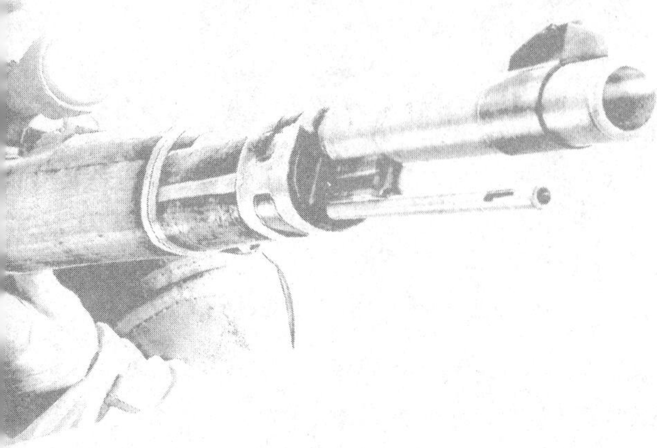

一

不能杀生——杀生是罪大恶极。

《战士心理学：准备做一名战士》

美国国家研究理事会委员会与科学服务社 合作编写

《步兵》杂志社，华盛顿特区（企鹅出版社，伦敦）

1943 年，第 349 页

第一次世界大战（1914 年至 1918 年）结束后，一等兵威廉·韦斯即将离开法国。他的腿上带着德军子弹留下的伤疤，肺部受到毒气的伤害，脑子里全是痛苦不堪的回忆。他在图尔附近的一家天主教医院接受康复治疗，在那期间这位犹太裔美国人爱上了照顾他的法国女护士。这段恋情支撑着他艰难度日，直到四个月后，第 77 步兵师受命在布列斯特集结，准备乘船回纽约，两人的恋情才被迫终结。1919 年 4 月，也就是一战结束后的第五个月，回国后的韦斯发现纽约变得死气沉沉。一战后经济开始衰退，军工厂纷纷裁员，银行催还战时的借款。第 77 师的士兵当年参军时，他们的工作都被留在国内的民众接管。回国后有 25% 的士兵面临失业，他们唯一能做指望的就是民众的热烈欢迎。等到他们登船准备横穿大西洋时，连能否受到民众的欢迎都打上了问号。

美国战争部宣布不会为回国的军队准备一次凯旋大游行，听到这一消息，第 77 师的将领大吃一惊。就在一个月前，奥赖恩率领着他第 27 师的那群“野蛮人”风风光光地走过第五大道，民众夹道欢迎，呼声震天。第27师与第77师唯一的共同点是这两支部队都隶属于纽约。第27师全是志愿兵，大部分士兵是爱尔兰裔，是虔诚的美国基督徒战士。而第77师的士兵成分复杂，有的招募于民间，有的是最近来自意大利、希腊、俄国、波兰、亚美尼亚、叙利亚和中国的移民。三分之一的士兵是犹太人。其中有12000人在服役期间刚刚获得美国国籍，所以在华盛顿的政客眼中，这部分人还不完全是美国人。

美国民众执意要为第77师举办欢迎仪式，结果战争部搬出各种托辞百般阻挠，声称是第77师的士兵自己不想要游行仪式。可一问士兵，他们都一致说想要。战争部长牛顿·贝克转述了第五大道各商铺店主反对意见，说在第97和第98街搭建看台影响店铺正常经营。可后来法院驳回了这条涉及商铺店主利益的禁令，战争部不得不改称游行仪式花费太多——大概需要100万美金，这一数字后来降至80万美金。最后又说在港口一次性登陆3万人会导致码头的正常运作陷入瘫痪。

战争部的推诿搪塞激怒了纽约市民。第77师的家属都来到市区，挤满了从斯卡奈塔第到奥尔巴尼的街道，这一段正好是第27师接受民众欢迎的地方。市民在曼哈顿集会抗议。“欢迎犹太士兵凯旋委员会”给战争部长贝克发了一封急电：“第77师的大部分士兵来自曼哈顿东区，如今剥夺了人们对这些士兵表达敬意的机会，引起了整片区域的骚动……我们强烈建议您尽自己所能，为游行仪式的举办行方便。这也能体现您的爱国之情。”第二天，委员会致电伍德罗·威尔逊总统：“恳请美军总司令阁下撤销为第77师举办游行仪式的禁令。曼哈顿东区的人民愿意送他们的儿子去法国战场为国而战，也希望能有机会向凯旋士兵表达崇高的敬意，并纪念在异国他乡长眠的英魂。”

前最高法院法官，1916年的共和党总统候选人查尔斯·埃文斯·休斯召集了两年前负责征召第77师的征兵委员会。休斯宣布：“我们要让第77师也享受第27师的待遇，不应该区别对待我们的士兵，不管他们是来自纽约还是来自别的地方。”

没有人质疑第 77 师的战绩：2000 多人战死，9000 人负伤——伤亡人数是第 27 师的两倍还多。他们属于最早上战场的那几支部队，并且自始至终参与了默兹 - 阿尔贡攻势。对于这支移民占大多数的部队，《纽约时报》写道："第 77 师从（1918 年）6 月抵达战区，持续奋战，直到最后签订停战协定时驻守在色当的城门下。他们把德军从韦勒河畔赶回埃纳河畔，将他们从阿尔贡森林彻底铲除。而且因为作战英勇，第 77 师获得杰出服役十字勋章，在所有获此荣誉的美国军队（共 29 个师）中排名第七。”当他们在韦勒河畔向德军发起进攻时，德军的埃里希 · 鲁登道夫[1]将军下令使用光气和芥子气毒气弹，致盲、致残数千名协约国士兵。军中提到这场战役，都用“韦勒河地狱”来形容。威廉 · 韦斯就在这场战役中负伤。他撤离前线时，被毒气熏伤的双眼蒙着绷带，以缓解刺痛，他的一条腿差点被德军的子弹打断。

像列兵韦斯一样勇敢的纽约士兵有很多，他们的事迹证明了军方的固有观念有多荒谬。美军官方 1917 发布的《医疗咨询委员会指导手册》上写道："生于国外的士兵，尤其是犹太裔者，比生于本土的士兵更喜欢装病脱逃。”本土辅助协会的主席威廉 · T. 曼宁博士有一次在纽约出席会议时说，有些士兵的家人感觉他们的孩子受到了种族歧视。南方绅士伍德罗 · 威尔逊对歧视现象则置若罔闻，正是他在上台后于 1913 年将种族隔离制度纳入到政府机构中。这位民主党总统在 1915 年的国情咨文演讲中说："有件事我羞于承认，有的美国公民，虽生于异国，但多亏我国宽松包容的入籍法，让他们完全获得了美国的自由和机遇。可他们却将不忠的毒药注入我国的血脉；视我国政府的权威和美誉如无物……对这些受怒气、不忠和混乱支配的败类必须斩草除根。”无论是有“哈勒姆地狱战士”之称的第 369 黑人步兵团，还是绝大部分士兵都是移民的第 77 步兵师，都未能获得总统先生的青睐，哪怕他们的赫赫军功盖过了许多全是白人的部队

[1] 埃里希·冯·鲁登道夫（Erich Von Ludendorff，1865—1937）：一战时德国陆军将领。

和全由美国本土士兵组成的部队。

公众的抗议升温，呼声渐高，战争部被迫让步。1919 年 4 月底，第 77 师的运兵船靠岸。5 月 6 日，所有人集结在市中心，举行了一次纽约有史以来最盛大的游行。学校停课，人们走出面包房、洗衣店、成衣店，涌上街头，向以战止战的英雄致敬。士兵扛着枪，戴着头盔，沿着第五大道从华盛顿广场一路行进至第 110 街，夹道欢迎的民众超过 100 万人。士兵的臂章上绣着自由女神像，因此第 77 师又被称为“自由之师”，有时也叫“大都会之师”，如今他们成了“纽约的宠儿”。《纽约时报》上写道 ：“每栋大楼的窗户里都挤满了观众，他们挥动旗帜，往下抛撒彩纸、糖果、水果和香烟。许多商店的橱窗都被伤残的退伍军人和他们的亲属占据，公园长椅被搬到绝佳位置，留给在疗养院接受治疗的军人坐。”游行队伍里有 5000 多名负伤的士兵，有的坐在慈善机构提供的敞篷车里，有的拄着拐杖，有的坐着轮椅。人们没有忘记葬身法国的 2356 名士兵，队伍中还有一个象征性的送葬队伍——“亡者连队”。

只有逃兵无人问津。美国远征军超过 100 万人，仅有 21282 名逃兵，其中绝大多数要么被关在禁闭室里，要么在法国躲避宪兵的追捕。24 名被判处死刑的逃兵都被威尔逊总统赦免。尽管军营里已是怨声四起，一战期间美军的逃亡率在美国战争史上却最低。英军和法军的逃兵更多，不过美军参战时，英法两国的士兵早就蹲了四年战壕了，就这点比参战一年的美国强。英军枪决了 304 名逃兵，法军处死了 600 多人。整个第 77 师仅有极少数人在对敌作战时逃离阵地。出于面子问题，提及这些人时第 77 师的将士总说他们“在战斗中失踪”。

队伍行至第 110 街，第 77 师的指挥官罗伯特 · 亚历山大少将宣布 ：“时候到了，让我们铸剑为犁，大家在法国打了漂亮仗，回到平民之中也能活得漂亮。”

能打漂亮仗的人，并非都能活得漂亮。例如查尔斯 · 惠特尔希中校，他是第 77 师功勋卓著的英雄，荣誉勋章的获得者。他在 1921 年自杀了，可以看作一位推迟的战争受害者。有的伤员回国后去世了，有人落下终身残疾，还有人不得不在精神病院度过余生。许多退伍军人找不到工作，只好去西部漂泊。威廉 · 韦斯也去了西部，为了忘掉战争，也为了谋生，他在 27 岁那年离开了家。这位负伤的退伍军人先是在堪萨斯州的小麦田里当雇农，后来石油经济日渐繁荣，他又去俄克拉何马州和得克萨斯州当过石油工人。接着他又为联邦麻醉品管理局工作了一段时间，在 1920 年该局并入了财政部的缉毒部门。他们的职责是查禁从墨西哥流入的违禁品，比如大麻和酒。在埃尔帕索出了一次意外事件，迫使韦斯辞职。他尽力隐瞒这件事，连他的家人都不知情。回到纽约后，他在 1923 年娶了年轻的姑娘琼 · 塞德曼。1925 年 10 月 3 日，这对夫妇得了一个儿子，取名史蒂芬 · 詹姆斯 [1]。家人都管他叫史蒂夫，妈妈亲昵地叫他"幸运儿吉姆"。过了五年，史蒂夫有了个妹妹，海伦 · 鲁思。

史蒂夫和海伦在一栋红砖墙的公寓里长大，这栋公寓位于布鲁克林的海洋大道 275 号，正对着展望公园。很多年后史蒂夫 · 韦斯回忆道："那是个安静的社区，有很多茂密的大树。居民都是勤劳的白人中产阶级。我们很多人都是道奇队 [2] 的球迷。"这里的很多居民都像韦斯一家一样是从曼哈顿的下东区搬过来的。威廉 · 韦斯是个冷漠的父亲，不善于表露感情。每到一战停战纪念日那天，他都会把自己锁在房间里，一呆就是一两个钟头。史蒂夫说："他像变了个人似的。"威廉 · 韦斯一直在做零工，当保安的时间久一些。他不是一个可靠的父亲，因此他和史蒂夫的父子关系相当紧张。"我的父亲连电费都不交，而是把钱拿去赌博。"史蒂夫记得很清楚："他是个很风趣的，很会讲故事的父亲。只是永远长不大。"经济大萧

[1] 詹姆斯应该是中间名，史蒂夫·J. 韦斯名字中间的 J. 即缩写。

[2] 原文为 Dodger，可能指的是一支棒球队，即从 1884 年 到 1957 年活跃在美国职业棒球大联盟的布鲁克林道奇棒球队。后来整支球队搬去洛杉矶，更名为洛杉矶道奇队。也可能指的是一支美式橄榄球队，即道奇橄榄球队，该队从 1930 年到 1943 年活跃在美式橄榄球联盟，1944 年后更名为布鲁克林老虎队。文中所指的应该是棒球队，据了解，布鲁克林喜爱棒球的人更多，而且道奇棒球队的名气更大。

条来袭时，威廉·韦斯劝别的退伍军人去领抚恤金和救济金。他自己也领到了一笔钱，全家人拿这笔钱第一次外出度假，去了波基普西。

1942 年 6 月，也就是日本空袭珍珠港迫使美国加入二战的 6 个月后，史蒂夫刚从布鲁克林的拉斐特高中毕业。那年他 16 岁，比班上大多数同学小两岁。他身高 5 英尺 11 英寸[1]，在同龄人中算高的，体重 160 磅[2]，一头赤褐色的卷发。晚上他在读夜校，学习大学水平的心理学、病理学、化学课程。白天，他在曼哈顿西 57 街 221 号政府新设的战争新闻处当印刷工。他的任务是将照片制成印版，拿去印制宣传刊物和海报。史蒂夫·韦斯想多做点事，他想加入海外的美军心理战部队，这支部队的宗旨跟国内的战争新闻部一样：为同盟国阵线赢取公众支持。

要想加入心理战部队，只能应征入伍。史蒂夫当时 17 岁，想参军还得父亲允许。他把申请表带回家，可威廉·韦斯拒绝签字。父亲瞪着儿子，眼中既有震惊又有懊恼，说："真打起仗来可跟电影里演的不一样。"史蒂夫加入心理战部队的念头减弱了几分。只要再等 10 月，等他满 18 岁，征兵委员会自然就会接受他。没有读过大学的应征者很可能被分去当步兵，也就是军队中处境最危险又最不讨好的位置。

史蒂夫再三恳求父亲。威廉一直不为所动，最后终于向他解释："1918 那年春天，我在菲姆中毒受伤，那些经历如今还留在我脑子里，仿佛就在昨天。我花了半辈子想从中恢复过来，起初我在图尔的一家法国医院疗养了四个月，后来又在西部呆了至少两年。"讲到这里，威廉·韦斯终于吐露了心头的秘密，当年在得克萨斯州到底发生了什么："我在埃尔帕索当缉毒队员时，不小心朝街上的路人开了一枪。你知道吗？从那以后，我感到心力交瘁，再也没法追求什么理想抱负了。我很害怕，连尝试一下都不敢。"听了这番话，17 岁的史蒂夫只能磕磕巴巴地说："爸，我……"

威廉说："忘掉那些彩旗、乐队和游行队伍。那些都是诱饵！是为了

[1] 约合 180 厘米。

[2] 约合 72.5 公斤。

招更多人去当兵。杀人、痛苦和精神崩溃，这些才是战争的后果。”

史蒂夫问：“您是在吓我吗？”

“不，我只求你别匆忙做任何决定。如果军队真需要你，他们自然会找上门来。”年轻人不听劝，威廉只好拿良知来说事。“瞧我和你母亲都为你做了些什么。哪怕在大萧条时期，你和你妹妹也没有缺衣少食。我一直在做工，你母亲整天都在梅西百货当售货员，全都是为了这个家，很不容易啊！难道你对这些毫不在乎吗？”

史蒂夫说：“爸，您要是不签名，我就伪造一个，然后逃走。”威廉·韦斯没有办法，他极不情愿地签了字，把年少的儿子交给了美国陆军。

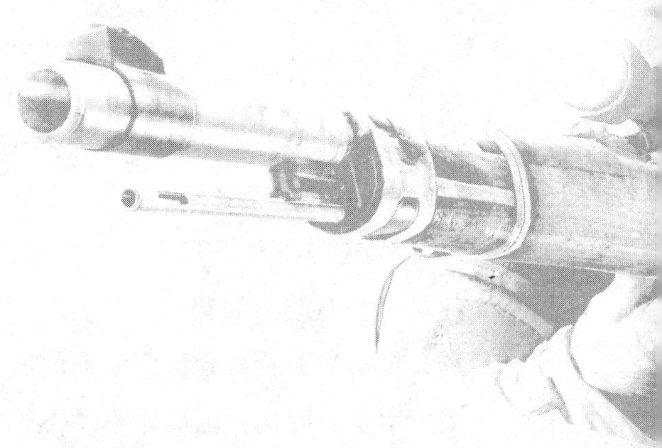

二

不顾身体极限的人虽有英雄气概，却是愚蠢的。也许是自然赋予了他们某种特殊形式，使他们得以逃避难以承受的痛苦和情感。

《战士心理学》，第 320 页

在英军派列兵约翰·弗农·贝恩参战很久之前，他就已经在苏格兰逃离过部队。他不是一个胆小的人。虽然这位志愿兵当时只有 19 岁，却已经在拳击界小有名气——他是大不列颠在校男生拳击锦标赛的决赛选手、西北赛区初级冠军、1941 年苏格兰赛区中量级冠军，收获数枚金牌，赢得媒体好评。这足以说明他绝不胆小。但是在 1941 年，他的所属的部队驻守在乔治堡，他从那儿出逃三周。在他看来乔治堡就是“马里湾的一个灰暗岬角，就像大海怪的遗骸”。那时他是阿盖尔 - 萨瑟兰高地团第 70 营的一名下士，做体能训练员的工作。逃离这样一个压力较小的岗位让人十分不解，即使在 46 年后，他的理由仍然很含糊。他说：“我是个下士，可我当不好。我不懂开展演习，不会骑马巡逻，啥都不会。我很厌恶那些事，所以就逃咯。也没走多久，就三周而已。”

贝恩的长官没把他交给军事法庭处理，而是把他降级为列兵。贝恩说：“如果能恢复以前的军衔，以前又不是靠提拔，而是靠自己一步步爬上来的，就能要求调动。于是我被调到伦敦苏格兰团，与戈登高地人团是兄弟团。接着又调到了戈登高地人团。”他被分到第 5/7 营，是以前的第 5

营和第7营合并而成。赫赫有名的戈登团由戈登公爵于1794年创立，指挥官是H.W.B.桑德斯中校。

早在1940年，贝恩就自愿参加英国皇家空军，想当飞行员。他承认他自己“对政治局势一无所知”。他不知道纳粹党，不知道德国吞并奥地利，也不知道希特勒征服欧洲的野心。体检证明他有色盲，有一只眼在拳击中留下了旧伤，因而做不了飞行员，于是他和哥哥肯尼思转而去做商船水手。贝恩两兄弟在内陆长大，故乡是白金汉郡的艾尔斯伯里，两人都不是做水手的料，也没有任何乘船的经验。他们找遍了伦敦、加的夫、格拉斯哥的码头，想在1940年圣诞节前谋一份差事，结果到哪都遭到嘲笑。约翰和肯尼思住在出租房里，身上从家里带来的钱就快花光了。两兄弟碰巧看到了一张海报，上面写着：“你是否已满18岁，不到20岁？如果是，你可以参入青年营。”

约翰问他哥哥：“参军怎么样？至少能穿上没有破洞的鞋子。”肯尼思纠正了弟弟：“不是鞋子，是军靴！”可是肯尼思比约翰大两岁，也就是说他已经超过20岁了。

他们觉得如果是双胞胎兄弟去参军，一定不会分开。约翰曾写道：“征兵的官员根本不信我们出生于同一天。但我们体检都过了，身体素质都是A。”他俩被招进阿盖尔-萨瑟兰高地团，在格拉斯哥城外集合。他还写道：“我曾发过誓，绝不参军。现在倒好。但我想这支苏格兰的军团肯定是不一样的，这个军团魅力十足。”他们穿着短褶裙，戴着漂亮的帽子，扛着风笛。可到新兵训练时，约翰才大失所望，发现毫无魅力可言。他说：“训练的目的就是把人变成一架机器，就是这么回事。”

贝恩“很不喜欢军队”，回想起在苏格兰的岁月，他说那是“将近两年的无聊、难受和痛苦，只能偶尔借酒销愁”。又聊到一段不堪回首的往事，“在1941年的寒冬，随军在班夫郡守卫达夫宫……假想德军伞兵会打扮成修女的模样朝这栋老房子发起进攻。”从贝恩的信件、回忆录和诗歌来看，当兵让他感到痛苦，真的不适合他。他写道：“我天生就不善于做实际工作，不守时，还笨手笨脚。这种品性不讨军方的喜欢。”战争结束30年后，他的想法起了变化。

> ……关于战争，已记不得太多。但还记得在英国冗长乏味的军旅生活，训练、调动、驻防、上课、难受、羞辱、失落、无聊——还有一些怪异的时刻，虽然少有，但总是让人难忘——那时食物、温暖、休息不再是生活中想要自然就有的基本要素，而成为一种真切而又强烈的喜悦，一种积极的幸福感。

和当时其他英国年轻人一样，贝恩没跟其他阶级的人打过交道。他这样描述自己的家庭背景：“彻底追求物质的工人阶级，努力跻身令人窒息的上流社会。”他的母亲爱读书，还有一架钢琴，父亲自己开一家照相馆。有的军官没什么领导能力，除了口音纯正以外一无所长，贝恩最烦这些人了。还有另外一些“军官”，在他眼中跟外国人无异。其中有一人问他叫什么，他回答说“弗农”，一般别人都用他的中间名来称呼他。贝恩还记得那个新兵装腔作势地问：“弗农？那是个什么名儿？”贝恩只得连忙改口说“约翰”，这个名字他们才接受得了。于是在军队他被称为约翰。

“第70营的很多新兵都来自格拉斯哥的贫民区，他们有些很恶心的习惯。”对于这些新兵，他在另一篇随笔中写道：“我的战友大多是半文盲，是工人家的穷苦孩子，来自格拉斯哥和爱丁堡的贫民区。”小偷小摸在军营里很常见，贝恩拳击赛的金牌就被一个新兵给偷了。贝恩还写道：“他们很团结，也很大方。”虽然这些新兵每天只有两先令，可他们乐意花光最后一分钱接济有困难的战友，或者请朋友喝一杯。哥哥肯尼思是贝恩唯一信任的人，后来他调去了皇家工程兵部队，就在贝恩逃走的那三周里。

为了能跟战友打成一片，贝恩不得不压抑自己对书籍、诗歌和古典音乐的浓厚兴趣。他干脆根本就不看书了。他写道：“我刻意抑制自己最看重的兴趣。”

对文学、思想和艺术的兴趣开始让我感到羞愧。我故意低着头，戴上一副恶人的面具。我 18 岁时就喝啤酒上瘾了，所以能轻而易举地扮演酒徒的角色。我对拳击的兴趣是真的，又有令人羡慕的技巧，所以让我活动活动肌肉，跟那群吵吵嚷嚷的小子过几招也不是难事。可对我没什么好处。我觉得不光彩，很残忍。

转到戈登高地人团第 5/7 营 B 连之后，贝恩交到一个好朋友，就是列兵休吉 · 布莱克。他来自苏格兰的一个工人家庭，年纪和贝恩差不多。布莱克更瞧不起军官，他常在言语中表露出自己的轻蔑，而且要是真打起仗来，他会毫不犹豫地躲起来。身高 6 英尺的白金汉郡拳击手和这位身高 5 英尺 6 英寸[1]的格拉斯高人成了一对古怪的战友。跟许多苏格兰人一样，布莱克用"哎"来表示"是"，而且他说的话里有大量的脏话词汇，比如"去他妈的"。他管贝恩叫"瓷器"，就因为"瓷盘子"在俚语里指"小伙子"，还押韵。如果贝恩必须在 B 连找个朋友代替哥哥的位置，这个人一定就是混街头的休吉 · 布莱克。

1942 年 6 月，漫长无聊的训练和驻防结束了，戈登团和高地师其他团在克莱德河河口、利物浦和南安普敦登船，乘着"安格斯精神号"等船离开。他们的目的地并不在友军的掌控中，战时大多是这种情况。8 艘驱逐舰护送着 21 艘运兵船朝南驶去，穿过比斯开湾，驶向非洲。许多年轻的士兵是第一次离开英国。

第 5/7 营隶属于第 51 高地师，指挥官是 43 岁的道格拉斯 · 温伯利少将，绰号"花格帽"。温伯利高 6 英尺 3 英寸[2]，经常穿着苏格兰裙。他曾向高层将领极力争取，想把这高地师里的英格兰和低地苏格兰军团清除出去，但未获批准。前任指挥官是维克托 · 莫尔万 · 福琼少将。1940 年 6

[1] 约合 167 厘米。

[2] 约合 190 厘米。

月，福琼率领的高地师在法国败给德军，在圣瓦莱向埃尔温·隆美尔将军投降，集体成为了战俘。运气好的小分队逃回英国，以他们为核心重建了高地师。第51师的光辉历史贝恩毫不关心，比如有“黑卫士”之称的皇家高地团，他们的辉煌战绩可以追溯到1882年英军占领埃及，但是对贝恩也没有一点吸引力。从那时起，他就对战争和军队没有一点感情。

在海上，贝恩和他的战友挤在一起住，军官却有更多个人空间和食物，这让他们愤愤不平。后来贝恩说那些士兵一点也不尊敬军官。他们的娱乐活动是玩扑克牌，或者打打拳击。贝恩在一场拳击赛中击败了卡梅隆高地团的一位中士，让整个第5/7戈登营的战友都为之振奋。

1942年6月21日，大军启程的第二天，英军又遭受一场惨败，之前还在法国、新加坡和缅甸吃过败仗。隆美尔在法国俘获了原来的第51师，攻占了利比亚海港图卜鲁格，给英联邦的军队造成了35000人的伤亡。澳大利亚战地记者艾伦·穆尔黑德负责报道北非战役，他在英国的《每日快报》上写道："这场败仗真是惨到极点。"英军驻中东部队的最高指挥官克劳德·约翰·艾尔·奥金莱克将军把部队后撤到埃及，退守沿海的铁路终点城市阿拉曼。薄弱的阿拉曼防线从北边的地中海延伸到南边的盖塔拉洼地，离亚历山大只有6英里[1]。英国皇家海军已经撤离亚历山大港，以免被进攻的轴心国军队俘获。得知这条消息时高地师还在茫茫大海之上，消息对鼓舞士气没有任何帮助。有人猜测他们是去增援英军脆弱的沙漠防线，但他们没有听到任何官方的说明。

船队在塞拉利昂的弗里敦补给燃料，士兵不允许上岸，以免染上疟疾。接着继续沿着非洲海岸航行，船上的士兵仍然不知道极大的恐慌正在驻埃及英军中蔓延。

7月1日，开罗的英国使馆和军事总部里，人们正忙着焚烧文件，滚滚浓烟升上天空，人们管那天叫“灰蒙蒙的礼拜三”。从开罗站出发开往英属巴勒斯坦的火车上挤满了乘客和行李。英国公民在巴克莱银行外排

[1] 约9.66公里。

起长队，想把自己的钱取出来。艾伦·穆尔黑德将军的妻儿都已搭火车去了巴勒斯坦，他看到战败的恐慌情绪在从开罗到亚历山大的道路上肆虐。他写道："这是一次全方位的大撤退。各种枪炮、皇家空军的运兵车、救援车、装甲车和数不清的货车，筋疲力尽、昏昏欲睡的人，全都涌向开罗……而从开罗赶往战场的路上却什么都没有。"

雪上加霜的是英军有将近 2 万名士兵逃离了部队。很多逃兵藏身于尼罗河三角洲，有的成了土匪，有的靠埃及农民的救济度日。还有的带着女朋友躲进了开罗。英国宪兵，也就是"红帽子"，在阿拉曼到阿马里亚之间的道路上设置了一个关卡。英国皇家宪兵队 S.F. 克罗泽少校写道："每辆车都要检查，往东去的人必须有宪兵队的授权才能放行。我们接到了命令，谁要是不听命令，不停下来接受检查，可以开枪打死。"宪兵还不间断地监视关卡两侧的沙漠，以防有逃兵想开车绕过关卡。

驻中东部队的最高指挥官罗德·奥金莱克说只有让军事法庭处死几名逃兵，才能遏制势头。早在当年 4 月，奥金莱克曾给英国战事部写信说："国王陛下政府可能迫切需要考虑一下尽快采取必要的法律手段，恢复《陆军法案》中对临阵脱逃、敌前退却等怯懦行为的死刑。"跟美国不同，英国早已废止了对逃兵的死刑。在第一次世界大战中，美军没有处死任何逃兵，而英军则以逃亡、退却、抗命、失职等罪名处决了 304 人。一战后由于民众对行刑队的厌恶导致工党政府在 1930 年不顾军中将领反对废除了处死逃兵的法律。

皇家宪兵克罗泽少校写道："埃及和巴勒斯坦的军队增多，接着是意大利军队入侵（1940 年），犯罪活动也相应增加。很多有犯罪前科或有犯罪倾向的人被招进了队伍。这些人中的大多数被派往中东。"克罗泽少校觉得埃及的宪兵太少，已经快应付不了犯罪活动了：

> 刚到埃及，他们就发现许多士兵无心恋战，与痛苦单调、危险重重的西部沙漠和东非战役相比，开罗和亚历山大简直有无穷的乐趣。

逃兵勾结到一起，成立了一个危险的帮派，后来特别调查组经常跟这个组织打交道，他们有的叫“英国自由军团”，还有的叫“走上绝路的孩子”。

甚至在图卜鲁格陷落前，克罗泽少校还记了一笔：“每天都有很多人被抓捕归案。”为了办案，皇家宪兵增派了人手，很多人是从苏格兰场抽调的，有的从英国本土赶来，有的从殖民地赶来。也从正规军里抽调人手。列兵维尔夫·斯韦尔斯从格林霍华德团调到宪兵队，因为可以多挣一先令。

最让英国宪兵队头疼的是盗窃和贩卖武器弹药。巴勒斯坦的犹太复国主义者正在策划向英国宣战，他们是盟军被窃军火的最大买家。犹太哈加纳防卫军的领袖亚伯拉罕·拉克林和利布·西尔金因为购买被盗的军火分别被判7年和10年徒刑。他们在皇家萨塞克斯团和皇家东肯特团的共犯被判服15年劳役。克罗泽少校写道：“被盗的各类武器弹药数量惊人，大部分是‘走上绝路的孩子’干的。”这个逃兵帮派先与正规军的士兵搭上线，想方设法混进基地和福利社，再偷走武器、食物、燃料和其他军需品。特别调查组枪毙了好几人。另一个逃兵帮派自称“英国自由军团”，也偷窃和贩卖军用物资，后来主要成员被抓捕归案。

4月7日，奥金莱克在一封信中辩解道：“只有靠死刑才能提供有效的威慑，因为这些案件的罪犯经历过战斗的艰辛，监狱无法使他们感到恐惧和羞耻。”战事部部长珀西·詹姆斯·格里格爵士似乎支持奥金莱克的观点，他在6月14日的战时内阁备忘录里写道：

> 我的军事顾问一致认为，以军事的眼光来看，废除对临战脱逃者和敌前退却者的死刑是一大错误。他们认为死刑有强大的威慑力，能约束作战时军纪涣散的人，否则军纪涣散的人能让我们输掉一场战斗甚至一场战役。值得注意的是，美军始终保留死刑，可我们只在1914年至1918年施行过。

格里格是丘吉尔于去年2月任命的战事部部长。对于逃兵问题，他说完单纯的军事影响之后，转而论述政治影响：

> 这一问题容易引起强烈的反响，为了让我们有正当的理由来修正当前的法律，应提供足够的事实和数据，以证明英军士兵临阵士气低落，必须采取强硬措施防止士气崩溃。但是这样的证据不仅会让英国公众和盟军援军感到震惊，还会助长敌人的气焰。

他总结道："单从军事效率来考虑，我赞同军事顾问的意见，同意恢复死刑。但在目前的形势下，政治方面的影响仅次于军事方面，也是至关重要，不得不慎重考虑。"在战时内阁做出决策前，格里格要求奥金莱克提供逃兵规模的准确数据。

海上的第51师和埃及的部队都不知道奥金莱克恢复处死逃兵的请求。这件事一直对公众保密，格里格之前反对死刑也是这个原因：一旦公之于众就会影响士气，让公众质疑军队的领导（战时内阁提到，当时军方已经失去了公众和媒体的尊重），还会沦为敌人的宣传工具。格里格在递交给丘吉尔的备忘录里写道："若要采取立法手段，则必须仔细收集事实和数据。但若事态的确很严重，我们则不能让友军和敌军知情。"此外，英联邦成员的军队不受死刑约束。也就是说修正法律之后澳大利亚逃兵和英国逃兵将受到不同的惩罚：澳大利亚士兵会被关个三五年，而英国士兵则会被处死。

澳大利亚和新西兰的军队指挥官比他们的英军同僚更关心军队士气，他们在书信中抱怨："英军士兵在教育、生活习惯和训练方面都很薄弱……"最早为出现精神疾病的士兵设立救助站的作战单位就是新西兰第2师和澳大利亚第9师。通过让患者休息和向医生倾吐内心的恐惧，这两国的医护人员成功救助了大量患有精神疾病的士兵，其中40%的人重返战场。英军在1942年8月也采用了这一措施，皇家陆军医疗队的200辆战地救护车在阿拉曼防线附近组织起一个陆军医疗中心。最先使用“战斗衰竭症”这个术语的精神病专家G.W.B.詹姆斯准将写道：“经过治疗，可以保持30%的人达到满意的效果，重返战斗岗位。”

1942年7月18日，高地师的船队在开普敦靠岸，航行了一个月，终于踏上了陆地。南非的白人热情欢迎他们的到来。7月19日，高地师的战士吹着风笛在城中游行，奥金莱克因为图卜鲁格发生的大规模士兵逃亡事件再次向内阁求援：“最近逃兵现象有所抬头，有向高级军官发展的趋势，需要引起重视。目前的惩罚措施威慑力不足。逃兵盗走车辆，抢夺战友的食物、水和交通工具，类似现象比一战时期要严重得多。”

一周以后，高地师在德班登陆，黑卫士第7营的战士吹着风笛迎接他们。接着离开德班，沿着非洲东海岸向北航行，抵达亚丁。在英属也门殖民地，船队一分为二，一队驶向伊拉克和印度，另一队穿过红海，驶向埃及。

8月14日，高地师在陶菲克港登陆。贝恩后来写了首诗，叫《到达港》，记录了一位外国士兵对苏伊士运河入口的印象：

目之所及
恰如想象
只是不知何故
景色单调有余，华丽不足，必须坦言
有些失望，感觉就像
丢了东西，或者上当

高地师来到运河畔的城市伊斯梅里亚，进驻盖萨辛小村。他们的基地有 50 个营地，每个营地长 1000 码[1]，宽 500 码[2]，配备了帐篷、厕所、水塔。在这片沙漠里训练一段时间，让来自苏格兰高地的士兵适应埃及的夏日。他们学习用指南针在这片荒凉沙漠里定位，白天借助太阳，晚上借助星星。每天他们都会摘下头盔、帽子，脱掉上衣走一小段路，好让他们的皮肤适应阳光，避免晒伤。

贝恩感觉到他的战友和当地村民的交流中存在种族仇恨，以前他根本没有想到。来自苏格兰贫民区的人，一面忍受更高阶层的虐待，一面羞辱埃及当地的居民。贝恩回忆道："到了埃及，他们对埃及人的态度让我感到震惊。整个军队都是如此。管当地人叫'黑鬼'，视其为可以随意嘲弄的对象。对他们拳脚相加，恶言相向。"

温斯顿·丘吉尔和帝国总参谋长艾伦·布鲁克不得不赶在高地师之前飞往埃及。高地师刚到，第二天丘吉尔就将兼任中东战场最高指挥官和第 8 集团军司令的奥金莱克少将解任。他和布鲁克任命哈罗德·亚历山大将军为中东战场最高指挥官，威廉·戈特将军为第 8 集团军司令。戈特将军在飞往开罗途中，遭到两架德国梅塞西密特战斗机的袭击，不幸身亡。代替他的军官是一位体格瘦长而结实的将军，伯纳德·劳·蒙哥马利，他有一副与军人不太相称的尖嗓子。

8 月 13 日，蒙哥马利刚一到任，就为第 8 集团军带来一些改变，他宣布："不准再说肚子疼，也不允许撤退。"军队士气大大提升，这多亏了蒙哥马利那颇有感染力的自信气质，加上美军的新坦克也刚好运抵战场，还有轴心国未能扩大在图卜鲁格的战果，未能将战线推进至阿拉曼、亚历山大和开罗。

许多在图卜鲁格战役中逃亡的士兵又回到队伍中，因为他们看到了埃及不会失守的迹象。这样一来需要在军事法庭受审的逃兵实在太多，会吸引公众的目光，也会让英军以往的英勇形象大打折扣。此外，第 8 集团军

[1] 约合 914.4 米。

[2] 约合 457.2 米。

还需要他们。把有经验的士兵投入战场，比关进监狱有用得多。结果一等兵们免于处罚，重新归队，只有中士对他们羞辱了一番。中层军官归队后降职为一等兵。有些躲藏在三角洲地区的机智逃兵，被分配进了新成立的英国特种空勤团和沙漠突击队中，让他们的生存技能和敏锐头脑发挥作用。也有未归队的逃兵，道格拉斯 · H. 托布勒少校在沙漠中搜集情报时有所发现。9 月，他遇见了一伙人，他们称自己“逃离部队要么是有自己的苦衷，要么是对敌作战时走失后不想归队”。托布勒没有逮捕他们，只是记了一笔："他们情愿避开战斗，想方设法活下去，他们知道不大可能有人来检查他们的证件。"

贝恩在盖萨辛附近的营地接受训练时，没想到温斯顿 · 丘吉尔竟然也来了。首相检阅军队后写道："人们觉得第 51 高地师现在还不适应沙漠作战，可他们却被派到了尼罗河战线。"

对于第 5/7 戈登营和第 153 旅的其他单位来说，“尼罗河战线”指的是开罗和金字塔一线的南部沙漠。贝恩想起在亚历山大坐火车时，“一名阿拉伯人在车上卖煮鸡蛋和面包，他们二话不说抢走了他的所有东西，把他扔下了火车。”19 世纪埃及总督伊斯梅尔的乡间宅第米娜宫当时是金字塔附近的一间高级酒店，为了保卫开罗，第 153 旅在这周围挖战壕，修工事。可他们都是在白费工夫，因为蒙哥马利并没打算要退守开罗。当时正要召集像贝恩一样的士兵，发起一次全面进攻。

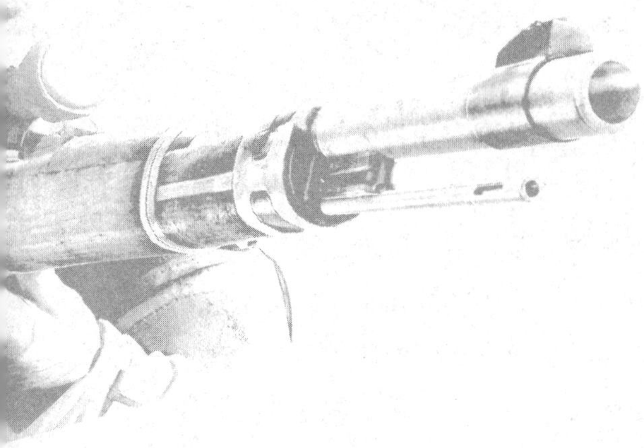

三

从平均成绩来看，（在陆军普通分类测验中）来自美国西北部的士兵得分最高，东南部的士兵得分最低。

《战士心理学》第 189 页

史蒂夫 · 韦斯逼他父亲在参军申请表上签了字，而来自田纳西州的艾尔弗雷德 · T. 怀特黑德则说，为了参军，他欺骗了寡居的母亲。怀特黑德骗她说自己是要参加民间资源保护队，即罗斯福新政中的政策，把在经济大萧条中失业的人群派去植树，建设国家公园。对于像怀特黑德这种身无分文的年轻人来说，加入民间资源保护队每月能有 33 美元工资（其中 25 美元直接付给父母），是个不错的选择。至少他母亲这样认为。住在乡间小屋里，抚养六个孩子绝非易事。怀特黑德在他的私人回忆录《士兵日记》里说，直到母亲在申请表上签了字，他才告诉她真相：他要去当兵。

怀特黑德 14 岁时离家出走过一次。他的继父经常打他，而且“下手很重”，他被迫离家出走。逃到田纳西州威尔逊县的莱巴嫩，一个酿私酒的家庭收留了他，让他帮忙开货车送货。在他们开设的赌场，怀特黑德学会了掷骰子、打扑克。他写道：“为了显示他们心狠手辣，他们有时会杀人。”儿时的不幸遭遇，使他特别需要手辣心狠才能保护自己。

他的生父阿蒂 · 怀特黑德是一位煤矿工人，在一次矿难中丧生。艾尔弗雷德写道，在父亲的葬礼上他痛哭流涕，他记得当时才 4 岁。其实那时他不止 4 岁。他的社保卡和个人档案上都记着他生于 1922 年 1 月 31 日，1926 年他就满 4 岁了。阿蒂 · 怀特黑德在 1927 年得了个女儿，那年艾尔弗莱德 5 岁。根据美国人口普查的记录，1930 年，阿蒂 · 怀特黑德和家人一起住在田纳西州的帕特南县。所以当艾尔弗雷德 · T. 怀特黑德的父亲去世时，他至少已经 8 岁了。这是怀特黑德的回忆录与历史资料的第一条偏差。

阿蒂 · 怀特黑德被葬在帕特南县的“家族墓地”，“与好几代去世的亲属在一起：怀特黑德、哈特菲尔德、萨德勒、普雷斯利。”母亲带着孩子乘火车回到布法罗山谷，“住进一间小木屋里，烟囱是石头砌的，只有一个房间。”那是艾尔弗雷德出生的地方。小怀特黑德在农村长大，在贫困的南部丘陵地区度过了童年。家里人每年只把他送去学校读几周的书，“只要在有关部门那说得过去就行”。即使以大萧条时期美国南方的标准而言，他的童年也算得上凄惨了。艾尔弗雷德的曾祖父威利 · 怀特黑德“年岁已高，有点老年痴呆”。他住在简陋的屋子里，腰间系着一根绳子，以防他走出门去。他的继父对六个怀特黑德家的孩子非常残暴，以至于有段时期被国家剥夺了监护权。年轻的艾尔弗雷德总是很享受来之不易的自由时光，他通常会独自去钓鱼，或者到林中打猎。他在回忆录中写道，他的母亲和继父夺走了他的大部分少年时光：

> 他们让我在地里干活，从日出干到日落：犁地，整地，帮忙酿酒，那时我才九岁。有时，继父让我出去打零工，一天挣 50 美分。而他把我赚的钱通通收走，拿去喝酒，或是去赌博，再不然就去逛妓院，视心情而定。

在战争年代，参军是逃离贫困和虐待的一条路。怀特黑德看起来也不像是会向母亲征求许可的人。他的服役记录上写着 1942 年 4 月 11 日入伍。那年他 20 岁。只有 18 岁以前的志愿军才需要征得父母的同意。生父去世那年他肯定已经不止 4 岁，所以 1942 年他肯定超过 18 岁了。然而在他写下自己的传奇故事时，他把自己描述为低龄士兵，以突显自己的受害者身份。他用辛酸的笔触来描述与母亲分别的时刻："她把我送到大门口，流着泪，劝我最好在部队里买一份适合的保险。我不禁想起她和继父是如何把生父的保险赔偿金和财产挥霍一空的。"

对许多像史蒂夫·韦斯一样家境不错的美国年轻人而言，军旅生活简直苦不堪言。然而艾尔弗雷德·T. 怀特黑德却觉得如鱼得水。跟繁重的农活相比，军训和军纪实在不值一提。军队里每天供应三餐，有适量的肉类食品，能洗热水澡，有干净的衣服穿，有医疗保障，还有自己的床，最重要的他终于走出了大山。对南方的穷人来说，不管是白人还是黑人，这些都是求之不得的奢侈品。

在一个温暖的 4 月的早晨，怀特黑德和其他年轻的新兵一起到田纳西州迦太基县的一家餐馆报到。迦太基县以前是坎伯兰河和凯尼福克河交汇处的贸易港口，据这群新兵所知，一位著名的一战英雄就是从这里登船的。1917 年，29 岁的阿尔文·卡勒姆·约克戒掉了酒，成了一名虔诚的基督徒和和平主义者，应征入伍。他在佐治亚州的戈登堡接受军训，后来随第 82 师前往法国作战。1918 年 10 月，约克获得荣誉勋章。约翰·J. 潘兴将军亲自为他授勋时说：

> 在遭受重创，3 位军官阵亡的情况下，约克下士接管了这个排。他率领 7 名无畏的士兵发起冲锋，他们面对的机关枪火力点朝着他们不停扫射。他和另外 4 名军官以及 128 名士兵一起奋勇作战，一举拿下了机关枪火力点。

就在 1941 年，好莱坞以约克为原型拍了部电影，由加里·库珀主演，使约克成了所有田纳西年轻人的榜样。能与约克在同一地点报到，怀特黑德感到很自豪。

这群新兵在小餐馆吃过热腾腾的早餐，坐上了一辆大巴。车一路颠簸，驶过怀特黑德的家，他在想不知今后是否还能回家。不过他都觉得无所谓了。司机在莱巴嫩给车加油时，他溜下车去买了“一壶私酿的酒”。他和战友在天黑前喝光了这壶非法出售的酒，接着大巴驶进了佐治亚州的奥格尔索普堡。

在奥格尔索普堡的几周里，怀特黑德干的无非是在炊事班做饭或打扫军营的活儿。后来他被分配到了得克萨斯州的沃尔特斯军营，接受基本军事训练。那里的步兵新兵训练中心是全国最大训练中心，得克萨斯人奥迪·墨菲就曾在这里与第59训练营D连战友一起接受训练。最近的城镇是米纳勒尔韦尔斯，有的新兵管它叫“糜烂淫乱韦尔斯”，原因显而易见。怀特黑德成了一名三等兵，与60名战友一起分到第63训练营D连第4排。少年时代的打猎经历给了他精湛的枪法，他先被称为“用枪好手”，后来成了“射击专家”。他很轻易地融入了军队生活，也取得了一些成功，但他讨厌得克萨斯的高温和干热的风。他回忆说：“到了晚上，我必须用毯子罩住头，才能呼吸，并且防止沙子刺痛我的脸。”军训持续了17周。以前要训练52周，之所以缩短时间，是因为海外的战局紧迫。训练完成后，怀特黑德搭火车前往路易斯安那州的波克军营。

在波克军营，怀特黑德被分配到“第2步兵师第38团第2营指挥连的反坦克排”。他的臂章上绣着一个印第安人的头像，第2步兵师也由此被称为“印第安人头像师”。对他的分配不错，至少不用被派往海外，分到在战斗中减员的部队中去。与他一同接受训练的人将来也会同他并肩作战，而且也能跟自己的军官混熟。

怀特黑德所属的团和师都获得过荣誉。第38团在1918年对德作战中坚不可摧，被誉为“马恩河会战的坚石”。“独一无二”的第2师在默兹-阿尔贡攻势中表现英勇，荣获法国政府颁发的三枚十字勋章。截止到1942年，第2师所属的部队有第2、第9、第38团，以及第2工兵营，4个野战炮兵营和后勤部队。

第2师在波克军营开展军事演习。一年以前开始的路易斯安那大演习是美国境内规模最大的演习，二战期间，每年都有新的部队加入进来。他们的目标是找出并纠正美军战略、战术、装备和组织上的瑕疵，同时也能训练新兵。列兵怀特黑德觉得1942年夏天的演习“像一场宏大的游戏，比如小时候玩的捉迷藏，都要给‘敌人’出其不意的一击”。由于武器不足，无法配备所有士兵，怀特黑德与他的一些战友只能把扫帚当枪扛在肩头，拿空的迫击炮弹壳当反坦克炮。有的地方用“散兵坑”和“机枪火力点”的标志代替实物。“红军”和“蓝军”在3400平方英里[1]的区域内演习，地形复杂，包括沼泽、山丘、河流。在头一年的演习中，乔治·巴顿将军的第2装甲师越过萨宾河，穿过得克萨斯，又返回路易斯安那，在什里夫波特围攻“红军”。演习里有骑兵突击，这是历史保留项目，在对抗德军时不会派上多大用场。

怀特黑德和战友一起住在路易斯安那的森林里，磨砺自己的生存技能，比如搜集食物、躲避敌人，还有在河中洗澡。有的人花钱请当地人为他们做炸鸡、饼干和肉汤。有一回，怀特黑德追赶一个卡津[2]姑娘，姑娘不得不朝他扔石头，阻止他靠近。怀特黑德说路易斯安那只有两种天气，“热和更热”。蚊虫和蛇比“蓝军”更烦人。

1942年9月22日，第2师来到萨姆休斯敦堡。怀特黑德在这里接受了高强度的军训，包括携带50磅[3]重物行军25英里[4]，做些炊事勤务，观看培训影片，进行实地侦察和射击训练。从小就干重活的他身体很强壮，但他还是不止一次因为繁重的训练与军官产生矛盾。军官命令他利用空余时间补充睡眠，可他一离开训练场就去喝酒、赌博、追女孩子。他写道：“虽然我有交过好几个女朋友，但我想女朋友谁都能交，而我真正想要的是结婚。”他对一位红发姑娘大献殷勤，跟她交往过一段时间后向她求婚。可他们的婚约不得不往后推，因为她的母亲“想让她先念完书”。

[1] 约合8806平方千米。

[2] 卡津人（Cajun）是法裔加拿大人的后裔。

[3] 约合11.34公斤。

[4] 约合40.23千米。

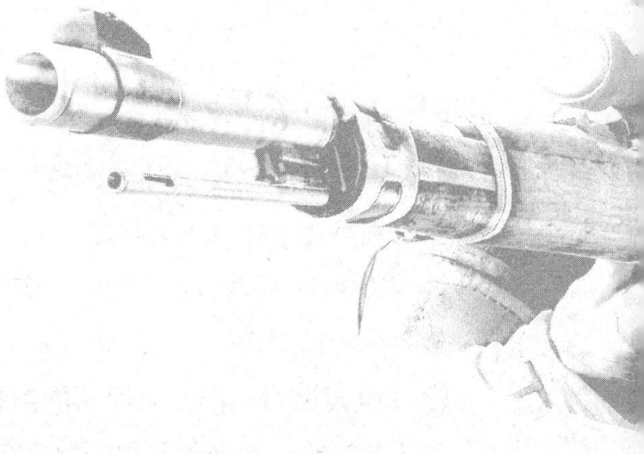

四

当一个人第一次面对死亡的迫近，当他必须杀人，目睹杀戮，当他不得不打起精神，直面伤员凄惨的哀嚎，忍受战争的罪恶时，人的身心都会发病。

《战士心理学》，第 295 页

温斯顿·丘吉尔见过前往阿拉曼战线的士兵之后，在 1942 年 9 月底，约翰·贝恩离开临时营地，往西走。他的任务是负责携带 B 连的布伦式轻机枪。虽然经历了蒙哥马利的严酷训练，贝恩和他大多数新兵战友仍对真正的战斗没什么概念。同盟国和轴心国都在盖塔拉洼地以南 40 英里[1]的地中海沿岸增派了军队。战局几乎是一战时法国战场的重现，交战双方在数英里的范围内安置了地雷、铁丝网、混凝土炮台、坦克障碍物和战壕。蒙哥马利将第 51 高地师部署在澳大利亚第 9 师和新西兰第 2 师之间，希望这些苏格兰新兵可以从老兵那学到点实战经验。他还说："苏格兰士兵很快就与来自自治领的士兵打成一片。或许是因为他们都有那么点儿野蛮。"蒙哥马利在 10 月 23 日发动进攻，当时他的兵力是敌军的两倍——以 22 万人对抗隆美尔的 11.5 万人。然而要想攻下深沟高垒，至少要有 3 倍于敌的兵力，这样的决定才是明智的。

准备上战场前，高地师接到"花格帽"将军温伯利的命令："谁也不

[1] 约合 64.37 公里。

许投降，也不许有毫发无损的兵。哪怕成了孤军，高地师也要死战到底。”约翰·贝恩和其他年轻的战士冲上战场。温伯利将军回忆道：“我看着我的士兵在月光下成排地赶往战场。一排接着一排，他们拿着铁镐、铲子、沙袋、手雷——军官冲在最前，风笛手就在他身旁。他们早已为战斗做好了准备，不需要我再为他们做什么了。”

10 点刚过，第 8 集团军的炮兵火力全开，发起了轰击。1000 多门英军大炮齐鸣，炮弹如骤雨一般落在德军阵地。后来两位阿拉曼的历史学家称“这是英军一战以后最猛烈的一次炮轰。”最初的几轮齐射，英军把火力重点对准德军的炮兵部队，每分钟 25 轮。贝恩回忆道：“所有的演习都没有为炮击做过准备。但是隆隆的炮声，就足以让人心惊胆颤。我说的是我们自己的炮火，25 磅[1]重的炮弹，那声音震耳欲聋，非常可怕。”在《炮火的洗礼》一诗中，贝恩写下了一位年轻新兵的启蒙教育（“他可不是个孩子。他十九岁，身体强壮……”）：

伴着闪电，雷声隆隆起伏
我们身后，大炮齐发
轰鸣是那么真切
仿佛死神尖啸，掠过头顶
又像无数扇大门砰然关闭
让敌军胆战心惊

没过多久，德军的大炮开始还击。炸裂的弹片溅落在贝恩身旁的地面，比爆炸更可怕的是人类的惨叫：“伤员的惨叫绝对是最令人难忘的声音，就像一场噩梦，特别是身负重伤的人，他们越是痛苦，叫声就越恐怖。”一枚榴弹击中了连队的下士，他比贝恩大 10 岁，“像一位父亲”。贝恩说：“他带着哭腔呼唤母亲，真是那样，不像一位成年的战士。我感到

[1] 约合 11.34 公斤。

有点惊讶，如今也不太懂，他好像变回了一个婴儿。”后来他在《回忆阿拉曼》这首诗中写道：

战斗中最凄惨的声音
如今仿佛还在我耳边
那声音来自战友
是他们的痛苦和恐惧

炮轰过后是步兵冲锋，第 8 集团军的士兵钻出战壕，向着敌人的枪炮发起冲锋。风笛奏响，高地师的战士也冲向敌阵，然而许多战士刚冲出战壕，就被敌军的机关枪和迫击炮击中。贝恩说：“开始行动时，你根本不知道周围发生了什么。你的意识一片模糊，不知道自己在哪，敌人在哪，战况如何，啥都不清楚。”

战斗进行到了第六天，第 10 装甲师的一名青年军官逃离了战场大后方的指挥部。23 岁的基斯·道格拉斯中尉并不是为了逃避战斗，而是径直奔向战场。他写道：“我于 1939 年 9 月入伍，在我两年多的军旅生活里，我从来都很确信我必须经历战斗。”他是舍伍德游骑兵团的坦克指挥官，在 1941 年 8 月戈登高地人团抵达中东的前一年他就在那儿了。他也是一位诗人，大学时代曾为牛津的《查韦尔》杂志做过编辑。他所属的部队派他培训新兵，教他们如何做好伪装掩护。这项工作使他反感。军事训练对伪装掩护不够重视，缺少相应的装备，呆在开罗的道格拉斯因而无事可做。他感到十分沮丧，一心渴望和部下一起钻进坦克。

道格拉斯告诉他的勤务兵洛基特，他们要逃离开罗，赶往阿拉曼，在那能找到自己的团。洛基特回答说：“我太喜欢你了，先生。真是个敢想敢做的爷们儿，一点儿没错。”洛基特驾着车一路飞驰，穿过沙漠，最后在离阿拉曼战线四英里处找到了某个梯队的后方指挥部，正好就在约翰·贝恩和高地人团的北面。一位认识道格拉斯的上尉问他：“你是来投奔我们的吗？”道格拉斯说这取决于他们团的上校。“哦，他一定很乐意见你。我想我们A连已经没几个军官了。”听到这话，道格拉斯和洛基特连忙上前，找到了上校。这位上校坐在一辆卡车里，道格拉斯管他叫“皮卡迪利·吉姆”。

“先生，晚上好。”道格拉斯说：“这会儿我刚从我们师逃了出来，我想知道您这儿有没有需要我的地方。皮卡迪利·吉姆本可以把他交给军事法庭，以逃兵论处，可他犹豫了，他在考虑这位满腔热血的军官的命运。A连的确只剩下一位军官，其他的不是阵亡了，就是负伤了。上校把两辆坦克交给他掌管。道格拉斯回忆说：“以前我待在后方指挥部，远离战火，十分安全，让我引以为耻。逃离之后这种羞耻感才忽然消失。”

没过多久，道格拉斯就驾着他的十字军2型坦克与德军坦克遭遇了：“所有枪炮都在朝着暮光射击，整个团集中到一起，士兵拿起每件能找到的武器开火。”炮手瞄准了德军，道格拉斯“把空炮弹壳扔了出去，顾不上弹壳烫手”。他也不顾坦克里的浓烟。他说：“我一直咳嗽，汗流浃背；恐惧转变成了喜悦。”他对这场这战役的印象与约翰·贝恩截然相反。道格拉斯享受战斗的痛快，贝恩厌恶战斗的痛苦。

道格拉斯写道：“战斗的第一天发生了很多事。我感觉仿佛这一仗打了一个月。”坦克需要维修保养，因而撤回后方四天。道格拉斯期待着重返战场。

阿拉曼的鏖战持续了九天九夜，英军的战果不太明显，只能说是稳扎稳打，可敌军一点也没退缩，他们试图夺回阵地。约翰·贝恩对目标、战略、战术的价值判断有所不同——这些都是士兵用鲜血换来的——他更关心战友，更在乎他们的痛苦和恐惧。11月2日，隆美尔部队溃败，撤退到沙漠里。留下的战场在贝恩看来只剩“极度混乱和血腥”，这是开战以来英军在陆地上的首次大捷。

英国人在法国和利比亚吃了德国人的败仗，在远东又败给日本人，这场大捷真可谓意义非凡。丘吉尔用他标志性的夸张口气说：“阿拉曼之前我们没打过胜仗。阿拉曼之后我们不再吃败仗。”荣誉归于指挥官，也归于像约翰 · 贝恩和基斯 · 道格拉斯一样的步兵和坦克兵。此战之后，整个大不列颠无论是战场上的士兵，还是饱经苦难的民众，都认识到轴心国也并非不可战胜。

第 8 集团军阵亡、负伤、失踪的士兵总共有 13500 名，几乎占整个集团军最初兵力的 10%。高地团的苏格兰士兵的伤亡率格外偏高。阿拉曼战役是苏格兰部队首次在风笛的指引下冲上战场。对此，贝恩写道：

> 从那以后，听到风笛声之后，他们不再奋勇冲锋，因为冲在最前面的都战死了。风笛手指引战士去战斗，他们站在雷区的边缘吹响风笛，让高地团的战士冲上前。这一举动很英勇，也很疯狂，但我觉得也极其悲壮。冲锋过后，大家都忙着去抬担架了。

在贝恩的诗《回忆阿拉曼》中，一位“老兵”用吉卜林风格的语言说道：

> 战壕里有位风笛手
> 吹起了《高地少年》
> 给我们安慰和鼓舞
> 他像是从前战争的英魂
> 勇敢的风笛手
> 没有站多久
> 榴弹飞射，炮声响起
> 终结了一首悲曲

第 8 集团军乘胜追击，沿着地中海把德军和意军一路驱赶至意属利比亚。记者艾伦 · 穆尔黑德在报道里写道，新西兰师“是中东战场上公认的最精锐的部队”，他们在 11 月 8 日将德军赶出了埃及马特鲁的港口。当天上午，美国加入到对德作战，向维希法国[1]占领的摩洛哥和阿尔及利亚发起了进攻。美军将德军一部分兵力吸引到西线，给蒙哥马利赢得了战机。

占领马特鲁港之后，第10装甲师将指挥部移到前线附近，基斯·道格拉斯不得不面对他的上司。当时这位上校在军帐里打扑克牌，他让道格拉斯等一局打完。不一会儿，上校放下手中牌，对年轻的中尉说："咱俩出去聊聊。"

上校站在非洲的星空下抽着烟斗，道格拉斯担心自己马上就要被捕。上校问他："你逃走这事儿，到底是图个啥？"道格拉斯觉察到这位老军官与其说是生气，不如说是有点委屈，他回答说自己也不知道当初为啥逃走。他觉得自己在后方无用武之地。上校说："真是荒唐。你要是早跟我说，我一定允许你上战场，我很乐意。"为了就他的面子，道格拉斯没有指出曾经向他申请过，但被拒绝了。他说："哎呀，我真是抱歉。"上校叫他别再溜走。他没有把他交给军事法庭，而是把他留在身边，后来只要有战斗就派他上场。

过了不久，道格拉斯写了首诗，叫《死者》，里边有这样几句：

地下的躯体，只是一具死尸
无法复生，就像矿物
比金属的枪炮消失得更快
成了野狗的便餐，不久便只剩枯骨
今夜，爱人眼中没有月亮的轮廓
也没有愤世嫉俗的话语

像约翰·贝恩一样，道格拉斯用诗诠释了他的体验，他认为死者比生

[1] 维希（Vichy），是法国中南部的一个位于奥弗涅大区（Auvergne）阿列省（Allier）的一个城镇。从1940年到1944年间，它是第二次世界大战时被纳粹德国扶植的维希法国政权的实际首都。

者扮演了更重要的角色。战友的死让这两位战士产生了共鸣，提醒他们或许有一天，他们也会成为别人慨叹生死的客体。

11月11日，第8集团军将德军和意军的残部赶出了埃及。两天后，又克复图卜鲁格。6月在图卜鲁格的溃败曾让英军的士气遭受重创。又过了一周，攻克班加西。继而是连续几周的长驱进军、激烈交火、坦克大战、炮火交织，第8集团军进抵贾扎拉。在损失几千名士兵之后，英军终于重返1941年2月攻占的一座罗马要塞。英军在利比亚的昔兰尼加省的贾扎拉取得了胜利后，艾伦·穆尔黑德是这样报道的：

> 其实沙漠的古老法则即将开始起作用。虽然英军再次证明他们能够征服昔兰尼加，但如今他们开始不得不承认无法扩大战果。交战双方的情况相似。昔兰尼加刚好在的黎波里和开罗的中间……问题是我军离大本营越远，敌军就离他们的大本营越近。于是我军势力越来越弱，敌军势力越来越强。

然而这次英军的战斗力并未减弱。他们修复了几座被隆美尔的爆破兵毁掉的港口，解决了补给问题。英军在12月11日突袭贾扎拉，激战一周之后赶跑了德军。他们乘胜追击，从利比亚的昔兰尼加一直打到的黎波里的塔尼亚。1月23日，第8集团军攻占了利比亚首都的黎波里。那天刚好是约翰·贝恩21岁的生日。在胜利阅兵式上，蒙哥马利对连续奋战三月，奔袭1300英里[1]的士兵大加赞赏。他说他们取得了“可以说是史无前例”的战绩。温斯顿·丘吉尔也来到利比亚分享这项荣誉，他宣布：“我向大家保证，无论你是陆军还是空军，大家并肩作战，赢得了全国人民的崇拜和感激。战争结束后，如果有人问你有什么作为，你大可自豪地说‘我曾和战友在沙漠里追击敌军’。”

沙漠的战火烧到了突尼斯，轴心国从德国往这里增派重兵，抵抗西边

[1] 约合2092.15公里。

的美军和东边的英军。好几年前法国人在此筑起马雷斯防线，以防意大利经利比亚发起进攻。德军和意军加固了这道防线，死守英军的猛攻。

第 5/7 戈登营的战士经受了白天的酷热、夜晚的寒冷，风里来雨里去，还长期吃不到热的食物，缺少休息。许多人荣获军功，更多人失去了生命。减员的部队补充了兵力。有位补充兵叫比尔 · 格雷，苏格兰人，来自班夫郡。他辞掉了巴勒斯坦的一份清闲的文书工作，自愿参军。贝恩见过比尔 · 格雷与一名醉酒的强壮水手过招，还见他踢足球踢得很好，认为他很有胆量。但当他与贝恩成为朋友后，格雷才承认加入前线的作战部队是个“天大的错误”。战斗让他恐惧。

战友死伤要比勇气和勋章更能触动贝恩。他自己虽谈不上勇猛，但也从未逃避战斗。据他回忆，连队里有一位上尉在“佯攻马雷斯防线”时就临阵脱逃了。在那次佯攻行动中，他们要穿过德军布下的雷区，吸引火力，为新西兰师进攻德军左翼的“左勾拳”攻势做好掩护。当时贝恩是连队的传令兵，待在上尉身边准备传达指令。

> 我们正在穿越雷区。我们的炮兵部队正一边轰击一边缓慢推进，随着步兵前进的脚步，逐渐扩大射程。不知为何，突然出了状况。要么是炮兵推进得太慢，要么是我们冲得太快。我们踏进了己方炮火的射程，同时还顶着德军的炮火。身陷雷区中央，我们撤向两侧，德军的机关枪封锁住了我们撤离的路线，所有火力都集中到我们身上。记得我蹲在掩体后面，枪林弹雨从头顶呼啸而过。后方的炮兵没有提醒我们就放出了烟幕弹，有的人以为是德军的毒气弹。我低着头，我们连的上尉就在我右边，他也没有抬头看。只记得我害怕地牙齿打颤。战友们有的在祈祷，有的在咒骂。我往右一看，发现上尉不见了。他逃走了。他往回跑了，我不知道后来他怎么样了。那是我最后一次见到他。

突尼斯的战事日渐惨烈，苏格兰近卫团的一位军官曾写道：“我看见壮汉哭得像个孩子。”

乔治·巴顿将军的第2装甲师把德军的第10装甲师赶出了马雷斯防线，蒙哥马利的进攻迫使剩下的德军部队于3月27日撤退。德军在阿卡里特河谷以北20英里处组织起另一道防线，那是一处长达4英里的谷地，车辆很难通行。雨季结束，地表干燥。远离大海的西侧是鲁马纳山脊。在英军攻来之前，德军工程兵在河谷和山脊上修筑了壕沟、观察哨，布置了雷区和铁丝网。

阿卡里特河谷之战于4月5日晚上打响，持续到6日早上。贝恩对战役初期只有些大致印象，反而对规模小但战况惨烈的小型战役记忆犹新，几乎所有细节都被诗人看在眼里。他写道："山脊上布满了暗灰色的斑点，颜色就像大象的皮。"

> 日落时分，山脊表面呈现出青烟般的蓝色，逐渐融入黑暗之中。虽然肉眼看上去山脊一片模糊，但每个战士都能从这座庞然大物身上感到杀气。他们以最快的速度来到山脚下，当其他部队集结完毕，他们将一起冲上山去，剿灭敌军。

天刚破晓，贝恩和他的苏格兰朋友休吉·布莱克躲在一道壕沟里。布莱克望了望身后，说："那些家伙来了。他们来了。可怜的家伙！"当锡福斯高地人团的一个营赶到战场时，布莱克说："祝你好运，朋友！"一位士兵回答："你说得倒轻巧……你这走运的老浑蛋！"贝恩回想起那位士兵的话，觉得"他的语气里没有真正的怨恨：有的只是凄苦和无奈"。

约翰·贝恩细心观察了战场上的每种声音和气味，他在记录时都用的第三人称，仿佛把自己置身于一个远观的位置。目送锡福斯团的人走过他们的战壕，"约翰长舒了一口，庆幸自己不是其中一员，但也觉得有些内疚。"他告诉布莱克他担心等到锡福斯团攻上山脊可能已经天亮了，可能会完全暴露在敌军火力下。休吉点点头说："幸亏不是我。希望他们能消灭那群王八蛋。要不然就该咱们上前拼刺刀了。我一点儿也不想去。”

山脊上枪声大作。后来贝恩对一位记者说：“他们（锡福斯团）完全暴露在德军机关枪的火力之下。”据锡福斯团第 5 营的 G.L.W. 安德鲁斯少校回忆：“天一亮，我匍匐在地上，举着望远镜观察鲁马纳山，山脊上烟尘缭绕，我一个人也看不见，只能看见德军的机枪和迫击炮的火光。”

故事在贝恩的回忆录中延续：“晨曦伴着枪林弹雨来临，山脊笼罩在清晨灰色的雾气中，看不太清上面的情况。敌军就像虫群一样结队行动，呈不规则的阵形，时隐时现，叫人猝不及防。”战斗进行时，B 连接到的命令是在战壕里按兵不动。第 5/7 戈登营 D 连的指挥官伊恩 · 格伦尼少校说进攻的那只部队在一英里外的悬崖下边作战。“除了观战，我们什么也做不了。不过其实也看不太真切。”

戈登团的战士在等待时，休吉 · 布莱克正在抱怨军队连顿早餐也不给，连一杯茶也没有。他喝了口水壶里的水，又一口喷了出来，说他才不喝这“骆驼尿”呢。

指挥连的一位中尉向 B 连的贾米森下士传达指令，要他带上一个排的人攻上山脊。一个排的士兵站成一行，朝枪响的地方奔去。沙漠里的战斗生活，6 个月的焦虑，使约翰 · 贝恩“对身边的状况麻木不仁，或者说处于一种恍惚的状态。他并不是心不在焉，而是脑子里一片空白。他已经变成一架战争机器”。在这种状态下，他爬上了山脊。登上山顶时，战斗结束了。

蒙哥马利将军在日记里写道：“这是自我掌管第 8 集团军以来，战况最惨烈，战果最丰硕的一天。有几处要害阵地几经易手，我的军队打了一场漂亮仗。”蒙哥马利和他的上司的回忆录中，都没有记录这场战役结束后发生的事情。约翰 · 贝恩记下了，但是是在很多年后。

站在山顶，贝恩看见一名锡福斯团士兵的尸体，几小时前他还见过活着的他。休吉 · 布莱克指着一名死去的士兵说：“可怜的家伙，就这么完蛋了，去他妈的战争。”贝恩没看见伤口，士兵好像昏睡一般。B 连来到德军的战壕。地上躺着更多尸体。据 G.L.W. 安德鲁斯少校回忆，锡福斯团有 100 多人伤亡。布莱克看到地上没有伤病，推断一定是被“绞肉车”[1] 运走了。接下来发生了出乎意料的事。贝恩还是以第三人称的视角记录了下来。

> 然后他看见很多掉队的人，有自己排的，也有别的排的。他们一定是接到了命令。他们在死人堆中翻寻，不管战死的锡福斯团的人还是德国人。他们把面朝下的死人翻过身来，有的只是用脚把他们拨开。他们摘掉死人的手表、戒指，拿走他们身上所有值钱的东西。他们找得很慢，很仔细，找完一具尸体再去找下一具，感觉很不自然。他们俯身查看，伸手翻找，手法娴熟，专心致志。休吉不知道哪儿去了。他一定也加入了这群食腐者的行列。

二战结束后，在一次采访中，贝恩解释道 :“我的朋友也去洗劫尸体了，他们拿走死者的钱包、手表等值钱物。连自己人也不放过。这比拿死去的德国人的东西恶劣得多。为什么这么说？我也说不清。但总觉得就是这样。”他停下来想了会儿，陷入了一种恍惚的状态。20 世纪就要结束时，他写了一首诗，叫《回忆阿卡里特河谷的死者》，诗中没有提到洗劫死者的事 :

> 他看见形状各异的石块、沙子和瓦砾
> 在那个没有刮脸的黎明，倒在地上的尸体
> 不经意间摆出得体的姿势
> 排成战斗的队列，穿着整齐的军装

洗劫尸体是对死者的大不敬。这件事对贝恩的影响很大，甚至可以说改变了他的人生轨迹。

---

[1] 对救护车的戏称。

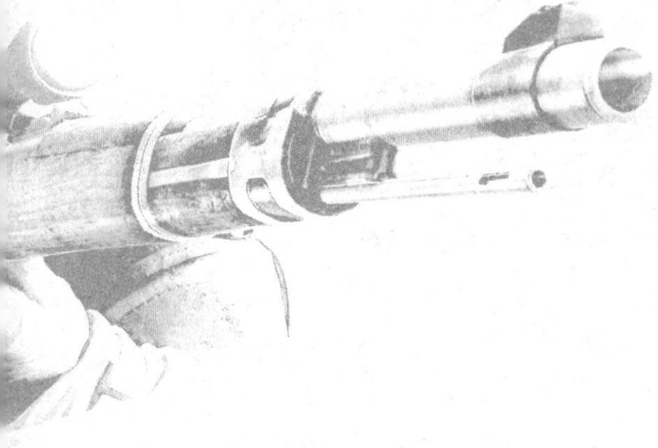

五

他们渴望见到可以依赖的人。他们思念妻子和母亲。

《战士心理学》，第 334 页

列兵艾尔弗雷德·怀特黑德没来得及娶那位还在念书的姑娘，他所属的第 2 步兵师就于 1942 年 11 月离开了得克萨斯，转移到威斯康星州的麦考伊军营。火车载着他们来到 1000 英里外的北部，“一开始地上长满了蒿子，接着变成平坦的麦田，最后是连绵的农场。”火车到达威斯康星，许多南方的小伙子第一次看到了雪。一位来自佛罗里达的士兵，兴奋地在冰上打滚，直到冻得受不了了才停下。麦考伊军营是 1909 年从门罗县划出来的一片区域，占地 14000 英亩，是美军冬季的训练营。1943 年 2 月，参加了密歇根州北部的军事演习，怀特黑德说：“在那儿我们才真正见识到了冬天有多冷——温度计一直保持在零下 40 度。”为了抵抗严寒，怀特黑德只好穿上雪地鞋，在雪中蹒跚而行去买酒。他没有违反军纪，只是打打擦边球。他写道：“我们接受了各类具体的单兵和团队战斗训练，以应对在海外可能遇到的任何作战环境。最后我们相信我们是整个美军中最顽强的一支部队。”

怀特黑德觉得自己是强队中的强者。他总爱用拳头解决问题，经常卷入争斗之中。他又好喝酒，因而更容易惹上麻烦。照片中的他看上去年轻气盛，个头不高，气势却很足。一头棕色的卷发从中间分开，笑得有点孩子气。他有一张在麦考伊军营的照片，照片中有个青年士兵正坐在指挥官的吉普车的引擎盖上，歪戴着头盔，一副桀骜不驯的样子，仿佛在说这个小伙谁也不怕。

离麦考伊军营最近的城镇是肯特县的斯巴达。大部分时间怀特黑德都在那喝酒、掷骰子、追女孩。他说："酒馆都很不错，只是在战争年代钱和姑娘都不多，因此我们经常起争端。"他在斯巴达租了间屋子，"休息时我有个自己的住处"，他在喝醉酒后就回到自己的房间休息。他在酒吧过周末，晚上回房间。他喜欢独来独往，觉得只有找个新娘才有孤独的解药。

有一天，在斯巴达的台球室里，他遇见了三位年轻的姑娘。他想请她们喝可乐，但几位姑娘都拒绝了她。他问另一位士兵，这些"高傲"的姑娘是什么人。士兵说是他的姐妹。怀特黑德买了三瓶可乐，可姑娘们还是不愿搭理这个自负的南方人。片刻之后，怀特黑德发现钱包丢了，就大声说在他找回钱包之前谁也不准离开台球室。那位士兵见怀特黑德丢了钱，便好心请他回家吃晚饭。

就这样怀特黑德认识了士兵的三姐妹，没过多久他就向大姐求婚了。她叫塞利玛·谢尔帕。照片中的她有一头蓬松的金发，像贝蒂·格拉布尔[1]那样扎在脑后。饱满的嘴唇，能让大多数小伙子一见倾心。她拒绝了怀特黑德的求婚，但最后还是答应在怀特黑德休假时跟他约会。"后来我们一起度过了许多快乐的夜晚和周末，我越来越喜欢谢尔帕一家。他们让我有种在自己家中从未感受过的归属感。"他们在谢尔帕农庄和欢乐谷聚餐，一起看电影，一起过狂欢节。怀特黑德说："我的南方口音也带来了一些欢乐。有个礼拜天，我在帮谢尔帕太太做晚饭，我问她'面混'放在哪。惹得整屋子的人哄然大笑，没人知道'面混'是啥。"当他告诉谢尔帕一家自己小时候每天以"野洋葱、猪肉沙拉、野菜"为食，自己还干过私自

[1] 贝蒂·格拉布尔：生于密苏里州圣路易斯，原名伊丽莎白·鲁思·格拉布尔。12岁进入好莱坞专来学校学习舞蹈和歌唱，1929年开始参加好莱坞歌舞片中的合唱和舞蹈演出。

酿酒的活，他们都表示不可思议。谢尔帕一家很喜欢他。不过每当他问塞尔玛“咱俩啥时候办婚礼”时，她都避而不答。

怀特黑德写道：“许多战友都结婚了，有个家可以回，有个人可以牵挂。”奔赴战场的日子越来越近，怀特黑德请求上司准许他结婚。上司以为他只是领个结婚证回来，就放了他三天假。怀特黑德买了一枚戒指，搭了两英里的便车，来到谢尔帕的房子。他把戒指交给了塞尔玛。第二天，也就是 1943 年 8 月 9 日，谢尔帕夫妇开车把他俩送到明尼苏达州的喀里多尼亚，在那办结婚手续不需等待。他们在谢尔帕的农场度蜜月。然而甜蜜的日子并不长久。

9 月底，怀特黑德告诉他的妻子，部队即将开赴海外。他向塞尔玛保证，战争很快就会结束，他很快就能回家。而塞尔玛却严肃地说：“你会觉得战争很难熬，即使在你回来以后，也要过好几年才能走出战争的阴影。”出发前最后一天的早上，塞尔玛流下了眼泪。10 月 3 日，第 2 步兵师的新兵登上了开往纽约的火车。10 月 8 日，佛罗伦萨 · 南丁格尔号运输舰抵达纽约，将运送他们横渡大西洋。登船时怀特黑德看到有一队宪兵，他们举着步枪、军刀和机关枪。他们的任务是确保无人逃走。

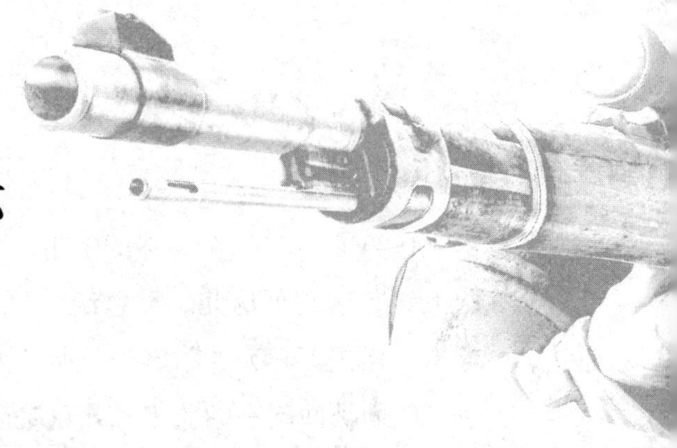

六

患有“战争休克”的人并不软弱，也不是懦夫。他也是战争的受害者。

《战士心理学》，第 353 页

穆斯塔法军营位于亚历山大以东的沙漠中，那里设有英军的战时监狱，犯了逃亡、奸淫、谋杀罪的士兵都被关在那。早在 1882 年英军占领埃及时就建立了穆斯塔法军营，紧挨着公元前 24 年屋大维击败马克 · 安东尼和克里奥佩特拉时设立的罗马营地。这个地方对英国人还有更多意义：1801 年英军曾在此地击败拿破仑的军队；1915 年英军发动加里波利战役，给予土耳其军毁灭性打击，当时许多军团也在此地集结。英国人也学罗马人，以这个基地对亚历山大的当地人施加威慑。后来才建立监狱，惩罚那些不服管教的士兵。

穆斯塔法拘留所臭名昭著。艾伦 · 坎贝尔 · 麦克莱恩以此地为原型，写了部小说，叫《温室》，讲述了被关在里边 56 天的故事。书中的人物说蹲过好几所监狱的“老兵”对穆斯塔法尤为憎恶。

> 他们聊天时总是刻意回避亚历山大城外沙漠中的某个地方。他们说那地方糟糕至极，那里的看守听命于一位疯狂的指挥官。很多人都死在这个老浑账的行刑队手中。与其这样死，还不如服刑期满归队作

战，死在隆美尔手中。

1943夏天，一个炎热的下午，一辆军用卡车把约翰·贝恩和其他五名犯人一起送到了这儿。贝恩说："在白色的高墙的衬托下，大铁门看起来像炭一样黑。"第55军事拘留所的大门打开，戴手铐的犯人走进一个训练场，四面被两层高的监牢和几重坚固的铁门围了起来。犯人站成一排，宪兵队的哈迪中士对他们说："从今天起，你们都是服刑军人。无论做什么事都得利索一点。明白吗？无论做什么。做任何事手脚都要利索。"狱中守卫森严，根本不怕有人逃走，因此给他们解开了手铐。哈迪中士命令他们快步走到训练场中央，让他们转向亨德森中士。

哈迪和亨德森身穿上过浆的卡其色军装，头戴军帽，军靴擦得锃亮。和其他宪兵一样，他俩从未上过战场，参与对敌作战。但这并不妨碍他们在上过战场的士兵前面逞威风。亨德森让他们自报姓名和编号。第一名士兵自报姓名说："报告中士，我叫莫里斯！"贝恩看到亨德森的脸色一变，"一副似怒非怒，似笑非笑"的表情。他大吼道："不要叫我中士！你这蠢蛋！叫参谋长！你得叫我们参谋长……明白吗？除了团级准尉副官和指挥官你得叫长官，别人你都得叫参谋长。"

念到贝恩的名字和编号时，亨德森说："我看你属于戈登高地人团。你们团的座右铭是什么？"

贝恩回答："坚守，奋战。"

"叫参谋长！"

"坚守，奋战，参谋长！"

"坚守，奋战。说得好，是什么意思，列兵贝恩？"

"是说要坚韧不屈，参谋长！"

"坚韧不屈，是戈登高地人团的座右铭，他们一直都奉行这一条。从古自今，他们从不退却。自建团之初，一次也没有。而你，没有坚守你的阵地，列兵贝恩，你坚守了吗？你真可恶！你逃跑了。你没守住阵地，给你们团抹黑。我父亲曾在一战中与戈登团并肩作战。他坚守住了，贝恩。他没有逃跑。我一定会特别关照你的，贝恩。”

亨德森对他们的日常活动进行了详细的说明：早上6点起床，巡查，完成每天的劳役，下午5点回房间，晚上9点半关灯。不许交头接耳。他说："要是逮到谁熄灯后还在说话，就得受罚。独自关禁闭三天，每天只能吃面包，喝水。”亨德森命令他们把衣服脱掉，和所有私人物品一起扔进篮子里，贝恩看到亨德森这时嘴唇外翻，表情极为凶狠。亨德森拿腔作势地逐一检查了每件物品，又叫他们把东西装进篮子里，然后顶在头上。

接着亨德森吼叫着命令这几个光着身子浑身是汗的人在训练场里往返跑，不光要羞辱他们，还要让他们的身体难受。虽然贝恩年轻力壮，是个得过奖的拳击手，但他的胳膊还是不堪重压。体力差的就更受不了了。亨德森吼道："抬起腿来！胳膊伸直！左右左，左右左……跑起来！”他们一直跑到太阳西斜，亨德森才叫他们停下，回牢房休息。

牢房里已经有三个人了，他们蹲在最里边的墙脚洗刷一个生锈的铁桶。里边的空气很差。牢房长50英尺，宽仅8英尺，充满了尿骚气。亨德森叫他们穿好衣服，每人从墙角的一堆毯子里拿两条。墙上有张示意图，告诉他们怎样叠毯子才合规矩。又给每个人发了一个马桶。亨德森锁上门走了，他们各自在地上划了一块地方当他们的床。贝恩和两个人分到一起，分别是米德萨斯团的乔克·怀特和达拉谟轻步兵团的比尔·法雷尔。他们仨不顾军纪，低声交谈。贝恩虽然没听见什么声音，但还是担心有人透过门上的小孔监视他们。乔克轻声说："你肯定听不见声音了，那些王八蛋晚上都穿着胶底鞋，走路根本没声音。”法雷尔说这里的看守比别的监狱里的凶狠得多。

乔克问："你蹲过别的监狱？”

"是啊。进过利兹的阿姆利监狱。6个月。”

“犯了什么事儿啊。”

“别多问了。”

法雷尔解释说，进了监狱，第一条需要注意的就是别问别人犯了什么事儿。他坦言自己犯的罪就是偷教堂房顶的铅。乔克说他曾在奥尔德肖特的军事“温室”蹲过56天，没说什么罪名。突然门开了，一个陌生的声音响起：“都给我起立！在床边站好！”皮克林中士走了进来，他介绍了自己，说自己是个“十足的恶棍”。皮克林吼道：“还有三分钟就熄灯了，我会在门口听，哪怕让我听见你们说悄悄话，我会把你们所有人都吊起来！听清楚没有？”

贝恩躺在一床毯子上，又扯过另一床毯子盖住了酸痛的身躯。牢房角落里有个拉肚子的人，正坐在马桶上大便。此时贝恩只希望能早点入睡，“在睡梦中寻求慰藉”。

自从在阿卡里特河谷看到战友洗劫尸体之后，贝恩再也没有睡过一个好觉。在他的记忆里，他根本没有逃跑，他原本就不在那儿。他说：“我似乎的确是逃走了。”精神病医生说他患了“记忆丧失症”，意思是忽然从现实世界中剥离。

没人发觉他离开了鲁马纳山脊，直到后来他被一辆吉普车拦住。当时他还处于恍惚的状态，他目光呆滞地盯着一名中尉。中尉问他：“你是要回后方指挥所吗？”就这样，贝恩上了吉普车，中尉把他送回了指挥所。

他走出了营地，扛着他的恩菲尔德步枪，一句话也不说，走向沙漠深处。“他一心只想后退，离开前线，离开躺满锡福斯团士兵尸体的碎石荒野，尸体摆成的星座，正在嘲讽可悲的生者。”他像逃兵一样往回走，经过浴血奋战开辟的路。满载士兵和补给品的卡车从他身旁经过，对他不理不睬，恍恍惚惚的他也没注意到有车经过。他在路边找到了几罐意大利士兵留下来的肉罐头。还偶遇一名廓尔喀列兵，这位好心的列兵请他喝茶，还把煎饼分给他一半。后来他沿着沙漠公路向东走，一辆皇家空军的货车在他身旁停了下来。

司机说自己叫弗兰克·贾维斯，说可以带他去的黎波里。没过多久，弗兰克就发现了贝恩不是掉队了："约翰，你是个逃兵吗？伙计，你可以信任我。我不会出卖你。"弗兰克说快进的黎波里时，他会把贝恩放下来，因为再往前有宪兵的检查站，贝恩在那会被抓。弗兰克提醒他说："或许你能在难民营里找到点吃的，但你躲不了太久，迟早会被抓。除非你打扮成阿拉伯人的摸样。找个阿拉伯女人跟你同行。"约翰睡了几个小时，中途弗兰克停下来沏了壶茶。两人喝着茶，弗兰克掏出一包他在码头上捡来的英国香烟。"你害怕吗？"弗兰克点燃了香烟："换了我肯定怕得要死。沙漠中的那个大监狱非常恐怖，比咱老家的监狱糟糕不知道多少倍。我就知道这些。"约翰倒是没想过这么多，他说："不会比战场更糟。"

离的黎波里还有几英里，贝恩下了车，往城里走去。弗兰克给了这位年轻的逃兵三罐牛肉罐头和几包压缩饼干。刚要把车开走，弗兰克停下来说："你最好把这个拿着。""这个"指的是那包珍贵的英国香烟。

扛着枪，背着包，贝恩在傍晚时分走到了的黎波里。他发现的黎波里有个港口，他打算偷偷爬上一条船离开这里，心想友好的水手一定会把他藏好，给他吃的，送他回国。只要回到祖国，一切都会好起来。他写道："他的白日梦随着一声尖利的刹车声烟消云散，一辆重达 15 英担[1] 的卡车滑动了一小段，在他身边的排水沟旁停下。车上坐着宪兵队。贝恩马上就被逮捕了。

军方安排了一名中尉在军事法庭上为他辩护。在审判前的一次小会上，中尉教贝恩如何编借口，"或许可以说家中有变故"，这个理由对贝恩有利。然而贝恩这位被告自己却要往坑里跳，他说他已经厌倦了战争。过了几天，的黎波里的军事法庭宣布了对贝恩的判决，宣判他"从前线逃脱"，犯了逃兵罪，该项罪名足以使他在北非沙漠中最残酷的监狱里度过三年。

在穆斯塔法拘留所的日子给了贝恩足够时间去思考自己到底为何要逃

[1] 1 英担约等于 50.8 千克，

离战场，以致身陷囹圄。他想起了白金汉郡的艾尔斯伯里，他在那度过了童年的大部分时光。“故乡是我的护身符，让我不至于陷入绝望，甜美的乡村就像一个梦，一道光，美丽的田园到处都能听见美妙的音乐，到处都是一首诗，都可能萌发幸福的恋情。”然而所有的童话里都有个怪兽，贝恩的童话也不例外。那只怪兽就是他的父亲詹姆斯 · 贝恩，他是一位参加过一战的退伍军人，也是个严厉的人。他不准贝恩穿任何“娘娘腔”的衣服。在他眼中，“娘娘腔”的东西还包括书籍、诗歌和古典音乐。

第一次世界大战刚结束，詹姆斯 · 贝恩迎娶了比他大三岁而且社会地位比他高出几个等级的埃尔西 · 梅布尔。詹姆斯离开苏格兰团时是个一等兵，而埃尔西有个当军官的伯父。两人有三个孩子，肯尼思、约翰和西尔维娅。1922 年的 1 月 23 日，约翰出生在林肯郡的斯皮尔斯比。当时他的父亲在斯凯格内斯的海滩上为游客拍纪念照，以此养家糊口。约翰三岁时，父亲把家搬到爱尔兰自由邦的巴拉哈德林，在那里开了一家照相馆，幻想能以此摆脱贫困。在从利物浦开往爱尔兰的船上，詹姆斯玩了个“小把戏”，他把三岁大的小约翰举过了船舷边缘，“漆黑的海水在下面拍打、翻滚，就像等待投喂的饿狼。”小家伙大声哭喊，换来的只是父亲的一顿“狂笑”。

穆斯塔法军营的军官跟无所不能的父亲极为相似。贝恩说他的父亲也总有一副“半笑半怒”的表情，跟亨德森中士“似怒非怒，似笑非笑”的表情很像。虽然他没有直接拿宪兵跟他父亲做比较，但他对父亲的评价或许也适用于哈迪中士和亨德森中士。“现在我懂，其实很多年前我就知道了，他是个施虐狂。我记得有好几次，他通过从精神和肉体上折磨我和我哥获取病态的快感。”在爱尔兰，肯尼思和约翰每天就吃些土豆、稀饭和面包。基本吃不到肉，更不知糖为何物。一天，父亲把兄弟俩叫到厨房，给了他们一根巧克力棒。肯尼思满心欢喜地打开包装，可里边包的是一根木棍儿。

父亲在火炉旁的挂钩上挂着一根皮带，是磨剃刀用的；但是根据贝恩的回忆：“我只记得那根皮带除了用来施鞭刑，没别的用处。”不用说，挨鞭子的自然是肯尼思和约翰。在爱尔兰的生意不景气，詹姆斯 · 贝恩又把家搬回了英格兰。他们一家在诺丁汉郡的比斯顿安顿下来，詹姆斯又开起了照相馆。约翰 7 岁时，有个礼拜天，他目睹了父亲向一位低调的客人挑衅，要跟他打一架。两人的老婆孩子在旁边不知所措，詹姆斯强迫鲍伯戴上拳击手套，把他吓得半死，还把他揍得流鼻血。贝恩写道："我觉得父亲可恶、可耻、可恨。回头一想，当时我对他只有恐惧。现在我对他只有恨。"

约翰去兰开夏郡的埃克尔斯跟爷爷奶奶住了两年，他没说什么原因。1931 年，约翰 9 岁时，全家人又聚到一起，搬到"如梦似幻的乡下"，艾尔斯伯里。住在照相馆楼上那个昏暗的公寓里，在贝恩看来日子过得已经够好了。父亲还是对两个男孩拳脚相加，有一次一拳打在 12 岁的约翰头上，把他打倒在地。詹姆斯嗜酒成性，还在外边拈花惹草，孩子们的母亲只好在基督教科学会中寻求慰藉，约翰管这个组织叫"半宗教"。

其实在艾尔斯伯里和父亲住在一起的日子一点也不"甜美、光明"，贝恩兄弟躲进了书籍和音乐的世界。肯尼思自己学会了弹奏妈妈的钢琴，约翰从图书馆借了很多书——狄更斯、T.S. 艾略特、约翰 · 巴肯，还有埃德加 · 华莱士的犯罪小说。兄弟俩拿着他们最爱的诗集在牧场上游荡。文学让约翰"可以从阴森的现实中转移注意力"。14 岁时，他自己开始写诗，但是没给任何人看。兄弟俩买了台留声机，每次都等到父亲出门，才拿出来播放李斯特、德彪西、舒伯特的曲子，还有女歌唱家玛丽安 · 安德森的歌。詹姆斯 · 贝恩看不惯儿子的爱好，他认为书籍和音乐都太"娘娘腔"，于是给两人报名参加了艾尔斯伯里拳击俱乐部。不到两年，约翰就打进了大不列颠在校男生拳击锦标赛的决赛。

詹姆斯 · 贝恩告诉儿子，他 14 岁就参军了，还在蒙斯作战时负伤。他总爱滔滔不绝地讲他参加一战时的事迹，每次都必然说他在战斗中有英勇表现，约翰对此表示怀疑："一开始我只是质疑他的话是否与历史相符，后来他一吹牛，我跟肯尼思就暗自偷笑。"他俩也只敢偷偷取笑父亲，不然又是一顿鞭子。约翰的整个童年都在听父亲反复讲诉一场惊天动地的战争，他对一战的所有了解都是这么来的。后来他对一位采访者说："我还记得很清楚，小时候每到一战停战纪念日那天，他就会把勋章拿出来，让我戴上，不管我穿的是运动衫、夹克衫，还是别的什么衣服。”他还会去城里的广场，和老兵一起为死在法国的战友默哀。“其实那是个充满军国主义色彩的时刻。如今我还觉得不自在，因为有美化战争的一面。”

虽然父亲使他们对军队产生了一种警惕，但两兄弟还是迷上了与一战有关的诗歌、小说、电影。约翰觉得冲锋陷阵是“悲情而诗意的事情”。读过罗伯特·格雷夫斯、西格夫里·萨松和欧内斯特·海明威的作品后，战争的“意象、悲悯、废墟、英勇和无力，让贝恩魂牵梦绕”。

在1938年的慕尼黑阴谋中，英法两国同意割让捷克斯洛伐克西部给德国，这件事对约翰的影响完全不及另外“两个重大的发现：D.H. 劳伦斯和啤酒”。1936年，14岁的约翰离开学校，在一家会计师事务所当个小文员。闲暇时，他就读一读詹姆斯·乔伊斯的书，追追姑娘，去酒吧喝几杯苏格兰麦芽酒。他和肯尼思也没少惹过麻烦，有一天两人喝醉了，爬上旅馆的屋顶，闯进屋里。被捕后，当地的报纸用“贝恩家的拳击兄弟”来称呼他俩。两人都被判处缓刑两年，更引人注目的是报纸上说约翰才18岁。在那以前，约翰26岁的女朋友萨莉都以为他俩同岁。萨莉能接受年龄的差距，可约翰的父亲不喜欢萨莉。他命令约翰跟她分手，为了让他听话，还给了他一拳。这回约翰第一次反抗了他的父亲，把父亲的眼圈打青了。这也是詹姆斯最后一次动武，从那以后两人互不搭理。

1939年9月，英国对德宣战，对这件事约翰表现出“孩子气十足的兴奋”。但他并没有马上参军。1940年9月，德国对英国进行了猛烈的轰炸，史称“闪电战”，贝恩的母亲和妹妹撤到科茨沃尔德避难。家中的三个男人还呆在艾尔斯伯里，父子间尴尬的沉默仍在继续。约翰被捕后丢了会计师事务所的工作，转而去为艾尔斯伯里汽车公司买零件，每周可以挣35先令。他想加入皇家空军，可惜体检没过，因为视力不好。后来他为这件事写了首诗，叫《无名战争诗人》。

他第一个参军

不因爱国之情

也不因冒险精神……

12月，约翰和肯尼思决定去当商船的水手。虽不知道他们的动机，但的确有两大好处：一是可以逃离家中难以忍受的生活，二是有机会环游世界，当然前提是没被德国的空军和海军击沉。他们偷了父亲为了避税而私藏的400英镑，逃到了伦敦。这笔钱他们花得大手大脚，他们住在摄政宫酒店，买票去看唐纳德·沃尔菲特主演的《李尔王》，听蜜拉·海丝的音乐会。他们在索霍区的酒吧里喝得酩酊大醉。最后来到船东协会申请当水手。贝恩写道："协会的官员对我们的面试非常简短，他羞辱了我们一番。"两人又分别到加的夫和格拉斯哥碰运气，圣诞节时，他们在格拉斯哥看到了一张军队的海报，随即决定去当兵。

苏格兰、阿拉曼、阿卡里特河谷、穆斯塔法拘留所，这段旅程遵循着一个可怕的逻辑。对父亲的鄙视和对战争文学的热爱使他离开家，参军入伍。贝恩阴差阳错地被分到一个苏格兰军团，跟他父亲在一战时一样，这更像是个巧合。他也像父亲一样喜欢上拳击、喝酒、和女人鬼混。好不容易逃离了凶狠的父亲，他又因为逃离部队被关进监狱，来到一个压迫更深的地方。他在这儿所面对的是一个可以对他无端施暴的组织。

后来他在《爱与勇气》一诗中描写了他当时的困境：

他能隐藏

他的恐惧，直到他的连队

要去面对致命的风暴

他选择逃亡、耻辱和监禁

有别的选择吗？我表示怀疑。

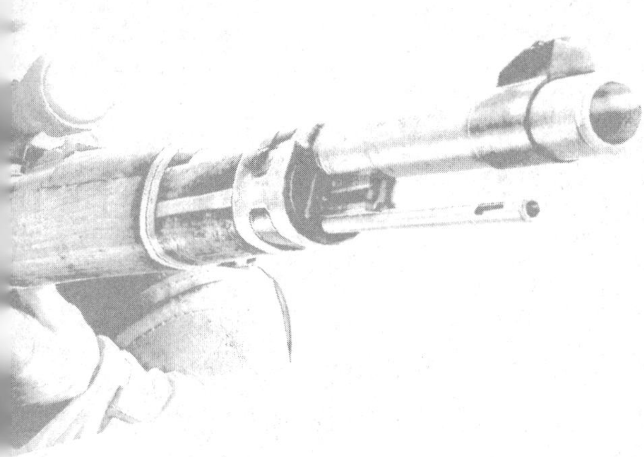

七

胜利取决于每个自由的士兵。

《战士心理学》，第 365 页

1943 年感恩节那天，在曼哈顿下东区，史蒂芬 · J. 韦斯宣誓“支持和保卫美国宪法，与国内外所有敌人斗争”。在入伍仪式上，威廉 · 韦斯仿佛回到了 25 年前，他对儿子说：“如果需要我，你就直说。”战争的后遗症让威廉变得沉默寡言，也让史蒂夫从小就没有一个合格的父亲。父子二人都还不明白一战造成的心理阴影。史蒂夫入伍那天，《财富》杂志报道说：“今天，上次战争结束 25 年后，退伍军人医院的 67000 个床位上还有将近一半仍躺着第一次世界大战的受害者，他们饱受精神疾病的折磨。”史蒂夫要去父亲去过的地方，揭开父亲身上的谜团。他不打算跟父亲“直说”。这回轮到他经历战争了，父亲未给的指导就让军队来完成吧。

史蒂夫和其他新兵一起登上开往新泽西的列车，他们将在迪克斯堡中转。军队给了他一个编号，12228033，命令他把这个号码记牢。如果被俘，只能告诉敌人自己的编号、姓名和军衔。在迪克斯堡，这群年轻人开始变为战士。前一年欧文 · 柏林有首歌大受欢迎，歌词写道：

格林先生，这儿是部队
我们喜欢漂亮干净的军营

您家里有女仆帮你打扫

到了这儿她可帮不了你了

当迪克斯堡的军官享用着感恩节晚宴时，史蒂夫·韦斯刮干净了胡须。礼拜四和礼拜五两天跪在地上擦洗军营的地板。一周以后，他又被送到佛罗里达州布兰丁堡的补充兵训练中心。韦斯的陆军普通分类测验成绩不错，他因此可以去候补军官学校，也有机会加入心理战部队。可他很快就意识到，“在 1943 年年底，军队最缺的是步兵补充兵，而不是下级军官。”

军方派韦斯去战争情报部门工作，一位少尉说他“专修作战情报技能，学习侦察、巡逻、徒步和乘吉普车完成侦察任务”。韦斯写道：“看上去很光荣，可我感觉作战情报机构的任务会比步兵的任务要更危险。”光荣也好，危险也罢，当时他还是一名步兵。他想申请调往心理战部队。与此同时，军方又让他参加了 17 周的基本训练，训练项目有“看地图、看航拍图、辨认敌军、审问俘虏、步兵战术、使用武器和小分队协同作战”。在布兰丁堡他们看了几部宣传片，其中有弗兰克·卡普拉的《我们为何而战》系列，但韦斯对这些影片没什么感觉。他觉得这些纪录片展示给人的是“现代战争虚伪的一面”，“跟他参军的理由没有多少契合点”。布兰丁堡的很多方面都在刺激新兵的神经，尤其是潮湿的沼泽地和糟糕的食物，新兵都管那儿的食物叫“鸡屎”。此外各种严格繁琐的规矩也很让人难受。军队 1939 年只有 22.7 万名正规军士兵和 23.5 万名国民警卫队士兵，到了 1943 年扩大为 7482434 名，其中不乏能力不足之辈。军队规模迅速扩大，医疗体系也出现了各种问题。有一回韦斯胃疼，有个医护人员却给了他治脚气的药片，另一个人给他注射了太多疫苗，导致他发高烧，在基地的医院躺了五天。

在布兰丁堡，韦斯虽然没有遇到任何针对犹太人的欺凌和侮辱，不过他知道有别的犹太士兵遇到过。有个矮小的年轻人，绰号叫“菲力”。跟韦斯截然不同，菲力是个虔诚的犹太人。有个南方人用歧视犹太人的话侮辱了菲力，韦斯叫他的离他朋友远点，否则休怪他不客气。一天在厨房里，菲力和那个南方人打了一架。一名中士把他们劝开，又下令让大家围成一圈，让他们在中间光明正大地比一场。大家看着菲力挨了一拳又一拳，可这个犹太男孩没有丝毫退缩。菲力丢了好几分，最后他重拳打在对手下巴上，这一击让对手倒地不起。中士对输家说："要是你还不知悔改，我会把你送上军事法庭。"韦斯觉得"这件事就像一场教学课，讲述了与战争有关的人权问题"。

韦斯在布兰丁堡接受训练时，有的新兵要么已经逃走，要么正在忍受严重的心理问题。据《时代》周刊报道，每周都有300名新兵精神崩溃。爱德华·施特雷克博士是宾夕法尼亚大学精神病学系的主任，也是战争部的顾问。他抱怨说："有182.5万人因为精神疾病无法服兵役，因为神经或精神方面的原因离开部队的人多达60万人，此外还有50万人企图逃避征召……"

1943年2月3日，陆军部曾写信提醒几位将军，信中说："擅离职守和逃兵的现象要引起警觉，尤其是在海外战场。问题已经极为严重。"战争部的亨利·L.史汀森为解决逃兵问题提出了更严格的惩罚措施。1943年10月22日，他写信给预算局局长哈罗德·D.史密斯说："战时擅离职守是严重的犯罪……足以用比现存规定更严厉的惩罚。"史汀森建议富兰克林·D.罗斯福签发一道总统令，暂时取消1928年制定的《军事法庭手册》中《惩罚限度表》的限制。1943年11月9日，罗斯福签署了第9367号总统令，"暂时取消对违反《军法条例》第61条的最重惩罚限制"。

副参谋长M.G.怀特准将写信告知陆军参谋长乔治·C.马歇尔："在1942年5月，总共有2822起逃兵事件……"军队的规模越大，逃兵的人数越多，军官群体逃兵率一直保持在低于1%的水平。正在或即将加入步兵部队的那一部分人最容易逃亡。"

马歇尔将军成立了一个委员会，专门研究逃兵与精神崩溃的关系。他在委员会中任命了一位一战老兵，埃利奥特·D.库克准将。库克觉得自己能进入委员会，是因为“如果像我一样的人能弄清这件事，每个人都能明白”。库克对问题、原因和解决办法都没有固定思维。1943 年年初，他曾写道：“离开部队的人几乎跟当初参军时的人数量一样多。”这是在大多数部队奔赴海外战场之前。库克准将是位亲切谦逊的老兵，他说自己从未听说过“神经官能症”这个词，连这个词怎么写都不知道。他还承认自己和其他人一样，对“精神病把戏”持怀疑态度。

在韦斯训练期间，库克访问过布兰丁堡。军营指挥官允许他使用一间带锁的病房和三间开放的病房，用来治疗神经官能症的患者。在一间开放的病房中，所有病人看起来都像是真发病了。

> 100 多名身穿病服的患者在四处游荡，他们在说话、看书、玩游戏。他们看起来跟我差不多，一点毛病也没有。作为整体而言，他们跟别的任何作战单位没有区别。我跟其中一个看上去比较灵光的人聊了几句。
>
> “你怎么了？”
>
> 他挑衅地盯着我。
>
> “我是个基佬。”他说得很干脆，承认自己是同性恋。

另一位患者抱怨自己背痛，一名黑人士兵只是说：“我很痛苦。”

在军官俱乐部，库克与军营的精神病医生一边喝酒一边聊他见过的这些装病的人。医生告诉他：

> 不管你信不信，他们真的在遭受痛苦。你说他们是装病，都是在演。但根据我 10 年的从医经验，我可以很准确地分辨出谁是真病人，谁是在假装。

精神上的痛也是痛。库克说他还不明白，但会以开放的心态继续调查。

在布兰丁堡，史蒂夫 · 韦斯与年纪大的士兵走得很近，仿佛在寻找一位可靠的父亲或者兄长。他与 28 岁的谢尔登 · 韦尔沃斯成为了朋友。韦尔沃斯来自俄亥俄州克利夫兰高地，“是个笨拙的人，但很聪明，有艺术才能”，并且“有健全的常识”。韦斯说：“我很喜欢他。”17 周的基础训练结束时，韦斯和韦尔沃斯又去马里兰州的米德堡练枪。经过训练，韦斯的枪法好得让他自己都感到惊讶。在米德堡，他认识了霍尔 · 塞德洛夫。塞德洛夫以前是个屠夫，跟韦尔沃斯一样，比韦斯大 10 岁。他因为极度思念妻子和女儿，时常感到痛苦。1944 年 4 月，塞德洛夫从弗吉尼亚州的纽波特纽斯港出发，奔赴海外战场。一周以后，史蒂夫 · 韦斯也起程了。

运兵船开到哪儿，远征军战士就到哪儿。为了弄清军人为何逃离，库克准将在征兵站、医院和营地寻访了医生和士兵。有些发现使他对青年一代的爱国情操产生了怀疑。征兵委员会的某些区别对待的做法让新兵感到不满。库克写道：“1943 年，莱斯大学足球队的 14 名队员竟被军队拒之门外，公众对此感到震惊。”在战争初期，因为特殊才能而免于兵役的不止这几位运动员，有人认为地方征兵委员会没有秉公办事，库克准将也深以为然。

美军的逃兵问题事态紧急，陆军部在 1943 年 2 月发布了一份备忘录，通知了“各指挥官、陆军部队、空军部队、后勤部队、各军港的指挥官、所有军事法庭的官员”。这份备忘录是这样写的：“擅离职守、逃离部队的士兵，尤其是即将奔赴海外作战的士兵，人数之多，已经到了极为严重的地步。”逃兵太多，以至于无法逐一审判，因而“只审判情节非常严重的人”。比起上战场，逃兵更愿意进监狱。对此，陆军部的一位军官写道：“新规定的目的是不让逃兵的诡计得逞，而不是让他们如愿……逃兵会发现，新规定除了有威慑作用，还会通过严厉的执行促使他们回归部队，或者回到海外战场。”

这份备忘录对新兵的战斗意愿产生了消极影响。营地里挤满了被捕的逃跑和擅离职守的士兵，“军队不得不占用一部分营房来关押这些人，还得给他们吃的。”陆军部提醒各指挥官留心“逃避特遣任务和海外作战任务的各种花招”。这些“花招”都有：

1. 自残，达到需要住院治疗的程度。

2. 假装患有身体或心理疾病。

3. 躲起来，逃避被派往海外。

4. 故意擅离职守，接受审判，被关监禁。

5. 丢弃军装和武器装备。

6. 点名时帮未到者应答。

7. 巡查军官到来时，互相传递消息，听到消息的人夺门跳窗而出，奔向森林里躲藏，在楼上的甚至会打破窗户玻璃跳下去。

库克准将巡查到科德角的爱德华兹基地，这里关着2800名美国东部的逃兵（加利福尼亚州有个类似的地方，关着密西西比河以西地区的逃兵）。库克问基地指挥官这些人要被关多久。基地的军官回答：“直到弄清他们的身份和所属的部队，然后就派人护送他们上船。”有人故意弄坏自己的眼镜或假牙，以此为借口不上船，军方修订了法规，即使失去了这些东西，也要被派往战场。于是很多人藏了起来。基地指挥官说：“有人藏在地下煤库的箱子里，有人在营房里挖洞挖地道，藏在里面，都被我们揪了出来。”这些逃兵在被派走的几个小时前，基地卫兵把他们关在特殊的地方，什么都不解释，时间一到直接送上火车，赶往港口。库克问是否有人试图逃出基地。得到的回答是：“只有在被拉往港口时他们才会逃，有人跳车，有人跳船。”军中将这一现象戏称为“跳板热”。

库克跟犯人聊过。有的人说自己有家庭变故，不得不在离开美国前处理好。一名士兵说他的妻子有身孕，而且身体不适，不能抛下她。还有人说：“我害怕开枪，听不得枪响。”“我胆小，所以才回家。”“我想我的女儿，我讨厌军队，我还怕水。”

史蒂夫·韦斯、谢尔登·韦尔沃斯和他们的一同训练的战友一起离开米德堡，前往纽波特纽斯港登船。没人知道他们要去何处，也不知道各自会被分到哪个师哪个团。他们是步兵“补充兵”，前线部队士兵阵亡、被俘、负伤、精神崩溃或者失踪后，他们去填补空缺。大家都心知肚明，有的在战场失踪的士兵其实“逃入山中”了，他们不会归队。补充兵乘船经过直布罗陀海峡时，成为了德军潜艇的猎物。有传言说他们要去一个从未听说过的地方，叫奥兰。那是法属阿尔及利亚的一个港口，1942 年被美军和英军占领，此地成了美军在地中海地区的基地和补给站。有几个补充兵跟别人打赌说奥兰就是伊朗，因而输了一个月的军饷。

埃利奥特 · D. 库克准将赢了韦斯，他跟韦斯打赌说奥兰在北非。库克也随军来到奥兰，来到这个逃兵事件和精神崩溃频发的地方，继续他的调查。他问 19 岁的下士罗伯特 · 格林，怕不怕他们抵达港口后遇上德军。格林回答说 :“报告长官，我很害怕！谁要是说不怕上前线，谁就是个大骗子。”库克试探性地问格林对“精神崩溃”的人怎么看。格林说 :“有人的确会崩溃。但是接近崩溃的人一眼就能认出来，有时别人能帮他摆脱困境。”库克问他怎么能看出别人“接近崩溃”。格林说接近崩溃的人会变得“喜欢乱开枪”:

> 他们到处乱跑，寻找能开枪射击的东西。接着他们会变得神经过敏。看见一点火光就会逃窜，哪怕是别人划火柴。听见一点响动就会卧倒，哪怕是别人踢到了罐头盒。任何突然的响动都会吓得他们尖叫。当有人出现这些症状时，最好把他们从执勤名单上划掉，他们待在部队里已经毫无用处。

库克想知道怎样帮助这些人，格林说 :

> 啊，在他们彻底崩溃前，您可以为他们打打掩护。他们可能被送回去吃枪子儿，或有别的惩罚。您和他们都知道，他们会消失一阵子。或许您能帮帮他们，让他们编个理由回国，顾全他们的面子。或许过段时间他们的心智能恢复正常。但他们永远不会承认自己是逃兵，他

们也是饱经战火的人！

在阿尔及利亚，一名高级军官告诉库克，“要是有位士兵因为喝了不洁的水而染上严重的痢疾，他的长官会同情他，并乐意把他送到医院去治疗。可要是他不堪繁重的精神压力，长官则会大发雷霆，还想送他上军事法庭。”

库克准将苦笑着提出一个疗方：“唯一的解药是排除恐惧。”

在奥兰附近的军营呆了两周，史蒂夫·韦斯和另外 99 名补充兵坐上一艘英军的轮船，斯特拉斯内弗号，四天后抵达那不勒斯。盟军已在 1943 年 10 月 1 日占领了那不勒斯。1944 年 5 月，韦斯到这时，那不勒斯其实处于盟军、黑手党、盟军逃兵三股势力的控制之下。数千名士兵靠倒卖军队物资大发横财。有些意大利裔的美国士兵离开部队，载着满车赃物投奔黑手党头目维多·吉诺维斯。还有逃兵上山当了土匪，他们既抢意大利平民，也抢盟军。合众社记者雷诺兹·帕卡德二战前曾在意大利居住过一段时间，那不勒斯被占领后他在第一时间回到意大利。他曾写道：

> 就在几周之内，那不勒斯成了意大利解放区的犯罪中心。“解放”成了一个肮脏的笑话。意大利人和侵略者双方都明白，盟军简直是在明抢：抢意大利人的老婆，或者从酒保手中抢来一瓶白兰地酒，一分钱都不给。开妓院，开黑市，敲诈勒索，坑蒙拐骗，每天都在上演……把这里弄得一团糟。新兵卖香烟给意大利人，意大利人转手又卖给美国人。不过最主要的生意是拐卖妇女。

一位说意大利语的英国情报人员诺曼·刘易斯也记录过这些现象：“有人举报盟军四处劫掠。这场战争中的军官干起这些勾当来比别人厉害多了。”在美军和英军中都有这种军官，有人甚至把抢来的艺术品用皇家海军的船运回英国去卖。刘易斯在调查那不勒斯的腐败现象时，在黑市有影响力的朋友阻止了他。他写道：

> 不管逮捕多少小喽啰——把他们统统送进监狱——他们的雇主还是逍遥法外。美军的长官是查尔斯·波莱蒂上校，与他合作的是维多·吉诺维斯，美国黑手党的一个头目。吉诺维斯出生在那不勒斯附近的一个小村，他与当地的黑社会联系紧密，而且附近许多城镇的市长都有黑手党-卡莫拉组织的背景，显然他们都听命于吉诺维斯。没人对这个烂摊子采取任何行动。

军中流传着关于这些活动的传言，有人觉得既然有军官干这种勾当，他们自己的小偷小抢自然也就无关紧要了。史蒂夫 · 韦斯当时还没觉察到丑陋的这一幕，他还是以父亲一战时期的印象看待盟军在意大利的战役。他乘火车从那不勒斯来到卡塞塔，这列火车是“一辆一战时期的小火车，能装 40 人或 8 匹马”。

新兵驻守在卡塞塔的补充兵营，英军第 5 集团军的哈罗德 · 亚历山大将军的豪华指挥所就在附近。那是一处过去的王宫，盟军的记者站也设在那儿。虽然宫殿比新兵的军帐宽敞多了，可《每日快报》的记者艾伦 · 穆尔黑德还是觉得那是个“宽敞却丑陋的宫殿”。韦斯写道：“跟指挥官不同，我们像牲口一样挤在补充兵营里，等候被派往在意大利半岛作战的步兵师。我像往常一样独自游荡在军绿色的海洋，没有朋友，感觉自己像个零件。”5 月里年轻的士兵连续两周无事可做，军方正在讨论把他们派往何方。5 月底，一位中士召集了 90 名士兵，把他们分配给了在安齐奥的第 36 师。两名来自布兰丁堡的士兵就在其列，他们是二等列兵谢尔登 · 韦尔沃斯和史蒂芬 · J. 韦斯。

第 36 师名叫得克萨斯州国民警卫师，在 1940 年由联邦政府接管，这只部队的士兵左臂上有一个字母 T 的臂章，就像印在牲口身上的烙印一样。这群得州兵的指挥官弗雷德 · 利文古德 · 沃克少将，是一位一战老兵，曾因身先士卒、作战英勇，荣获杰出服役十字勋章。生于俄亥俄州的沃克在 1941 年接管得州师。

第 36 师的第一仗是在 1943 年 9 月 9 日，美军登陆意大利南部的萨莱诺港，由此踏上欧洲大陆。德军炮火猛烈，落在帕埃斯图姆的古罗马遗迹上，也让进攻方伤亡惨重，把第 36 师的第 141 团压制在海滩上 12 个小时，不得动弹。得州兵朝阿尔塔维拉小村的德军发起攻势，试图朝内陆挺进。然而美军的炮火打错了目标，限制了他们的进攻，迫使美军仓皇退守树林。当他们最后终于攻下小村时，一股德军的小分队登上一座小山，居高临下炮轰阿尔塔维拉。第 36 师只好撤退，顷刻之间，美军的指挥部暴露在德军攻击之下。幸好炊事班、文员和勤务兵迅速武装起来，在他们的援助下，第 36 师终于再次占领阿尔塔维拉，守住了南部的滩头。在萨莱诺入侵中，有 1900 名士兵伤亡或失踪。

来到意大利的头几天得州兵伤亡惨重，不幸的是接下来的战事更加凶险。德军的援军从北边像潮水般涌来，给了第 36 师迎头痛击。圣彼得罗位于利里谷，在通往罗马的要道之上。12 月，第 36 师攻克圣彼得罗，又损失了 1400 名士兵。1945 年 1 月，第 5 集团军指挥官马克 · 克拉克将军命令沃克少将率军渡过拉皮多河，配合其他几项军事行动，从萨莱诺滩头堡向外进攻。这项任务跟自杀没有区别。每年那个时候，拉皮多河水流变急，河面宽 25 到 50 英尺，深 12 英尺，倒也不是无法克服的障碍。然而能否成功渡河，还得考虑别的因素。冬季多雨，河水湍急汹涌。两岸的冲积平原全是淤泥，车辆无法靠近，只能靠人力搬运船只。德军在岸边广布地雷，又在西岸的高处设炮阵。沃克少将不赞成这项行动，但还是服从了克拉克的命令。行动中他所担心的事情还是发生了，他的部队在三次渡河行动中遭受重创。即使渡河成功，士兵也没有炮火和装甲车的支援。他们与对岸的友军沟通不顺，弹药又逐渐吃紧，后来在德军炮火的压制下撤回对岸。这场血肉之战持续了两天，于 1 月 22 日结束，第 36 师损失 2019 人——其中有 934 人负伤，剩下的要么阵亡，要么失踪。有的失踪的士兵是掉进河中淹死了，他们的尸体被河水冲到下游。经历了拉皮多河的败仗，沃克少将在日记中写道："我的部队元气大伤。"21 岁的英军排长罗利·特里维廉在谈到第 36 师的名声时，总结道："老实说，后来第 5 集团军的其他部队都有点看不起第 36 师，在别人眼中，这只是'倒霉部队'，而且他们喜欢乱开枪。"

在意大利战斗的 11 个月里，第 36 师共减员 11000 人。原有的士兵只剩 4000 人，损失的兵力由像史蒂夫·韦斯这种缺乏经验的新兵补充。1944 年 5 月韦斯抵达意大利时，没有哪支部队比第 36 师更期盼他们到来，也没有哪个地方比安齐奥更凶险。克拉克将军在日记中称安齐奥为"平坦狭长的荒凉地狱"。英军排长特里维廉写道："滩头堡里哪儿都不安全，没有一处可以免遭炸弹和炮弹的袭击"。就连从后方的那不勒斯往此地运送补给品的海军船只也在德军的火力范围内。

安齐奥离罗马 30 英里远，这里的海滩在和平时期是个旅游胜地，有各种一流的酒店、餐馆、咖啡馆、冰淇淋店。登录前盟军对安齐奥和内图诺进行了轰炸，赶走了两地的大部分居民，为从萨莱诺进军罗马铺平道路。入侵安齐奥的战斗于 1944 年 1 月 22 日打响，美军第 3 步兵师进攻未设防的海滩，英军突击队和美军游骑兵攻占周围地区。在萨莱诺登陆之后，盟军未能抓住德军防御薄弱的战机，迅速挺进内陆。德军得以重新集结兵力，发起反攻。所以到了 1944 年 5 月，当一等兵史蒂夫·韦斯和其他补充兵向兵微将寡的第 36 师报到时，他们仍旧在滩头堡修筑防御工事。

韦斯第一次见到一些士兵被关在用木栅栏和铁丝网搭建的简易围栏里。让韦斯大吃一惊的是，这 50 个蓬头垢面的士兵并非德军俘虏，而是美国兵。他写道："美军宪兵看守着他们，有几个被关押的士兵看上去很疲惫，神情恍惚，就像遭受不幸的流浪汉。还有几个比别人更有攻击性，他们对我们破口大骂，朝我们竖中指，挥拳头。后来我们变得跟他们一样，是军队误解了我们，抛弃了我们。"不是军队抛弃了这些人，而是他们逃离了军队。

罗利·特里维廉在安齐奥呆了好几个月，他说并非所有逃兵都被关在简易围栏里："据说有300名逃兵，有美国兵也有英国兵，都是从滩头堡中逃走的。这地方这么小，起初谁也不知道他们能藏在哪儿。"苏格兰近卫团的一位军官约翰·霍普阁下有一次正在内图诺东部一个荒废的花园里观察鸟类，碰巧在一堆木头下面发现了食品罐头。他告诉特里维廉说：

> 我一转身，发现身后有两个胡子拉渣的新兵，他们举着步枪，有个人胡子是红的。当时的局面一触即发，我心里清楚。我连忙掏出我的军官证，说我只是在这儿观察鸟类，他们听了哈哈大笑。他们假装自己是刚下战场。

霍普向美军宪兵司令举报了这几个逃兵的事，司令派了几个美军宪兵开着吉普车去找他们，让霍普在车上指路。宪兵找到逃兵时，用霍普的话说："他们拔腿就跑，像见了鬼似地往一片烟草田里逃；吉普车上的宪兵连忙解开安全带，也跟着冲进了田里……最后还是没有对烟草田进行一次彻底的搜寻，人手不够。"

合众社记者雷诺兹·帕卡德在安齐奥附近碰到过另一个逃兵。他是个美国兵，身上没带枪，还是个军事法庭的官员。帕卡德问他枪呢，他说："去他妈的，我把枪扔了！我再也不打这该死的仗了！"帕卡德决定送他去指挥部：

> 我们快到指挥部时，我一拳把他打晕了。
>
> 我的司机德尔默·理查森中士问："你他妈的在干吗？你疯啦？"
>
> "我不想把他送进医院，让他在那唠叨什么不打这场该死的仗之类的话。就这样。"

关在安齐奥海滩围栏中的逃兵就像地狱之门的卫兵一样，提醒着韦斯和其他补充兵，不要干傻事。补充兵在安齐奥受到的待遇也不好，好在不久便有卡车把他们接走了。卡车穿过安齐奥，城里的建筑在德军和盟军的炮火中损毁严重。车开上一座小山，晚上他们在那宿营。

第二天早上，史蒂夫·韦斯参加了天主教随军教士的户外弥撒。接着去找他在米德堡认识的朋友，哈尔·塞德洛夫。塞德洛夫被分到第 45“雷鸟”步兵师，这只部队由俄克拉何马州、科罗拉多州、亚利桑那州和新墨西哥州的国民警卫队组成。第 45 师在乔治·巴顿将军麾下，去年 7 月与第 7 军的其他部队在西西里作战，9 月攻下萨莱诺海滩后又在 1944 年 1 月登陆安齐奥。第 45 师向北进军罗马时，塞德洛夫也在其列，韦斯听说他在安齐奥的一处战地医院治疗。一名护士告诉韦斯，塞德洛夫参加了两场战役，他并没有负伤，而是因为患有“夜盲症”无法继续参战。韦斯没有搞懂，护士解释说他得的是“战斗疲劳症”，韦斯第一次听到这个词。美军的精神病医生开始用“神经官能症”这个词代替，而英军更偏向于称之为“战斗衰竭症”，其中暗含的意思是通过休息就能痊愈。护士悄悄告诉韦斯：“没有人对这种病有免疫。”那时韦斯还不知道，战争中的伤病员有四分之一得的是精神病。

军医认为塞德洛夫的症状对作战单位构成威胁，于是建议把他换到后方。对不再适合作战的士兵，这个处理方式即谨慎又人道。还有一名军官在把一位老兵换下前线后解释道：“这是我观察后的决定，他已经到了战斗的极限。我认为他的任务已经圆满完成，所以建议将这位士兵撤下前线，安排他去别的地方。”韦斯猜测塞德洛夫之所以会崩溃是因为太思念妻子和女儿。最后他没有见到塞德洛夫就离开了医院，因为医护人员说现在还不适合探望。

韦斯后来写道：“我一直认为 28 岁的哈尔是可靠的伙伴，因为他年纪比我大，经验也丰富。如今没有了一个像父亲一样的人，可以支持我，值得我信赖，我开始对自己的前途感到担忧。”

初到战区，韦斯所见的是挤满了逃兵的围栏，和对战争充满恐惧的老朋友。这两件事使他对自己、对军队都产生了怀疑。身边没个可以信赖的人，18 岁的他开始怀疑自己能否上战场。一项研究表明，有 36% 的美军士兵在第一次作战时最害怕的是“被当成胆小鬼”，而不是害怕受伤。韦斯需要一个经验丰富的指挥官来指导他，可惜前线军官活得并不比士兵久。不少军官自己都是替补的，没有太多时间熟悉自己的部下。军方才刚刚意识到当前的补充兵制度不利于军队的士气，而韦斯还不知道这些。

早期的补充兵制度是先撤回整个团或整个师，让补充兵加入，再让他们在一起训练，使新兵有时间熟悉他们的军官和战友。陆军参谋长乔治 · C. 马歇尔改变了政策，不把作战部队撤回，而把单个的新兵派往部队。马歇尔解释说 :“在过去的战争中，我们按照兵力的最大限度来组建部队，派这些部队去打仗，直到兵力消耗殆尽。然后再把他们撤下前线，在后方重建……这次我们的新政策使得单个的补充兵源源不断地补充进每支部队，让每支部队总能保持兵力充沛。”一战时每个师有 3 万人，二战时人员减半。每个师在战斗中都有兵力损耗，补充之后使得一小部分人在部队里谁都不认识。马歇尔总结说 :“如果谁的师减员了，还能保持建制，不仅战斗力还在，而且运输问题变得简单多了。”运输问题的确简单多了，但团队的凝聚力荡然无存。

那天晚上韦斯溜出营地想去见哈尔 · 塞德洛夫一面，刚好当晚德国空军轰炸了安齐奥海滩。史蒂夫目睹了五架德军 HE-Ⅲ中型轰炸机从 500 英尺高的地方投下炸弹。他后来写道 :“很奇怪，地面的火力的反击很无力。”为什么防空炮没有给予有力的反击？轰炸机的炸弹击中了好几个要害目标，比如美军的军火库，然后扬长而去。滩头堡是 4 个月前建起的，如今韦斯感觉到这儿的美军士兵仍然处于危险之中。那么第 36 师在林中与德军面对面作战时，情况又有多么险恶？中弹的军火库爆炸燃烧了一整夜，怪异的光火让韦斯回想起父亲从未向他讲述的那场战争。

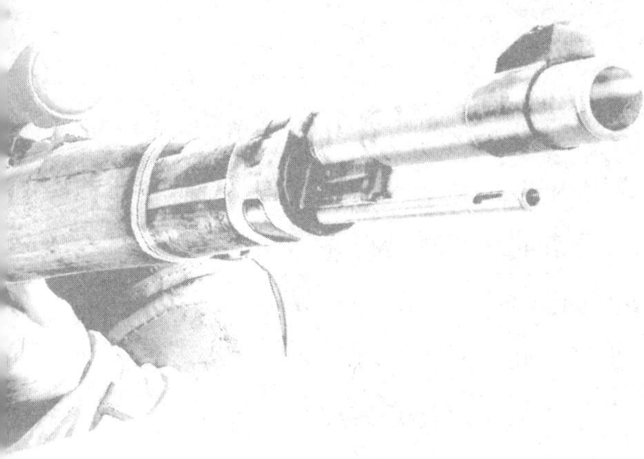

八

他们的症状有点像宿醉，有人一觉醒来，发现自己全副武装，伴随着头痛。

《战士心理学》，第 306 页

从训练场里传来尖厉的哨声和粗暴的吼叫，把服刑士兵约翰 · 贝恩从睡梦的庇护中叫醒。他的眼睛逐渐适应了从墙上三个小窗照进来的晨曦。在穆斯塔法拘留所的第一个早上，贝恩经历了一次双重清醒：8 位狱友的咒骂和呻吟将他吵得睡意全无，他还清醒地感受到“他所处的残酷现实就像一把刺刀刺穿他的胸膛”。比起“人和人的粪便”发出的臭味，视觉和听觉的不适还算轻的，“整个牢房充满了羞耻和监禁的臭气”。

皮克林中士拉开门闩。9 名士兵马上立正站好，手里端着马桶。皮克林命令他们先去厕所倒马桶，再回牢房取洗漱用品，然后迅速出来集合。服刑士兵脸冲着墙，等候皮克林端来一盘刮胡刀。这些刮胡刀被用过很多次，已经变钝了，贝恩刮破了脸。一名没见过的军官接替了皮克林。“这位军官穿过训练场朝我们走来，他很矮，差不多只有 5.5 英尺[1] 高，看上去很强壮，肩膀很宽，露出来的胳膊又粗又壮。胡子刮得很干净，眼睛很小，但是很有神，像两颗黑莓。”他是布朗中士。

在布朗的吼叫声中，服刑士兵快步跑到仓库，取来水桶和刷子。他们

[1] 约合 167.6 厘米。

花了一个小时，跪在地上把拘留所擦洗了一遍。擦完之后，他们拿着餐盘去食堂。厨房的工作人员往餐盘半边盛了一点粥和面包，另外半边倒了点茶水。服刑士兵端着餐盘回到牢房，茶水不可避免地洒了一地。接下来的项目是体能训练，老狱友都管它叫体能折磨。

站在万里无云的非洲晴空下，布朗中士命令他们做标准军体操：跳跃、俯身、俯卧撑、仰卧起坐。身穿全套战斗军装和重靴，在华氏 100 度[1]的高温下，士兵的体能比在英国接受最严格的训练时都消耗得更快。

大家没过几秒都汗流浃背，几分钟后累得气喘吁吁。有个人累倒在沙地上，亨德森一脚踹在他的胸口，叫他赶紧起来。大家都“大口喘气，活像搁浅的鱼，绝望无力地做着俯卧撑”。接着又有 200 多名服刑士兵来到院中，他们于是停了下来。

团级准尉副官格兰特慢悠悠地走到沙地训练场中央。他的着装比其他军官更讲究，更体面。他穿着量身定做的军装，戴着军帽和军官才有的武装带。团级准尉副官的徽章系在手腕上，闪闪发光。贝恩看见格兰特“紧绷着脸，一副苦大仇深的表情，表情中的恶意仿佛跟这身军装融为一体了。”他一看就不是个身体强壮的人，于是只好靠“满怀恶意”来弥补撑场面。团级准尉副官格兰特边走边检阅服刑士兵，他一句话也没说，但散发出强烈的鄙视。

格兰特对新来的六个人下令：“快步前进，原地踏步，停，向右转，面向巴比奇上尉。巴比奇是营地的指挥官。“他手中有你们的文件，他会大声念出对你们的判决，其实你们都已经知道了。然后他会念给你们听第 55 军事拘留所的法规，还会问你们有没有什么要说的。我建议你们最好闭嘴。”

贝恩是个心细的观察者，他对监狱军官的评价很低，虽然没说出口。巴比奇上尉的样子让他感到惊讶，他没精打采地坐在一张桌子前，“一看就令人反感”：

[1] 约 38 摄氏度。

他长得特别胖，泛黄的几缕头发稀疏地搭在凹凸不平的脑门上，让人很难猜出他的年纪。上衣的领子没有扣起来，他几乎没有下巴，只有几层肉褶子，嘴半张着，歪向一边。别的体貌特征都是又脏又难以辨别，他的眼中充满了不耐烦的神色，一双大手放在写字台上，手指很粗。

巴比奇上尉挨个念出了他们的名字、罪名、判罚。轮到贝恩时，他说："逃离前线。三年劳役。"贝恩不知道如何回答，于是没有做声。巴比奇丑陋的样貌丝毫没影响他要威风，他说的一番话不得不摘录在此：

你们来这儿，是因为犯了罪。你们所有人——都犯了逃兵罪。你们都是懦夫，你们都是胆小鬼。你们自以为自己都是硬汉，可你们不是。你们软弱，你们胆小。要不然你们不会来这儿，而是跟战友在一起战斗。好了，都听我说。你们以为把要命的活儿留给战友，自己在这儿能过得简单快活。其实你们猜错了，来了这儿，你们要是祈求上帝让你们回到战友身边，我一点也不会感到惊讶。不管他们打到哪儿，我们都会惩罚你们。不要把这点弄错……

巴比奇就这样责骂了他们一番，指责他们懦弱，威胁要严厉地惩罚他们。他警告他们说："要是跟我们要花招，我们就把你碾碎。"他又念了一遍法规，里边有几条是：禁止携带照片；禁止吸烟；在规定的时间外，禁止交谈，而按照规定每天只有 10 分钟可以交谈，还得在军官的监视下进行；每个星期天可以写一封信寄回家，信的内容必须接受审查；如果有不满，只能向指挥官投诉；轻率的投诉会遭到惩罚，罚独自关禁闭，期间只能吃"一号惩罚餐"（每天两块 8 盎司[1]的面包，一桶饮用水）；暴力反抗

[1] 约合 226.8 克。

或者威胁要使用暴力反抗的人将被穿上束身衣，捆住手脚。“有问题吗？”

没有人提问。团级准尉副官让他们回到训练场里，布朗中士命令他们返回牢房，穿好行军装，也就是背上大小包裹、（空）弹药包、防毒面罩和毯子。布朗让他们在户外训练了一个小时，让他们往返跑，在地上打滚，向左向右转。贝恩只记得连呼吸都很困难，头上汗水流下来，模糊了视线。训练结束时，他们回到牢房，又被命令打扫牢房。当时已经是上午11点。

12点吃午餐，跟早餐一样，唯一的区别是面包上涂了果酱。下午有负重训练，贝恩在训练时遭遇了一次“两眼一抹黑”的麻木状态，他感觉到怒气缓解了不少。后来又命令服刑士兵在站着不动的情况下交谈了10分钟。这就是规定的谈话时间。中士在队伍间巡视，命令没有说话的人跟站在自己对面的人说话，还命令他们注意自己的谈话内容。贝恩不认识他对面的那个人，为了不被布朗中士责骂，他试着找话题交谈，询问对方以前是干什么的。对面那个人说以前在瓦特尼粮酒厂工作。布朗命令贝恩接着说，贝恩又问：“最近读过什么好书吗？”听了这个问题，对面的人笑了，布朗中士马上责骂道：“再让我看见你俩嬉皮笑脸，晚饭就甭想吃了。”在穆斯塔法拘留所，交谈时的一个微笑都要遭到惩罚。

傍晚到了吃晚饭的时候，水煮羊肉配米饭。服刑人员坐在牢房里，不声不响地吃着。到了晚上9点半，灯灭了。贝恩写道：“约翰的一整天过去，恐怕在监狱的每一天都会这样度过，不会有多少变化。”有的日子还是会有些变化：那就是变得更糟糕。

六周以后，拘留所的惩罚措施又有了新花样：沙丘。一天下午，卡车拖了三趟沙，服刑士兵把沙子卸在了训练场的一角。晚上回到牢房时他们还在琢磨这些沙子到底意味着什么样的折磨。

英国作家雷·里格比曾在北非的军事监狱里呆过一段时间，他在小说《沙丘》里写过另一堆沙。跟穆斯塔法拘留所一样，他的小说中的监狱也用卡车运来了沙子，起初没人解释是干什么用的。“整天都有卡车进进出出，往监狱里运沙子，慢慢堆起了一个沙丘。犯人在忍受着炎热，一铲一铲地把沙子卸下来，敢怒不敢言。”

沙丘越堆越高，后来又运来石头，最后堆到60英尺高。里格比的书中写道“每个人见到它就烦”。服刑犯人要测量沙丘的高度，再从沙丘上跑下来，一遍又一遍，最后他们连走都走不稳，就别说跑了。有个犯人被中士逼着跑了太久，最后猝死了。小说中的沙丘象征着监狱里的所有犯人以及少数看守对英国军事司法制度的鄙视。

有天早上，穆斯塔法的服刑士兵把沙堆运到了训练场的一个角落堆起来，中士命令他们用桶来运沙。服刑士兵双手提着装沙的桶，从训练场的一个角落沿着对角线跑到另一个角落，把沙倒出来。花了一个早上的工夫，他们把沙堆从一个角落搬到了另一个角落。当他们完成了这项工作正想喘口气，又接到命令把沙堆搬回去。每天就这样反复搬运沙堆，此外还有体能训练。穆斯塔法的沙堆象征着他们永远无法完成的荒唐“任务”。贝恩称之为“精神错乱的日常生活”。

约瑟夫·赫勒曾是美国空军的投弹手，他也发现了军队惩罚体系中的疯狂之处。由此他在小说《第22条军规》中构思了一个人物，前一等列兵温特格林，他是一名习惯逃跑的士兵：

每次他擅离职守，被抓之后他受到的惩罚都是在规定的时间内挖一个长宽深各六英尺的方洞，再填平它。每次完成这项惩罚任务后，他还是会擅离职守。前一等列兵温特格林已经接受了挖坑填坑的角色，他从不抱怨，就当自己是个真正的爱国者。

他冷静地说：“这一点儿也不赖，而且我猜这件事总得有人干。”

有的星期天是穆斯塔法拘留所的人写信的日子。贝恩想给哥哥写信，可他不知道肯尼思所属的皇家工程兵部队当时驻扎在哪里。他一点也不想写信给父母，于是就编造了几个远方的家人。这些家人住在汉普郡的拉德克里夫庄园，那是个豪华的地方。贝恩的信是写给他虚构的弟弟伊顿和一位喜欢打猎的妹妹。他知道巴比奇上尉会审查他们的信，写信时就专挑生涩的词写，好让那位懒惰的军官多翻翻字典。

巴比奇、格兰特和其他军官对贝恩等服刑士兵有绝对的掌控权。他们会随意羞辱和殴打这些士兵。被激怒的士兵要是还手，就会被穿上束身衣，捆住手脚，并且当着其他服刑者的面遭到毒打。里格比在《沙丘》里写道，对于鼻青脸肿的服刑士兵，中士解释说是他们自己摔伤的，医护人员也会睁一只眼闭一只眼。贝恩没有见到穆斯塔法的军官编类似的谎话，他们对士兵又打又骂，却从未受到任何责罚。

牢房里的每个夜晚都有人在低声细语，说话声非常小，以免被门外的中士听见。桀骜不驯的乔克·怀特有时故意抬高嗓门。有一回，哈迪中士冲进牢房，对怀特吼道："是你小子在讲话，是不是？"

"不是我，参谋长。"

"我都看见了！我听见了！就是你在说话，你这可恶小杂种，还敢说不是？"

"没错，就是我，参谋长。"

哈迪将怀特关了三天禁闭，还罚他吃了三天"一号惩罚餐"。哈迪还说一定有两个人才能讲话，于是给了比尔·法雷尔同样的惩罚，因为他是听话的那一个。三天后，两人回到牢房时都饿得虚弱不堪。

一天下午，炽热的阳光照得训练场的白墙晃眼，贝恩在场地上奔跑。忽然皮克林中士喊道："嘿，你！你笑什么笑？"贝恩以为他在说别人，直到皮克林走到他跟前，冲着他的耳朵大喊："你这个小崽子！回答我的问题。你有什么好笑的？你笑什么笑？"

"我没笑，参谋长。"

"那就是我在说瞎话咯？"

"我只是皱了皱眉头，阳光有点晃眼，我他妈根本没笑。"

"说得好！你他妈没笑。明天让你尝尝惩罚餐，你就知道厉害了。"

第二天早上，贝恩来到巴比奇上尉的办公室，格兰特念出贝恩犯的错："训练时嬉皮笑脸"。贝恩向巴比奇求饶："我没笑，参谋长，是太阳太晃眼，我皱了皱眉头。”

巴比奇回答说：“中士说你笑了，那你就是笑了。”贝恩也被罚关禁闭，吃了三天一号惩罚餐。

禁闭室在牢房的二楼，宽 6 英尺[1]，长 8 英尺[2]。石板地面上只放了三床毯子、一个尿壶和一个水桶。当哈迪中士关他进去时，贝恩心想：“我要在这里呆三天，也就是 72 个小时，无事可做，无书可读，连个可以看的东西都没有。我会疯的。”

贝恩蹲在地上，回想起自己读的第一本诗集，阿尔杰农 · 梅休因的《现代诗集》。那段回忆就像初恋，他记得自己翻开书，读到托马斯 · 哈代的《身后》（当我不安度过一生后，“今世”把门一锁）。读了几行哈代的诗，让贝恩体会到一种从未有过的快乐。他还想起第二首是沃尔特 · 德拉梅尔的《永别》，他在牢房中轻轻念着：

> 当我长眠
> 黑暗的阴影再也无法折磨我的眼
> 当风叹息
> 雨不再哀泣
> 世间奇迹，曾是我的证明
> 世界将会怎样？
> 回忆褪色，是否铭记的
> 也终会消亡？

贝恩独自一人，无人打扰，也无事可做，他靠背诗打发了最初的几个小时。他想起了有一次他在某个地方发现了很多诗歌。那是 1938 年的冬天，T.S. 艾略特，A.E. 豪斯曼的诗集出版问世，当时贝恩正在霍尔本体育

[1] 约合 182.9 厘米。
[2] 约合 243.8 厘米。

馆俱乐部参加青年业余拳击手协会的锦标赛。他还想起“1940 年那个漫长的金色夏天……那是一段充满激情的快乐时光”，想起芭芭拉的拥抱。现在她在哪儿？贝恩担心“她也许会向别的精壮新兵投怀送抱”。好不容易把她抛之脑后，贝恩在禁闭室里踱步。还得再等四个小时才能吃到晚餐的那片面包。

之前贝恩一直在努力克制自己的恨意，不去恨看守所的军官，他觉得仇恨只会给自己带来毁灭性后果。可是对食物和书籍的渴望迫使他怨恨皮克林。即使“训练时嬉皮笑脸”的确算个罪名，可贝恩根本都没笑。他什么也没做。他心里充满了孩子般的怒火，他只能想象一些报仇的行动，以此宣泄愤怒。

在他的想象中，战争结束了，他走进一个酒吧，遇到了皮克林。他问这位前中士是否还认得他。皮克林说不记得了。贝恩会说：“难道亚历山大的穆斯塔法对你来说什么都不是吗？”皮克林朝门口走去，贝恩抓住了他的胳膊。他正幻想着以牙还牙，他的白日梦就被门外中士的吼叫声打断了。

忽然间，贝恩感觉到“有些难为情，甚至有点羞愧，好像他的幻想被人看见了一样”。时间一小时一小时地过去，如何打发时间对他来说真是个挑战。他把他认得的小说家按姓名首字母排了个序，“然后是作曲家、拳击手、诗人、曲棍球手、政治家等等……”哈迪打开了禁闭室的门，扔给他一片面包，说：“别像头猪似的。”为了让贝恩难受，哈迪还告诉他今晚军官的菜单：牛排、炸土豆、沙拉、水果、奶酪，饭后还能去酒吧喝一杯。“听着怎样？”

“听起来不错，参谋长。”

“你也想要吧，是不？你以为你是飞人啊。哈哈，你飞不了。你算个屁。你屁也不是。告诉你吧，我们几个会好好关照你的……所以，你给我小心点，小崽子，否则比吃惩罚餐更糟的还在后头。”

当天晚上，布朗中士对贝恩的态度有点近乎仁慈，这让贝恩感到意外，也有些疑惑。熄灯后布朗来到禁闭室，叫贝恩把毯子铺好。他说："我要是你的话，就把一床毯子当枕头，衣服别脱，夜里很冷。"布朗的话的确出人意料，暗示着拘留所里还是有"近乎人道"的东西。熄灯后，布朗的关怀让贝恩感到心烦。他怀着恨意，像胚胎一样蜷成一团，头下垫着毯子，心想："统统见鬼去吧，包括布朗。"

第二天早上，亨德森中士把贝恩叫醒，又扔给他一片面包。贝恩只吃了一半，留了一半过会儿吃。没过多久，亨德森又来了趟禁闭室，他一把抢过剩下的半片面包，说："你还储存粮食？你以为我们在守城吗？"贝恩攥紧了拳头，但忍住了，没有出拳。亨德森在贝恩做出下一步动作前就走出了禁闭室，撇下一句话："小崽子，别像那样瞪我！"

存下来的食物没了，贝恩憎对亨德森简直恨之入骨，又恨自己没有揍他一顿。他的犹豫让他感到自己有些软弱：

> 他觉得自己是对的，司令和所有军官都这么想。他是个懦夫。要不然他早就打得亨德森满地找牙了。可他没这么做，因为他害怕。他害怕这样做的后果：是束身衣，还有那条两头系着钢手铐的宽皮带，铐住人的双手，让人无法反抗；他们会在夜里穿着胶底鞋，蹑手蹑脚地守在牢房外，然后猛然冲进牢房，把人铐起来给他们当练拳用的沙袋，给他们当球踢……这让他感到害怕。

被捕以来贝恩从未这么绝望过。但他忽然想起亨德森的目光好像流露出了一丝恐惧。亨德森离开禁闭室时，动作比以往快。要是亨德森再挑衅，"贝恩肯定会揍他一顿"。所以亨德森没有再次挑衅。

贝恩在一首诗中提到了他的惩罚，那首诗叫《强制性哀悼》：

> 你被囚禁在黑暗中，而我们
> 每天只给你两个钟头的光明

只给你面包和水，你将被关

整整四天四夜，我们发现

这能让你变得听话

独自被关了三天后，贝恩回到了原来的牢房。他确定自己忍受得了“一号惩罚餐”，以后也就不怕了。

除了家人的信，服刑士兵收不到外部的任何消息，而家人的信也得经过审查。贝恩不知道那年夏天他的朋友休吉 · 布莱克正随第 5/7 戈登高地人营在西西里岛作战。贝恩在阿卡里特河谷离开他们以后，戈登营向北进军，打到突尼斯的海岸。1943 年 5 月 12 日，突尼斯城陷落，北非战役由此结束。6 月 5 日，第 51 高地团乘船前往马耳他，在瓦莱塔附近休整了三天，6 月 10 日，他们一往无前地登陆西西里岛的海滩。8 月 17 日，英军和美军在西西里岛取得大捷，然而却放大量的轴心国军队逃离战场，成为日后反击的力量。

乔克 · 怀特似乎知道军营里所有的小道消息，他告诉贝恩说盟军将在欧洲开辟第二战场。军队正为了大举进攻招募大量的新兵，甚至也会将军事监狱里的服刑士兵派上战场。愿意再次参战的士兵可以减免刑期。贝恩对此表示怀疑。

痛苦和折磨在拘留所里日复一日。贝恩写道：“又过了很多天，每天都在重复昨天的丑陋。贝恩的朋友，来自达拉谟轻步兵团的比尔 · 法雷尔，在训练中倒下了。几名中士把他拖了出去，后来乔克 · 怀特告诉贝恩：“比尔死了，是那几个王八蛋害死他的。我对天发誓，我一定要弄死一两个王八蛋。”话虽如此，怀特和其他服刑士兵一样，毫无还手之力。

贝恩对拘留所看守的恨与日俱增，“就像一朵恶之花”，他写道：

那些歹毒、愚蠢、暴虐的军官让我恨之入骨，没有一个不是心狠手辣的禽兽。被他们羞辱、嘲弄、虐待的士兵无论从身体、道德还是智力上都比他们强，至少服刑士兵都经历过这些施虐者难以想象的痛苦和恐怖。服刑士兵虽然有错，但他们不该受到这样的惩罚。

在每天 10 分钟的规定交流时间里，他们不能谈论法雷尔的死，因为会被军官听见。他们只是重复着机械的对话，就像聚会遇见的两个陌生人。贝恩问他对面的人："你从哪儿来？"

"米德兰郡考文垂附近，那儿已经被德军炸得不剩什么了。"

那个人说他听说美军士兵的军饷比英军军官还要高。"难怪美军把我们的女人都搞光了。"

贝恩又问："你有书可以读吗？谁给你的书？"

考文垂的人告诉了一条"巴比奇从未念过的规定"，拘留所里允许服刑超过 56 天的人看一本书或杂志。贝恩只需找一位军官提出请求。贝恩想来想去，决定去找布朗中士。身材矮小的布朗中士曾提醒他在禁闭室里盖好毯子，"他或许是军官里残酷暴虐情节最轻的一个。"两天后轮到布朗中士巡查牢房，贝恩抓住了机会。拘留所的规矩是禁止说话，除非被军官问话。所以当布朗听见贝恩说"报告长官"时，他有点惊讶。"什么事？"

贝恩壮了壮胆，说："请问能否给我本书看看。"语气就像《雾都孤儿》里的奥利弗·退斯特一样天真。

"你为什么想看书？"贝恩说他知道关于书籍和杂志的规定。布朗问是谁告诉他的。贝恩为了保护那个考文垂士兵，只说是在交流时间里，一个不认识的人说的。布朗虽然嫌麻烦，但还是出去帮他找书去了。几分钟后布朗回来了，朝贝恩扔了本杂志。贝恩在昏暗的牢房里定睛一看，猛然发现里边印的是阿拉伯语。布朗得意地笑，问："满意了吗？"

贝恩刷地一下站了起来，正要朝布朗中士逼近，乔克·怀特拽住了他。另一位狱友罗恩·刘易斯把他摁住了，让他坐了下来。布朗猛地关上了门，贝恩在后边吼道："你这人渣，我要弄死你！"

刘易斯和怀特放贝恩站了起来。刘易斯提醒他说那群军官"只要一眨眼的工夫，那帮军官就会把你捆起来，把你揍个半死”。他在“黑卫士”团有个朋友就有过这样的遭遇。贝恩也才意识到他必须忍气吞声，否则会被关更多次禁闭，还会挨打。他一直在担心自己的命运，第二天早餐都吃得不安稳。第一次集合时，他等着自己被点名，可什么都没发生。他猜可能是因为布朗还没递交案件记录表，所以他们还没找到他头上。

乔克·怀特说：“你把那小浑蛋的屎都吓出来了，他没去告发你，因为他怕了。”刘易斯说一对一布朗可能会怕，可别忘了“他身后有他妈一整队的人”。不管怀特是对是错，总之贝恩躲过一顿皮肉之苦。贝恩在《强制性悼念》中提到了这件事：

> 我俩会开这儿，我会敬你们一杯
> 乔克和吉姆——希望真有那一天
> 只要我还活着
> 只要我还有口气，我会保护你们

几天过去了，贝恩一直没有受到惩罚。一天晚上又轮到布朗巡查牢房。他走进贝恩的牢房，递给他一本书。贝恩还没来得及开口，布朗已经闪出门去，插上了门闩。这是本英语书：乔治·摩尔的《伊丝特·沃特斯》。贝恩告诉乔克这是本小说。乔克说这正好证明布朗怕他。贝恩不信。他觉得布朗是在弥补那天扔给他一本阿拉伯文杂志的错，他写道：“他的心里还有自责和同情。”

有一天，几个人注意到有三位陌生的军官从巴比奇上尉的办公室里走了出来，从那以后，愿意去欧洲打仗的士兵会得到减刑的流言越传越广。几周以后，贝恩奉命去见判罚审查委员会。一位上校和两位少校在巴比奇上尉的办公室里讯问和审问了他，但巴比奇并不在场。上校解释说盟军要在欧洲“某处”开辟第二战场。现在军队里缺乏经验的士兵太多，军队需要“身经百战”的士兵。贝恩所属的师兵力损失严重，目前正在英国练兵。上校说："每个有作战经验的士兵我们都要，所以我们要审查一下各个军事监狱，看看能否找到已经接受教训，改造合格的士兵。"

上校拿着贝恩的材料，说他应当受罚："你的表现真该死。你让你的战友失望了。"接着他问了贝恩一个重要的问题：是否愿意重返战场。

"我愿意，长官。"

后来贝恩说："只要能让我出狱，哪怕让我去当'人体鱼雷'我都愿意。"本来被判三年，贝恩在服刑了 6 个月后的一天下午离开了穆斯塔法拘留所。

贝恩被释放后，苏格兰工党的议员托马斯·哈巴德在众议院问战事部部长："亚历山大的穆斯塔法拘留所的生活条件是否令人满意"。珀西·格里格爵士回答："我反正没听到任何投诉。"

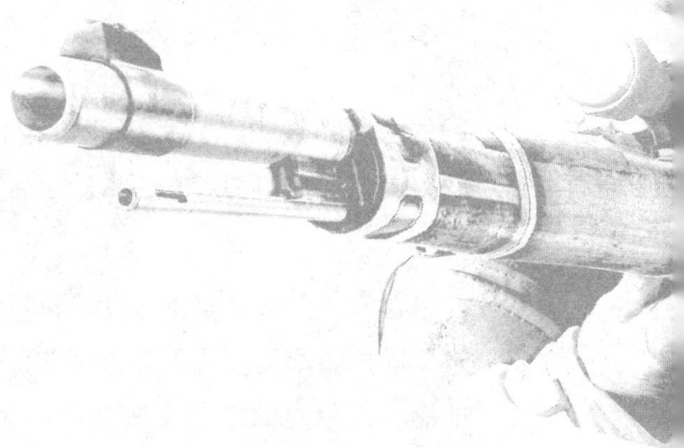

九

大部分因心理或情绪问题而不适合参军的人在征兵时和军训时就被排除在外，但是严厉的训练环境和战斗本身又会给士兵施加新的压力。

《战士心理学》，第 294—295 页

佛罗伦萨 · 南丁格尔号运输舰从纽约驶向爱尔兰，海上风暴让阿尔弗雷德 · T. 怀特黑德和其他第 2 步兵师的战友苦不堪言。第 2 师还算走运了，当时德军的潜艇在北大西洋游曳，伺机击沉盟军船只，还好他们没有遇上。于 1943 年 10 月 21 日夜，第 38 团在北爱尔兰的贝尔法斯特登岸，乘火车抵达纽里附近的临时营地。

怀特黑德的祖上来自爱尔兰的阿尔斯特，所以他对爱尔兰人抱有天生的好感。很快他就跟当地人交上了朋友，还在酒吧里和他们畅饮。营地的居住条件极差，木板当床，垫着草垫，上厕所只能在便盆里解决。吃的只有卷心菜、芜菁和甘蓝，大部分士兵都表示不满，不过怀特黑德已经很满足了。他喜欢爱尔兰酒吧里的黑啤酒，炸鱼和土豆条也吃得津津有味。怀特黑德自封为指挥连的理发师和裁缝，因此赚了不少钱，可以拿去喝酒、追女孩。

大多数新兵都与爱尔兰人相处融洽，但也不是所有美国人都待人友好。第 2 师和第 5 师的士兵爆发过争斗。首先是第 5 师的几名士兵群殴了一位第 2 师的年轻人，然后第 5 师的 48 人组成了一个排，合力把第 2

师的人赶出城去，怀特黑德也在其列。他们闯进每家酒吧，看见第5师的人就说：“你们这群浑蛋太过分了，再让我们看见你们谁进城，小心弄死你。”

在爱尔兰的训练项目包括辨认飞机、辨识地图、徒手搏斗和布置饵雷。怀特黑德请了几天假去贝尔法斯特，想去那追求爱尔兰女孩，可未能如愿。爱尔兰的雨下个不停，雨停后的娱乐活动有劳军联合组织办的演出，士兵认出了歌手，他们以前在广播里听过他们的歌。

1944年4月1日，第2师在阿马郡的商业区集合，听一场演说。原来发言人是美军第3集团军的指挥官乔治·S.巴顿将军。这位“血胆老将”（或者用士兵的话说“我们的血，他的胆子”）说了一番鼓舞人心的话：“给我记住，要是不能揍得那群狗娘养的屁滚尿流，那么在他们逃跑时要把他们打得屁股开花。”巴顿将军“掌握了极为丰富的脏话词汇”，怀特黑德很欣赏他这点。将军提醒他们注意前方的危险，让怀特黑德感觉到自己有战死的可能。

5月17日，怀特黑德跟随第2师其他士兵一起乘船来到威尔士的军营，他们住的小木屋紧挨着一家奶酪加工厂，奶酪的气味让这群美国人感到恶心。早上做操，下午练习战斗技能。受过英军训练的美国指挥官教他们突击技能，其中包括用绞索取人首级。训练都是真刀真枪，一点也不像儿戏。甚至有一名士兵在刺刀冲锋的训练中意外死亡。怀特黑德写道：“我们越来越强壮，训练也越来越危险，我能想到在不久的将来我们会用到这些技能。”

怀特黑德和一个红头发的威尔士女人有过一段风流韵事，她的丈夫当时正在亚洲跟日本人作战。他记道：“我不知道明天会怎样，所以每天都及时行乐。战争让人变得古怪，尤其是扭曲了人的道德观。”然而怀特黑德的战争才刚刚开始。

1944年6月3日，漫长的训练和等待结束。第2步兵师登上登陆艇，从威尔士出发驶进英吉利海峡。上千艘船在英法之间的海域徘徊，恶劣的天气让他们的行动推迟。海军将领已经准备就绪，一旦接到命令就将炮轰海岸，护送年轻的战士登陆，进攻阿道夫 · 希特勒的欧洲堡垒的边缘。

每个在 1944 年 6 月 6 日诺曼底登陆中幸存的盟军战士都觉得那是“最漫长的一天”。许多人在日记、书信、磁带和书中记下了他们的印象。艾尔弗莱德 · T. 怀特黑德在 37 年后才开始写他的回忆录。虽然他所属的部队是在登陆日的第二天，也就是 6 月 7 日，从奥马哈海滩登陆的，但他在回忆录里说自己也参与了登陆日的战斗。他说自己和另外 11 名士兵“最后跟随了第 116 团的‘红一纵队’，与他们并肩作战”。第 116 战斗联队属于第 29 步兵师，在登陆日那天作为第 1 师的援军参战，负责掩护工程兵清理海滩和内陆道路，为后续部队和装备开路。

红一纵队参加过北非和西西里岛的战斗，队里除了补充兵之外，都是最有经验的好手。第 1 师被再次派上战场，许多士兵都颇有怨言，因为当时仍有一些预备部队从未开过一枪。6 月 6 日，第 1 师和未经战阵的第 29 师是美军攻打奥马哈海滩的前锋。

怀特黑德详细记录了他参与这次行动的经过。6 月 6 日凌晨 2 点 30 分，广播里响起通知，他登上了运兵船。士兵整理好背包，里边装着“一件雨衣、防毒面罩、K 口粮和其他几件零碎物品”。怀特黑德武装到了牙齿，他带着五颗手榴弹、一把双刃短刀、一把 0.45 口径手枪和一把汤普森冲锋枪。他写道 :“我们撕掉了所有的臂章和肩章，非战斗人员的头盔后面有一道白色的横杠，军官是竖杠。别的地方，我们看起来都一样——一排排身穿黄褐色军装的人。”

怀特黑德希望空中堡垒 B-17 轰炸机能在他们登陆前击溃德军守军。然而没那么简单。德军的炮兵将怒火倾泻在第一波登陆的美军身上。怀特黑德在第二波进攻的部队中，他在木制的登陆艇上，目睹了自己的战友在海滩上惨遭杀戮。第 116 团 A 连在 10 分钟内减员达 90% 之多，死伤惨重。那是早上 6 点 30 分，一小时以后怀特黑德的登陆艇朝海岸驶去。他写道 :“我们的船只如潮水般涌向海滩，穿过着火的登陆艇残骸，以及水中大量的障碍物、水雷。”随着登陆艇前移，德军的 88 毫米火炮打得海滩四处开花。海军舰队在最近的位置提供火力掩护，中士命令士兵下船登岸。登陆艇的斜坡放下，士兵跳了出来。

怀特黑德背着沉重的背包和弹药，他在海水中下沉。他的脚够不着水底。他把头露出水面，大口喘气。“尸体和残肢在水中漂着，空中飞着。地雷爆炸，士兵尖叫，不会游泳的在血红的海水中沉没。”他连滚带爬上了岸，可是岸上也不比水里安全。地上到处躺着死伤的美国兵。有个士兵“背上挨了自己人的一枪，因为后面的士兵陷入了恐慌，正不分敌我地朝前胡乱开火”。怀特黑德觉得自己也会死在这儿。

来自田纳西的怀特黑德并不是虔诚的基督徒，可他发现自己心中竟在不由自主地祈祷。在疯狂的爆炸声中，祈祷竟然让他“感到一种奇异的冷静”。在他内心深处，“某个看不见的存在”告诉他“等待……我会指引你何时向前”。可他找不到安全的地方。“看上去就像世界末日的景象，海滩上有毁坏的德军掩体、碉堡，被丢弃的求生用品、防毒面具、弹夹和各种装备……”他以为美军正在节节败退，将被赶出海滩。

在海滩上的一个德军掩体里，有一架 88 毫米火炮正在“屠戮我们的人”。每个靠近的人都被击倒。这时一辆谢尔曼两栖坦克加入了战斗。谢尔曼坦克从一处小沙丘的顶部射击，两次都未命中德军掩体。第三发直接击中大炮，炮弹在掩体内爆炸，将这台 88 毫米大炮打熄了火。战斗持续了一整天，怀特黑德的回忆录里漏掉了早上 8 点 30 分第 116 团和游骑兵的进攻，他们攻打了穆兰高地。游骑兵接着摧毁了奥克角悬崖上的炮台。怀特黑德写道，他们跟随第 116 团的 12 人中，只有他和另外两人活了下来。回忆录中没有提到他们的名字。

晚上，德军飞机轰炸了盟军的舰队。怀特黑德回忆道：“炸弹落在船只的夹板上，海军反击的炮火在夜空中形成一道道光柱。德军的炸弹和美军的防空炮把黑夜变成白昼，持续不断的爆炸声像滚雷一样震耳欲聋。”怀特黑德躲在谢尔曼坦克清理出的那个掩体里，想睡却睡不着，德国炮兵的尸体让他感到毛骨悚然，何况其中一个头还被炸掉了。于是他走出掩体，在外边呆到天亮。

第 2 步兵师在登陆日的第二天下午抵达诺曼底，怀特黑德在特雷维耶尔回归原属的连队。第 38 团的官方记录显示，第 2 团是在 6 月 6 日早晨接到的进攻命令。

> 1944 年 6 月 7 日下午——也就是登陆日的第二天——第 38 团的先锋部队乘登陆艇从圣洛朗附近登陆奥马哈海岸。有几艘登陆艇因为水中的暗礁和障碍物而搁浅，第 3 营、第 2 营和团指挥组的人不得不冒着炮火游泳涉水登上海岸。该团的第一个指挥所——代号“壮观”——设立在一条塌陷的路上。接下来的两天里第 38 团负责向前侦察了第 1 师和第 29 师之间的区域。

怀特黑德脱离了第 116 团，离开了海滩。他写道：“我在一所老旧的农舍旁等候，农舍的墙壁上全是弹孔，忽然看到路上走来一队戴着印第安人头像臂章的士兵。当时我累坏了，我坐在路旁等到我自己的连队经过，然后加入了他们。他们问我登陆战怎么样，我只能回答看一眼战场就知道战况了。他们也就不再多问了。”第 2 师的士兵没必要问他登陆战的情况，因为他们看见过支离破碎的战场，他们冒着德军炮火登陆圣洛朗时见到过幸存者。第 2 师的两名中尉战死，表明他们的到来也并不顺利。值得一提的是，当时怀特黑德所属的第 38 团还未抵达特雷维耶尔，那是他们登陆之后的第一个目标，他们 6 月 9 日才到那。如怀特黑德所说，若他确实是 6 号登岸的，那这之间就有三天不知他的踪迹。或许他像许多人一样，擅自离开了一段时间，而在战友和读者面前隐去不提。

怀特黑德归队以后的记录就跟第 38 团的官方记录相一致了，而他对诺曼底登陆的记录还是有些出入。根据官方的记录，在法国作战期间，他自始至终都在第 38 团。他的回忆录和官方记载有一点是吻合的，那就是在6月9日由于缺乏交通工具，第38团的第2营不得不徒步行军4英里，抵达特雷维耶尔。怀特黑德写道："穿过乡间，一路绿意盎然，花开得正艳，我正走在一片开阔的田地间，忽然远处响起一声低沉的枪声——有人朝我开了一枪。"这一枪是德军狙击手放的，德军有大量的狙击手埋伏在美军阵线附近，藏在树林中、篱笆后，伺机放冷枪，骚扰前进的士兵。

第2营从背面攻打了特雷维耶尔。此地在海岸南边10英里处，德军的一个指挥所就在这儿。第3营涉过欧尔河，从西南方进攻。有个攻入城里的排与德军展开肉搏战。特雷维耶尔是第2师南下攻打瑟里西拉福雷路上的第一个目标，官方的记录中写道：

> 只有少量的手榴弹可以用。直到战斗接近尾声，机关枪才从海滩运到战场。为了补充弹药，不得不从法国当地居民手中征用一辆双轮手推车。但是弹药还是得徒手带过河。伤员也得靠人力搬运过河。

第38团一夜没睡，奋战到天亮。怀特黑德在回忆录中这样描述德军：

> 他们在这座城里坚守，每间房子、每个院子都有敌人，毫不夸张地说，我们真的必须用刺刀跟他们拼命，直到他们投降。我看到前面有个士兵，我打光了卡宾枪里的子弹，最后不得不用枪托把他击倒。

在特雷维耶尔争夺战中第38团第2营有9名士兵、3名军官阵亡，35人负伤。第2营的指挥官写道："这场战斗持续了12个半小时；整个过程中没有动用任何重型武器，只有凶险的刺刀拼杀和大量投掷手榴弹，而且手榴弹也是战斗的后半截才用上。"战斗结束后，第38团和第9团坐上卡车前往圣乔治德利。当车队接近瑟里西拉福雷时，怀特黑德说："突然，枪声大作，我们驶进了敌人的埋伏圈！"迫击炮的炮弹雨点般落下，士兵们赶紧跳下车，接着卡车中弹着火了。怀特黑德冲进一栋房子，躲到一张床的下面。第 2 师这两个团的的战士各自寻找地方躲藏了一夜，他们看见美军的轰炸机从头顶飞过，投下的炸弹引燃了德军在森林中的弹药库。后来德国空军的飞机也来了，怀特黑德翻过一座墙，躲进一个墓地。他的身边埋着好几代法国人，怀特黑德悄悄对自己说："妈的，我才不要像他们一样躺在地里。"

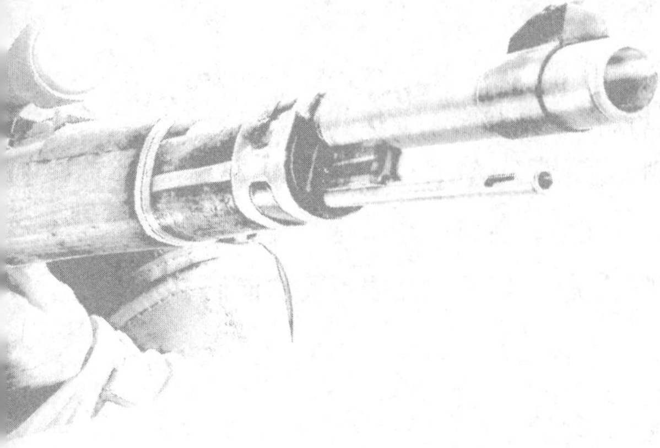

十

首先，是对死亡的恐惧。

《战士心理学》，第 347 页

1944 年 6 月 3 日清晨，雨点击打着第 5/7 戈登高地人营的军帐。当时他们驻扎在埃塞克斯的格雷斯，在伦敦泰晤士河东岸。5 点 30 分起床号响起，比以往提前了半个小时，如果没有起床号，有人会睡到暴风雨结束。早餐 6 点开始，45 分钟后，所有人列队站好：他们背着 70 磅[1]的干粮、弹药和其他装备，此外有的士兵配发了一把重 22 磅的布伦式轻机枪。贝恩和许多士兵昨晚喝了大战前最后一次酒，还处于宿醉之中，这让他们感觉更加难受。卡车来营地接了他们。雨已经变小，车队在沉闷的气氛中穿过黎明前的黑暗，驶向几英里外的蒂尔伯里。贝恩记道：“战争机器已经启动，没有人能让它停下。人们吸着香烟，无话可说。”戈登团和第 51 高地师的其他团都在码头集结。最后，他们登上了一艘登陆舰，差不多一年前他们中的许多人就是乘登陆舰到的西西里岛。老兵对舰上艰苦的条件深有体会，而年轻的补充兵和像约翰 · 贝恩一样的逃兵都是第一次体验。士兵依次进入船舱，卸下背包，点燃香烟。

休吉 · 布莱克是和贝恩一起参加过北非战役的战友，他身高 5 英尺 6

[1] 约合 31.75 公斤。

英寸[1]，来自格拉斯哥。两人抽着烟，等待舰队驶出泰晤士河入海口。贝恩和布莱克是他们排的机枪手，两人共用一把布伦式自动机枪和 0.303 口径子弹。第二天早上 8 点是第 51 师原计划上岸的时间，B 连的福布斯上尉通知大家上甲板集合，等天气变好。这个消息让士兵觉得还不错，天气不好，船上的状况也很难受。谁也不着急去法国海岸送死。

贝恩回归了他以前的排，又见到了老朋友比尔·格雷、休吉·布莱克等人。布莱克向他介绍了一位名叫亚力克·史蒂文森的新兵。穆斯塔法的记忆已被抛诸脑后。早些时候，贝恩回归时，福布斯上尉告诉他："没人会跟你过不去。你懂我的意思，对吧？这是个新的开始。加油吧，祝你好运！"另一位和他共同参加北非战役的朋友戈登·伦尼再次看到他时，一把抓住他的手说："约翰尼[2]·贝恩！你还好吗，兄弟？见到你太好了。"贝恩在一首诗里称他为"戈登·伦尼，世上最善良的大叔"。伦尼被提拔为下士，他把贝恩安排到他的第 2 排的第 1 小分队，和休吉·布莱克一起负责扛机枪。第 2 排的米切尔中尉和汤姆中士，都没有提过贝恩的离队，也没有对他区别对待。曾让他厌恶的军队组织，如今变得比他在艾尔斯伯里的家更温馨。他离开埃及回原来的部队报到时，根本没动过回家看看的念头。

B 连里唯一一个对他不够热情的是他最好的朋友休吉·布莱克。贝恩觉察到老朋友的变化，问他是不是对他逃离部队而感到生气。布莱克说："我的天哪！根本不是。你逃跑时没叫上我，这才让我生气。"他说要是贝恩跟他一起逃跑，就不会被抓了。

早在 3 月，高地师从白金汉郡的瓦什军营转移到肯特郡的霍尔斯特德，离塞文欧克斯很近。他们在那接受了高强度的训练。苏格兰团在惨遭轰炸的伦敦东区演练了城市巷战。第 5/7 戈登营在贝德福德郡的哈灵顿操

[1] 约合 170 厘米。

[2] 约翰的昵称。

练了一种名叫“黄蜂”的火焰喷射器，他们用这种武器朝 100 码[1] 外的碉堡喷射火焰。高地师还在索尔兹伯里平原、拉克希尔和塞特福德搞过军事演习。在东英吉利的乡村平原地带训练了渡河、侦察、夜袭等项目。海滨萨福克区的洛斯托夫特小镇是他们最后的演习地点，也是最关键的一次演习。这次演习代号为“费边行动”，时间在 5 月 10 日至 11 日，演习项目是冒着火力抢滩登陆，将士兵和补给品输送到岸上。

5 月中旬，高地师的苏格兰团入驻沿泰晤士河专门修建的几个军事基地，在伦敦和绍森德之间。5 月 17 日，第 5/7 营来到格雷斯附近的军营，休吉 · 布莱克实在受不了了，非常想“滚蛋”，他乞求贝恩跟他一起逃走。他们可以逃往格拉斯哥，布莱克在那有很多朋友。贝恩拒绝了，说他宁愿上战场，也不愿回监狱。布莱克争辩 :“不用在两者间选择，我们不会被抓。我认识几个人，他们逃离军队都他妈好几年了。”

当时格拉斯哥是苏格兰逃兵的避难营，就像伦敦、利兹和利物浦一样。有英国逃兵，也有美国、加拿大和其他同盟国的逃兵。1944 年春，美军宪兵司令写道 :“有几千名士兵在外边闲逛，他们没有通行证，也没有请假。”

大量的逃兵没有身份证明，也没有餐票，为了活命和拿到假证，他们自然而然地转向犯罪活动。许多逃兵偷窃军需品，黑帮有人帮他们拿到黑市去卖，还有人成了抢匪。有个小打小闹的年轻逃兵，名叫“疯子”弗兰基 · 弗雷泽。后来他回忆说 :“战争是犯罪分子的乐园，是最令人兴奋、最有利可图的时代。希特勒投降时我的心都碎了。”

为了搜捕逃兵，宪兵经常突击搜查酒吧、赌场、妓院和廉价旅馆。在火车站、赛狗场和赛马场逗留的人经常被要求出示证件。宪兵每次排查索霍区的酒吧时都能揪出几名逃兵。1944 年 4 月，《纽约时报》引用了美军驻大伦敦宪兵司令欧内斯特 · 比尔马斯特的话，说他和部下目前正在全力抓捕逃兵。11 天后，《时代》周刊刊文说 :

[1] 约合 91.44 米。

> 戴着白色帽子，系着白色绑腿的宪兵（绰号“艾克[1]的雪球”）定期对伦敦进行搜查，抓捕逃兵。他们筛查红十字俱乐部、酒吧、旅馆和火车站，检查士兵的吊牌和请假证明。在最近一次长达6小时的搜查中，他们抓捕了104名擅自离队的士兵，其中3人穿着便装。

有个很逗的逃兵假装自己是军官，他穿着整套军装，戴着飞行优异十字勋章等勋章，模仿地惟妙惟肖，用《时代》周刊的话说：“他甚至命令询问他的宪兵都立正站好。”

1944年5月，英军和美军宪兵在伦敦东区搞了一次联合行动。5月16日，他们把刺刀装上步枪，包围了索霍区的夜总会。《芝加哥论坛报》报道当天总共抓捕了25名疑似逃兵的人。“他们还找到了一位一星上将，但他有请假证明。”5天后，也就是5月21日，宪兵和大都会警署一起搜查了餐馆、酒店、阿斯托里亚电影院、查灵十字街的舞厅，把抓到的逃兵送回各自的部队，为登陆法国做准备。

利物浦的宪兵中尉蒂莫西·夏兰回忆说，在二战期间，当地的军事法庭总有审不完的案子。几乎所有被告都是因为逃离部队被起诉。他说：“有相当多的士兵仅仅是讨厌打仗这件事，他们总找借口逃避。要么说老婆跟别人跑了。在利物浦这种地方，总有几个硬骨头。但在布特尔、锡福斯、里弗兰附近，我是不会选择去那定居。因为有很多逃兵躲在那儿。”

除了牢狱之苦，还有件事让约翰·贝恩不再想逃走。他不想证明巴比奇中尉是对的。从他被关进穆斯塔法拘留所的第一天起，巴比奇的话就一直萦绕在他耳边：“你们都是懦夫！你们都是胆小鬼！”休吉·布莱克见过贝恩在拳击场、阿拉曼和阿卡里特河谷的表现，他抗议说：“得了吧，约翰尼！你他妈可不是懦夫！”布莱克又劝了他一次。两人在休息时边抽烟边聊，贝恩反复说：“我不会再逃了。不会有第二次了。实话告诉你，我

[1] 艾克是艾森豪威尔的昵称。

也怕得要命。但要是我现在逃了，就没机会证明自己了。我也不知道为什么，我必须证明自己。必须证明监狱里的那些王八蛋错了。”

1944 年 5 月 25 日，他们再也没机会逃走了。宪兵在戈登团营地外设置了三层铁丝网，还安排了 24 小时不间断巡逻。贝恩写道：“跟一般的防御设施不同，这些设施不是防止敌人攻进来，而是防止营地的人逃出去。”纵观英格兰南部，英国、加拿大、美国和其他同盟国的营地都与外界隔绝。在斯奈尔布鲁克，第 5 卡梅隆高地人团被关在高墙之内，这让意大利战俘感到困惑，因为他们比俘获他们的人更自由。

第 21 集团军，即原来的英国第 2 集团军和加拿大军队，由伯纳德 · 劳 · 蒙哥马利担任指挥官。前一年 11 月蒙哥马利被提拔为陆军元帅，他竭尽全力想让经历敦刻尔克大撤退和安齐奥之战后的师团恢复元气。第 2 集团军甚至不得不从服刑士兵中招募像约翰 · 贝恩一样的逃兵，此外如果有民事罪犯愿意以兵役代替服刑，也会被军队接纳。英国的优秀兵源已经不多。皇家空军、皇家海军、军事情报组织、其他武装部队以及像军工厂和煤矿等支柱产业都在吸纳人才，最后才轮到各步兵师。步兵将领怀疑新兵素质不行。1943 年 5 月，英军第 46 师的指挥官哈罗德 · 弗里曼 - 阿特伍德少将总结了许多步兵将领的看法：“步兵师招到的新兵大多是皇家空军不要的，要么是脑子不够干技术活儿。”

正当步兵师降低要求广泛募兵时，有一部分人却被排除在外。1944 年 2 月，艾森豪威尔将军写信给参谋长乔治 · 马歇尔说：“登陆部队面临的阻力比我们在欧洲战场的任何时期都大。”也就是说他们不会派有精神崩溃和逃跑倾向的人去。为了准备攻入法国，不适于参战的人被分配到后勤部队。最先把体型肥胖的士兵排除在战斗人员之外。精神病医生在档案上注明易患精神崩溃的人也被调走。1943 年 5 月英军的伤亡报告上写道：“在真实的战场上，对于减轻士兵的压力和改善艰苦的环境方面，我们能做的真的很少；高压之下，任何人都可能崩溃。我们能做的是提前筛掉更容易崩溃的人……”

大部分蒙哥马利的部队缺乏作战经验，指望第51高地师和第7装甲师等久经战阵的部队为“没见过血”的人做表率。到底是否存在“久经战阵”的部队，约翰·贝恩深表怀疑。他把自己这种老兵跟刚加入的年轻人做了个比较：“事实上对于即将打响的诺曼底登陆战，我们跟他们一样没有做好准备。”

蒙哥马利将军有句名言：“士气是战争中的头等大事。”这句话说得很对，虽然有点绝对，但对于1944年的盟军将领而言的确如此。1944年3月，蒙哥马利写道：“我们要竭尽全力把伤亡控制在最低水平。”英国政府相信能在1944年秋结束战争，于是在1943年下半年将招募新兵的人数控制在15万人。这样一来英军将领就无法像一战时那样使用人海战术了。要是因为战死、疾病、精神崩溃、自残、逃亡、投降等原因损失太多兵力，会给全军士气蒙上一层阴影。

为了遏制住士兵逃亡的势头，使之不至于发展到盟军在北非和意大利时的规模，英国第2集团军的每个兵团都配备了精神病医生。承认精神跟肉体一样会受伤，为每个救护站设置战斗疲劳康复中心。中心的功能是救助患战争疲劳的士兵，跟治疗枪伤炮伤一样，目的是让他们早日归队，继续作战。最看重的是效率，而不是同情。

6月4日中午，登陆舰载着约翰·贝恩和休吉·布莱克从蒂尔伯里出发，比计划晚了几个小时。部队的作战目标是个谜，直到船驶入大海，才下达军令。下午，舰队经过多佛海岸的白色崖壁，福布斯上尉宣布他的连队登陆日那天将在库尔瑟勒-苏尔-梅尔上岸，进而攻占下诺曼底的首府卡昂。船只在猛烈的暴风雨中起起伏伏。贝恩回忆说：“登陆舰在英吉利海峡里徘徊，等待天气好转。在风暴停息前，我们在船上度过了焦急不安的48小时。”这场痛苦的等待是5000艘登陆舰上20多万名士兵的共同经历。他们不知将去往何处，在汹涌的大海中煎熬，等待他们的恐惧降临。

6月6日早上，登陆舰上的登陆艇都被拖下了海，终于到了行动的时刻，此时船上的呕吐袋已经快要用完。贝恩说当时“他们在不安和焦虑中度过了两天，身处茫茫大海之上，风力仍旧强劲，大部分士兵都有晕船症状”。贝恩是少数几个没有呕吐的人，但他吃不下东西。空中乌云密布，福布斯上尉面对一群面容憔悴、胡子拉渣的士兵，宣布了军令。他补充说，虽然第3加拿大步兵师会在他们前面发起冲锋，但他们也要争做“高地师第一个踏上法国土地的营”。后来贝恩在诗中写道：

那天我跟很多人一起
经历了创伤前压力综合征
或用专家的话说，我们“吓得屁滚尿流”

登陆舰费了一番工夫才把船头对准了朱诺滩，那是第51师在库尔瑟勒地区的登陆点（英军登陆的东部登陆点，在地图上标注为G、J和S，代表黄金滩、朱诺滩和宝剑滩。西部是美军的登陆点，标注为O和U，代表奥马哈滩和犹他滩）。当登陆舰离陆地还剩100码时[1],B连军士长下令：“准备登陆！”

浅滩里到处都有障碍物，登陆艇无法抵达地面。水兵放下斜坡，高地人营的士兵跳进翻滚的海浪中。像约翰·贝恩一样的高个子，海水漫到胸前，而休吉·布莱克等中等身高的士兵则完全沉入水中。一名来自格拉斯哥的士兵被身上沉重的装备拽入登陆艇下方的海水中，他是这个团第一个牺牲的人。休吉·布莱克紧紧抓住贝恩的背包，才使自己浮在水面，就这样涉水登上沙滩。刚上岸，他们赶紧寻找躲避德军炮火的掩体，接着向前推进。军队的官方记录里说：

海滩上只有一条出路，还得清理掉沙滩和沼泽地里的地雷；但这条狭长的路上挤满了第3加拿大师的车队，他们是打头阵的先锋。到了晚上8点，戈登团全部上岸，接着独立作战，向内陆进军4英里，

[1] 约合91.44米。

抵达班维尔，当晚在那宿营。

德军刚刚弃守班维尔小村，在农舍里留下大量食物，让B连的战士垂涎。米切尔中尉命令手下不要碰那些食物和酒，以免被投毒，也不要打开抽屉和橱柜，小心有饵雷。在贝恩写的一首诗反映了当时隐藏的危险：

被攻占的城市，就像许诺要给的玩具
每扇诱人的门，背后藏着饵雷
狗和孩子在尖叫、咒骂、怒吼
每个女人都像钢枪一样冰冷

和诗里不同的是班维尔没有妇女和儿童，所有平民早就撤离了。夜里，戈登团的战士在田里挖出战壕，睡在里面。登陆日第二天的清晨，他们很早就动身了，目标是攻占卡昂。他们在贝努维尔结成防御阵形，前往兰维尔村，他们沿着卡昂运河修筑工事。他们一整夜都在遭受迫击炮轰击。第二天早上，贝恩发现伤亡没有预计的那么大，密集的轰击只造成三人死亡，五人受伤。有一名死者是来自阿伯丁的罗比，他还很年轻，参军不久，刚结束12周的训练就上了战场。他并不是死于迫击炮轰击。“他把枪口伸进嘴里，自己扣动了扳机，大半个脑袋都轰没了。”

罗比的死对贝恩有很深的冲击，很多年后他还忘不了那一幕。他在《罗比》这首诗中写得很清楚：

似乎没人能活下去
第二天早上情况并不算糟
他们清点伤亡——才死了三个人
其中就有罗比，他聪明了一回
他含着枪管，就像含着吸管

大半个脑袋都轰没了

戈登团形成了一个作战模式。停下来挖战壕，追击撤退的德军，然后接着挖战壕。贝恩受够了挖坑、追击、挖坑，他几乎没怎么睡过。到了第三天，卡昂已经被他们远远地抛在身后。

德军不分昼夜骚扰高地人团。狙击手躲在树梢，每放一枪就能解决一名士兵。地上的地雷和陷阱能把人炸成碎片。德军密集的烟雾迫击炮更是叫人胆颤，也造成了大量伤亡，士兵管它射出的炮弹叫“呜咽的明妮”，因为炮弹在落地前会发出长长的尖啸。B连年轻的福布斯上尉就不幸中弹。弹片割断了他的喉咙，他被迫撤到后方海滩接受急救。贝恩觉得福布斯的“口音很好听”，虽然他属于贝恩鄙视的那个阶层，但他是少数几个值得尊敬的军官之一。福布斯走后，厄克特中尉接任指挥官。

在诺曼底的第一周里，戈登高地人团第5/7营的850人中，有98人阵亡，209人负伤。据救护站报告，在登陆日和第二天，没有发现战斗疲劳症的病例。当盟军士兵乘胜追击，穿过篱笆、果园和雷区时，就有士兵开始崩溃了。攻入法国的第一周，英军有3%的士兵遭受精神创伤，第二周上升到13%。在第一个月里，所有伤员中约有四分之一是精神创伤的受害者。医生给他们注射了镇定剂，让他们睡着，指望他们在醒来后能够回到前线。

随着肉体和精神伤员不断增多，休吉·布莱克告诉他的战友：“要是有地方可去，我他妈一定逃走。”贝恩控制住自己的恐惧，决定和他一起逃走。不过有的时候，在德军凶猛的机枪大炮面前，穆斯塔法拘留所似乎变得不那么可怕。

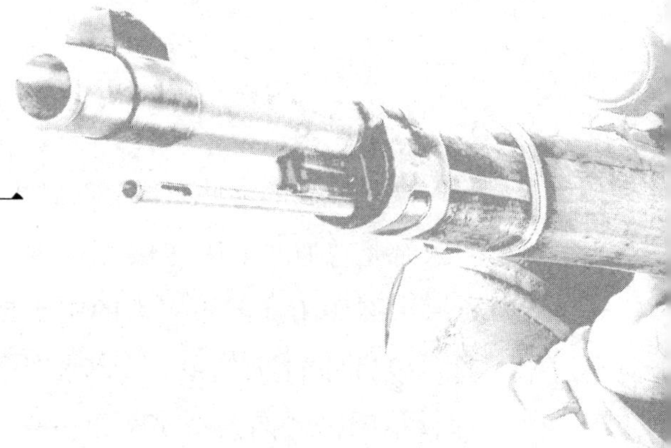

十一

一个好战士不仅要有头脑，还要有胆量。

《战士心理学》，第 295 页

1944 年 6 月 6 日，在意大利的盟军部队得知了激动人心的消息。他们的战友已经在诺曼底登陆，攻入法国，开辟了对德作战的第二战场。此外就在一天前，美军第 5 集团军解放了罗马。首功属于第 36 步兵师，他们的一支侦察队发现德军在韦莱特里附近的防御薄弱。沃克少将不顾克拉克将军的顾虑果断抓住了战机。行动非常顺利，打开了通往罗马的道路。列兵韦斯心想：“或许战争终于要结束了。”

意大利的战事不再是焦点。后方的物资配给和公众注意力都转移到了诺曼底战役。就连新兵的好朋友，斯克里普斯 - 霍华德报系的记者厄尼 · 派尔，都离开了意大利，赶往法国。所有人都知道，那里才是战争胜败的关键。还在意大利的部队，不管他们经历了多少次战斗，损失了多少名士兵，都因为没有参加诺曼底登陆战而被称为“避开登陆日的人”。这对士气大有影响，更何况由于战略失策、指挥不当和德军的顽强抵抗，在意大利的军队士气本来就已经陷入低谷。

6 月 6 日，从米德堡派来的补充兵背上行囊登上卡车，前往罗马北部与第 36 师会合。晚上，他们来到一处荒凉的战场，地上摆满了用帆布包裹的躯体，这番景象让韦斯感到“毛骨悚然”。一名中士说需要 90 名补充兵，他们跳下卡车，钻进了睡袋。第二天早上醒来，眼前的景象让他们震惊：晚上看到的那些躯体纷纷爬出了帆布毯。韦斯才意识到他们“不是诈尸，都是普通的士兵”。然而醒来后的士兵对新来的还不如死人友好。

一名跟韦斯差不多大的中士把他分到第 36 得州师第 143 团 C 连第 2 排，跟另外 11 人组成一个步枪小分队。韦斯很快就了解到，在他加入之前这个团已经两次全军覆没——“第一次是 1943 年 12 月的圣彼得洛战役，第二次是一个月后的拉皮多战役。只有在后方相对安全的人员才得以幸免。”韦斯的老朋友 28 岁的俄亥俄人谢尔登 · 韦尔沃斯也是这支步枪小分队的一员。两人成了蹲守同一个散兵坑的战友。另外 88 名补充兵分散到各个步枪队之中。中士给了韦斯两个选择，要么跟另外两个人一起负责布朗宁机枪，这种轻机枪还是一战时期的老古董，重 16 磅[1]，射速只有德军同类武器的一半；要么当侦察员。韦斯选择当侦察兵。虽然在他发现德军踪迹之前就会暴露行踪，但总比扛着布朗宁机枪跑得快。

韦斯背着 M1 步枪蹲在地上，等候命令。C 连的指挥官艾伦 · 西蒙斯上尉走到阵前。西蒙斯来自缅因州的贝尔法斯特，他既没向补充兵致意，也没跟老兵打招呼，这意味着他跟部下的关系并不融洽。西蒙斯上尉 30 岁左右，看在韦斯眼中跟个老头子差不多。韦斯看见他穿着一身脏兮兮的军装，脸上的胡子有三天没刮了，看起来“他自我封闭了起来，他成了自己情绪的处决人”，跟韦斯的父亲不无相似之处。

第 2 排的中士叫劳伦斯 · 库恩，是个友好的硬汉，来自得州。他派韦斯和罗伯特 · 赖格尔下士一起执行他的第一次任务。他们的任务是找到失去联系的 A 连。鲍勃[2] · 赖格尔身高 5 英尺 7 英寸[3]，来自宾夕法尼亚州的赫西，在得州师中经历了整个意大利战役，包括萨莱诺、拉皮多河和蒙特卡西诺之战。赖格尔抓住韦斯的手。韦斯马上感到这位下士身上的能力和善

[1] 约合 7.26 公斤。

[2] 罗伯特的昵称。

[3] 约合 174 厘米。

意，值得他信任。他写道："我们俩出发了。在一片茂密的灌木林中披荆斩棘。我们一前一后，绕开了面向河渠的那面山。"当两人接近灌木林这片天然掩体的边缘时，赖格尔示意韦斯停下来。两人都一声不响，赖格尔仔细听着。有人正朝他们走来。一名拿着狙击步枪的德军士兵叫道："别开枪！"他打算投降。

"妈的！"赖格尔低声对韦斯说，"我们他妈的暴露了，这可能是个陷阱。附近可能有更多德国鬼子。"赖格尔拍了拍韦斯的胳膊，叫他别紧张。德国人会走过来。等他走到跟前，他们把他推到一棵树前，让他背靠着树站好。赖格尔在搜他的身，叫韦斯查看他的证件。证件显示他是纳粹党成员，属于第 1 伞兵装甲师，番号全称是赫尔曼·戈林第 1 伞兵装甲师。赖格尔听说过这支部队的大名。盟军攻入西西里岛之后，这支部队毫发无损地渡过墨西拿海峡，撤退到意大利本土。今年 1 月底，两个美军游骑兵营在奇斯泰纳村与他们交火。游骑兵由于弹药不足，有一部分士兵被俘。德军威胁游骑兵，如果不投降，将杀死战俘——公然违抗战争法。

赖格尔说："杀了这个狗娘养的！"韦斯说这不合法。赖格尔妥协了。"我很想杀了他，就怕他的伙伴听见枪响。"他们把这名俘虏送到第 1 营的军情处，一名犹太裔下士审问了他，这名下士是从德国移民到美国的。下士感谢赖格尔抓到战俘，他准备连续审问他好几个小时，"然后把他扔进笼子"。韦斯在记录他第一次任务时写道："我们没找到 A 连。"但他找到了一位可靠的战友，鲍勃·赖格尔下士。

第 36 师向北进军，步步紧逼，把德军赶到意大利半岛的北部。德军正在逐步撤退，但并没有溃败。他们重新集结，重新布防，回头向追击他们的盟军发起反攻。意大利北部地形复杂多山，德军恃天险而守，对仰攻的盟军来说犹如人间地狱。盟军部队在意大利每进一步，都付出了沉重的代价。缺乏卡车和吉普等交通工具，美军士兵不得不一路徒步攀登，偶尔能挂在坦克两侧搭一截顺风车。

在前往托斯卡纳南部的海滨小镇格罗塞托的路上，一位中士命令侦察兵韦斯冒着大雨独自穿过一片田野。他说："德军一定躲在什么地方。"韦斯才意识到他被当成"诱饵"了，他的任务是引出敌人。韦斯穿过一片泥地，虽然害怕但还是决定前进。雨水浇在他脸上，顺着衣服往下淌，他努力抑制内心的恐惧。他后来写道："我发现战场是个孤独的地方，把恐惧放大到意想不到的地步，让士兵彼此之间变得陌生，而不是让大家更团结。"雨点的节拍持续了一整天，泥水涌进散兵坑。有那么一个瞬间，韦斯觉得再也忍受不了了。"浑身湿透，冰凉，心情抑郁，眼中充满了泪水。我抱头痛哭，泪水和雨水混在一起。我想起了母亲。我呼唤着她，希望能得到她的安慰和庇护。"韦斯不清楚自己为何会崩溃，他没意识到许多士兵都有相似的经历。

在接下来的 24 个小时里，第 36 步兵师穿过灌木丛、牧场、橄榄树丛、沼泽地，向格罗塞托挺进。沼泽地里因为有传染疟疾的蚊虫，因此人烟稀少，马雷马地区有很多长角契安尼娜牛和牛仔，跟得克萨斯州很像。C 连的战士踏过泥地，翻山越岭，他们遇到唯一的阻碍是崎岖的地形和糟糕的天气。韦斯在泥地里滑倒，手不小心抓到淤泥里的什么东西，结果是个死去的德国士兵的脑袋。C 连抵达格罗塞托城外，稍事休息，士兵停下来抽烟。有的枕着头盔，在路旁打盹儿。当韦斯醒过来时，其他人不见了。

韦斯独自一人，又迷了路，只好前往附近的海滨小镇寻找自己的战友。当韦斯在街道上飞奔时，有两支部队在争夺格罗塞托。打城市巷战，士兵尤其要提防屋顶、窗户、门、狙击手躲藏的废墟和饵雷。韦斯在城里四处躲藏，后来躲在一栋废弃的房子里。没想到这里刚好是另一只美军部队的临时指挥所。一名军官用怀疑的眼神打量了韦斯一番，韦斯结结巴巴地说自己"迷路"了。军官吼道："迷路了？少废话！我看你像只胆小的兔子，是逃跑了吧！"韦斯坚称自己没有逃跑，只是跟连队走失了。军官告诉他："我应该把你送上军事法庭，判你个逃兵罪。"韦斯不想落个跟安齐奥海滩上关的那些人一样的下场，此时刚好外面响起一阵枪声，军官的注意力被吸引了过去，韦斯赶紧冲了出去。他在格罗塞托的街巷里寻找C连，穿越了整座城镇。鲍勃·赖格尔看见了他，对他冷冷地说："我还以为你要么死了，要么被俘了。"

6月15日，第36师攻陷格罗塞托。老兵戴上牛仔帽，拿起吉他弹起了得州风格的曲子。从纽约、宾州、俄亥俄等地的补充兵也跟着得州兵一起唱起了《圣安东尼奥的玫瑰》。如今得州师已变得徒有其名，最早的那一批得州兵大多阵亡、负伤或者被俘。韦斯听着美国各地口音合唱的歌谣，心想："不管每只部队各自传承着什么，他们都打着共同的旗号。"第36师的传统与阿拉莫之战[1]有千丝万缕的联系。这支部队还举着得克萨斯州的孤星旗，攻入德国后，这面旗帜也会在德国升起。

第36师离开格罗塞托继续徒步北上，当晚渡过翁布罗内河。穿过生产葡萄酒的阿米亚塔山和蒙塔奇诺，他们的目标是锡耶纳。美军缺乏现代交通工具，撤退的德军也一样。C连发现德军时，他们正用马匹拉着沉重的大炮攀登托斯卡纳的崎岖山坡。美军大炮来了一轮齐射，将105毫米榴弹炮射向德军，德军坦克马上还击。两军炮弹在C连刚挖好的散兵坑上空飞过。德军迅速脱离战斗，往北逃去。C连朝前推进。韦斯看见了一名德军士兵。他瞄准射击，可德军士兵直直地坐在一个树桩上，没有反击。他早就死了。这片土地是许多士兵和马匹的葬身之所，遍地是残躯和鲜血。韦斯回忆道："空气中全是血腥味"。

虽然军方有时无法将弹药和食物送到前线，但陆军邮局总能把信件送到。当天晚上，韦斯收到了一封信，是从前在纽约战争新闻处的朋友写给他的。他在一栋废弃的房子里就着烛光看完了信。屋顶漏雨，四壁可以保护他免受德军炮火的轰击。他的朋友在信中说，她帮韦斯想过各种办法，但他加入心理战部队的请求再次被拒。而且以后也不会再考虑他了。耳旁

[1] 发生在得克萨斯独立战争期间（1835—1836），阿拉莫之战在美国，特别是在得州可谓鼎鼎大名、家喻户晓。它在美国历史中的重要地位与象征意义堪比1941年的珍珠港事件。

传来 155 毫米“长脚汤姆”炮的轰鸣，韦斯明白在战争结束前自己将一直待在步兵师里。还有多久才能结束？根据盟军穿过意大利的进度，可能要等几年。他写道：“我只不过是个像狗一样卖命的小兵。”要是没有战死或负伤，想要摆脱只有投降、自残或者逃跑。韦斯陷入了困境。

第二天依然徒步行军，韦斯的步枪队来到一个农场。有间两层楼的农舍，中士命令侦察兵韦斯搜查农舍。韦斯小心翼翼地走近，踹开门，准备开枪射杀德军。屋里只有农民一家，美军士兵突然闯入，把他们吓得魂飞魄散。韦斯拿枪指着农夫和他的妻女，内心猛然升起一种力量，一种连他自己都鄙视的感觉。农夫护着他的家人，用意大利语问韦斯。韦斯听懂几句意大利语，就用他仅会的几个词问：“有德国人吗？”农夫表示屋里没有德国人，韦斯还是四处检查了一番。回到小分队后，刚才那一系列荒唐的行为让韦斯感到不安。就因为他拿着武器，“作为一名人子，他竟然随意调遣一位父亲”，一切看起来那么正当。

侦察兵韦斯穿过茂密的灌木丛爬上山头，为小分队探路。突然有两名身穿德军制服的士兵拦住了他。他们没有开枪，而是让他举起手来，并用他听不懂的语言问话。两人的面孔带有东方特征，他们是土库曼人，德军兵力不足，才从土库曼招募士兵。除了这两个亚洲人，韦斯还曾看到五六个扛着轻机枪的士兵。他知道这些人不仅可以杀了他，还能轻而易举地消灭步枪小分队。可没想到他们都投降了。土库曼人觉得美军战俘营总比德国墓地强得多。

C 连的指挥官艾伦 · 西蒙斯来了，他命令大家装好刺刀。在格罗塞托南部失踪的 A 连出现了，他们正在 C 连左侧的高地与德军交火。西蒙斯命令 C 连冲上山头。韦斯记道：“我躺在山谷里，装上刺刀，我发现我的手在发抖。”所有士兵都练过用刺刀扎稻草人，但他们从未在白刃战中将敌人开肠破肚。韦斯等待西蒙斯下达冲锋令，但是一直没有等到。A 连在救兵赶到前击退了德军——在没有刺刀的情况下。

步枪小分队进入树林，爬上近处的山顶侦察。侦察兵韦斯走在最前面。一架美军侦察机从他们头顶掠过，正在侦察德军火炮的位置。飞机在他们头顶盘旋，一名经验丰富的老兵说飞行员可能是把他们当成德军了，正在指引火炮朝他们的位置开火。一名中士赶紧拿起对讲机，请求西蒙斯上尉取消炮击，可对讲机失灵了。中士骂道："真他妈倒霉！好吧，我们赶紧离开这个山头。"小分队全速跑下山去。炮弹落在他们身后，弹片和土四处飞扬。要是晚走一步，他们早就没命了。

接下来的几天他们在锡耶纳陷入了鏖战。据韦斯回忆，那是片"无尽的山区"。澳大利亚战地记者艾伦·穆尔黑德描述意大利战役的一系列挫败时说："全军奔袭——1000 英里，2000 英里——敌军总在前方，总有下一个 1000 英里要走。"韦斯和韦尔沃斯在一个山谷里挖了散兵坑，他们只要一动，德军就把炮弹投向他们。韦斯害怕德军已经锁定了目标，而韦尔沃斯则为德军浪费了宝贵的炮弹而感到高兴。他说："要是接着这么打下去，能提前结束战争。"

小分队中最可靠的人是鲍勃·赖格尔下士。韦斯说："他参与了第 36 师每一次重要行动，我还记得一点，就是他始终不愿意和任何人蹲在同一个散兵坑。那种感觉就像是，不知道谁在下一秒就会死，所以干吗要跟他们深交？"赖格尔不让韦斯跟他待在同一个散兵坑里，韦斯只好待在离他很近的地方。

C 连又打了几场小规模战斗，俘虏了更多敌军，攻占了更多领土。三周以后，他们的出发地罗马已在 240 英里外。第 36 师有三个团——第 141、142 团，和韦斯所在的第 143 团——他们缓慢逼近锡耶纳城墙，忽然接到命令后撤。6 月 29 日，第 36 师登陆意大利已有 9 个月，韦斯加入 23 天后，得州师终于在皮翁比诺被第 34 艾奥瓦师换下阵来。第 36 师在意大利战役中有 75% 的士兵和军官阵亡、负伤、被俘或失踪，是该让他们歇歇了。

韦斯、韦尔沃斯和 C 连的几位新兵用药水洗过澡，除去了身上的虱子，穿上一套崭新的军装，返回罗马休息一天。他们的任务是吃好喝好。

在长达数月的德军占领和盟军攻击下，罗马到处是残垣断壁。许多居民逃往乡下避难。城中许多买卖都已关门，包括餐馆在内，解放后的几个月内都没恢复营业。韦斯用蹩脚的意大利语问几个孩子上哪儿能吃到午餐。孩子领着他们去了一家破破烂烂的餐馆。老板看见几名新兵带着几个孩子过来，马上开张营业。几个解放罗马的英雄坐了下来，准备好好享用一顿像样的午餐，自打他们来到意大利，就没吃过一顿好的。吃腻了军中的 K 口粮（诺曼 · 刘易斯觉得“只有美军讨厌 K 口粮，别人都很喜欢”），一见意大利面、肉、水果和奶酪，他们忍不住狼吞虎咽。他们也为跟来的孩子买了吃的，孩子比士兵还要饥饿。在一家餐馆吃完五道菜，他们又去另一家尝尝。韦斯回忆道：“一杯又一杯葡萄酒顺着喉咙喝进肚里，都是还未勾兑的深红色的酒。”跟可怕的敌人打了三周的仗，他活了下来，当时他仿佛身处在士兵的天堂。他忽然想起一首歌来，住在布鲁克林附近的意大利移民经常唱。韦斯唱了起来：

噢，玛丽！噢，玛丽
我渴望你的怀抱
啊，宝贝儿
告诉我，你爱我
你吻我的时候，星星在我头顶闪耀

跟他们一起的孩子也用意大利语唱了起来：“噢，玛丽！噢，玛丽！我渴望你的怀抱……”听见熟悉的曲子，厨师冲出厨房，和老板娘踏着节拍跳起舞来。当时的罗马人虽然物资短缺，但他们对赶走德国人的士兵非常大方。

韦斯写道：“我们的品味也很俗。吃饱了肚子，就去朝当地的妹子招手。她们冲我们微笑，一边和我们嬉闹，一边拒绝了我们。她们有着罗马人特有的机智，她们知道我们像蝴蝶一样无害。”跟许多奔赴海外的年轻美国兵一样，韦斯还没跟姑娘睡过。在布鲁克林，他还未参军时，和一位名叫珍妮的姑娘谈过恋爱。当时他还笨手笨脚，尽管两人都很真诚，这段恋情还是没有结果。1944 年 6 月，韦斯的 24 小时假期全都用来品尝各种美食，完全没有时间去做点浪漫的事。就这点而言，他是解放罗马的士兵中的少数派。

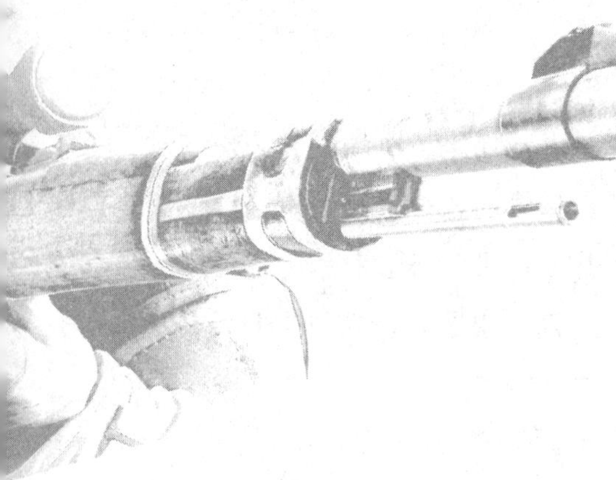

十二

有时士兵的烦恼无法怪罪任何人。

《战士心理学》，第 329 页

戈登高地团登陆诺曼底的第一周，约翰 · 贝恩“作为一名熟悉作战流程的个体，既忘我投入，又有种湮没感”。诺曼底跟北非战场没什么不同，有的只是些“表层的差异”：灌木林代替了沙丘，果园换成了棕榈林。他记道：“不管在哪，战争的气味都一样：是一种刺鼻的香味，夹杂着火药、恐惧和腐烂。”这种气味在两个战场都能闻见。

> 失去人性的感觉，快要沦为一件武器装备，总感觉自己就像一件物品，被看不见的手盲目操纵，被一种恶毒或是愚蠢的力量控制；疲惫感不仅来自比喻意义上的黑暗，经常也来自真实的黑暗；疲惫、恐惧、疾病，有时累到像马儿一样站着睡着。此外还有无知，一种令人丧失神智、变得残忍的无知。

登陆日当天，第 5/7 戈登高地人营进抵一个英国第 6 空降师占领的桥头堡（有人管英国第 6 空降师叫“珀伽索斯 [1]”，因为他们戴着飞马的徽

[1] 珀伽索斯是希望神话中最著名的奇幻生物之一，美杜莎与海神波塞冬所生，角色是马神。

章)。这片区域有两座桥，横跨卡昂运河与奥恩河。从在埃及作战时起，贝恩就属于第153旅的一个营。6月10日，也就是登陆日后的第4天，第153旅渡过奥恩河，来到东岸，进军卡昂东北部由三个小村构成的三角地带：兰维尔、图夫雷维尔、布雷维尔。第153旅的“黑卫士”团和第6空降师一起攻向布雷维尔。6月11日，厄克特上尉命令第5/7戈登营发起猛攻，打响了战役。他们的目标是图夫雷维尔，第一轮进攻是炮火轰击。德军用烟雾迫击炮和MG42斯潘德机枪还击。贝恩和休吉·布莱克扛着布伦式轻机枪蹲在地上，汤姆中士大呼：“冲啊！伙计们！朝前冲啊！我们一起上！”

贝恩把机枪往肩上一抗，朝着敌军的斯潘德机枪火力点冲去。几百名战士冒着生命危险随他一起冲锋，可当时贝恩却感到一阵可怕的孤独袭来。几枚迫击炮弹在他身边开花，接着传来伤兵的呼喊声，让贝恩感到恶心，仿佛北非战场重现。可他还是向前冲去，休吉·布莱克在旁边一直骂个不停。

一发绿色的信号弹射上天空，戈登·伦尼下士看了眼信号弹对大家说：“德国鬼子撤了！”休吉·布莱克说：“那他妈的是谁还在开枪？”伦尼领着一个排的人进了村，贝恩和布莱克才发现伦尼说对了。德国鬼子撤了。当地居民也撤了，登陆日那天第6伞兵师和德军第125装甲掷弹兵团交火时，当地人就已经遭受池鱼之殃。第1戈登团攻占图夫雷维尔外围的一家砖厂时，第5/7营正逼近小村的广场。贝恩回忆道：

> 这个小村的中央有个小公园，很多树上挂着英国伞兵的尸体，他们连系带都没来得及解开，一看就是无助地挂在树上时被轻武器击毙了。公园的草地上、花丛中也躺着士兵的尸体，他们戴着第6空降师的臂章，公园外铺满鹅卵石的小道上也有。没一个活着。

德军把阵地后撤到森林里，他们的火炮始终把英军锁在射程内。

厄克特上尉征用了一间空农舍，把地窖当做B连的指挥所和厨房。士兵在农舍外挖出战壕，建起临时营地。战士们在这儿躲了一夜，而德军的炮火一夜都没停息。天将破晓，德军的侦察队潜入了他们的阵地。一位历史学家写道："阵地前端左翼的B连和C连后撤到更好的防守位置，谁都没料到德国人会突然出现在眼皮底下。"德军的斯潘德机枪手朝着厄克特的指挥部轰击，步枪兵袭击战壕里的英军。直到中午德军撤退时，戈登营损失了总共28名士兵。德军还俘获了几名士兵，其中就有B连的艾特肯黑德中士。艾特肯黑德用一把暗藏的小刀捅伤了看守他的德军士兵才逃了出来，跑回营地时差点被己方的炮火炸死。

第二天，也就是6月13日，皇家空军投下的炸弹不小心击中了戈登营的阵地，造成10人负伤。接着德军步兵又是一轮突袭。德军撤回后，又开始炮轰戈登营的战壕。就连爬出战壕去方便也可能送命。休吉·布莱克向贝恩抱怨："让我们在这儿送死，厄克特却躲在地窖里，这一点都不公平！"中午时分，炊事班做好了热腾腾的炖土豆。每两个人出一个人去地窖取食物，带回战壕给战友吃。大家一般都轮流取，这次轮到贝恩了。

地窖里，炊事兵在一个角落里翻搅着一锅炖土豆，厄克特上尉在另一个角落用无线电一个接一个地呼叫其他营的指挥所。连队的风笛手兼医护兵正在求助"一个蜷成一团的人，从哽咽啜泣的声音无法分辨出是谁"。过了一会儿贝恩才发现这名士兵并没受伤。"曾经健硕的体格、机敏的意识荡然无存，整个人变得一团糟。他嘴唇下垂，脸上脏兮兮的，胡子也没刮，看上去有些肿，恐惧像鼻涕一样糊了他一脸。"那个大小伙儿像个婴儿一样哭着喊妈妈。炊事兵往贝恩的饭盒里盛了些土豆，鄙视地看了眼哭哭啼啼的士兵说："我知道该怎么处置这些孬种，让他们滚回老家。"

贝恩爬回战壕吃饭，他没告诉休吉·布莱克有个哭泣的士兵。那个年轻人是列兵维克托·德纳姆，布莱克本来就瞧不起这位补充兵。德纳姆在几个月前在英格兰加入第5/7营，他服从命令，着装整洁，对于战斗表现出一种天真的热情。在登陆行动之前，布莱克揍了他一顿，还劝戈登·伦尼把他调走。贝恩本以为“诺曼底登陆战都挺过来了，再不会有比那更难熬的困境”，可是德纳姆的崩溃动摇了他的想法。后来的好几个小时，他的脑子里一直想着那个发抖的小伙儿。他的心情久久无法平静，因为他跟炊事兵一样瞧不起他，并且感到“一阵残酷的恨意袭来”。比那更让他害怕的是“他在自己身上发现一种难以容忍的怀疑”。

炮轰几乎持续了整个下午，贝恩和休吉挤在土坑里。炮火间歇时，布莱克说要把脏碗拿到农舍后面的水泵处洗洗。贝恩本想说用草叶擦擦得了，布莱克说顺便打点水，反正要喝的，还说会拿几瓶“拉罗多斯”酒来。贝恩纠正了他，说是“卡法多斯”酒，把脏碗和水壶递了过去。

布莱克跑向水泵，贝恩点了根香烟。他不知道大家来图夫雷维尔干什么，待多久，接下来又去哪儿。日子就像一个个刚挖好的坑，说不好哪天他们就死在某个坑里，恐惧伴随着每一天。几周前，布莱克还在抱怨泰晤士河畔营地的防护设施使他们逃往格拉斯哥的计划泡了汤。贝恩告诉布莱克他完全可以自己逃。布莱克说：“我说过了，要走一起走。”

贝恩回答：“你要这么说，那我身上的责任岂不是太重了？”为了减轻朋友的包袱，布莱克：“是我自己的决定，我是个大老爷们儿，我决定了，万一我出什么事，跟你没关系。我可以逃，但我选择留下来。也是我自己的主意。跟你，跟任何人都无关，你明白吗？”他又说：“不管怎样，我不会出事儿的。”

指挥官重视战局，不管是上高地、进攻、撤退还是大规模战役，一得一失都有决定性影响。而对约翰·贝恩等步兵来说，只有关乎个人的事才算大事：躲过迫击炮的轰击，在楼房或者战壕里躲藏，有热腾腾的饭菜吃，或者失去一位朋友。像戈登·伦尼、亚力克·史蒂文森、比尔·格雷等是贝恩的朋友，还有休吉·布莱克这位挚友。

同一条战壕里的朋友结成了坚实的友谊。一位步兵排的指挥官写道：“他们同吃同住，并肩作战，还睡在一起。谁要是阵亡或者负伤，别人都会很伤心。”

烟从贝恩的手中直直地上升，飘散在诺曼底的空气中，四周静得有些奇怪。突然响起几声迫击炮的呜咽，接着炮弹在地上爆炸了。戈登团躲在战壕里，直到迫击炮声渐渐消退。贝恩冒着风险探出头观望。只见休吉·布莱克倒在去农舍的路上。贝恩蹿出战壕。他和戈登·伦尼差不多同时奔到朋友身边。伦尼轻轻拍了拍布莱克的肩膀，想把他唤醒。没有任何反应，他把布莱克缓缓翻过身来。“我的天哪！”

休吉·布莱克的前胸被炸开一个大窟窿，只剩“暗红的血和白色骨头”。贝恩忍住不去看，可他已经看到了布莱克的脸。“跟所有死人的脸一样，他睁着眼，瞳孔扩大，就像盲人的眼。”

贝恩摇摇晃晃地回到三天前和布莱克一起挖的洞里。他坐在地上，“盯着休吉本该坐的地方。”戈登·伦尼爬进了贝恩的战壕，打断了他的思绪。他说：“情况太突然了，约翰尼！他死时没有痛苦。这是最好的死法。”伦尼叫了布莱克生前的朋友给他挖了个坟，跟另外五位高地人团的战士埋在一起。他派亚力克·史蒂文森填补布莱克的位置，和贝恩一起负责布伦式轻机枪。史蒂文森的战壕在旁边。他想把布莱克的弹药包上的血迹洗掉，贝恩坚持这该由他来做。他们在日暮时分埋葬了布莱克。下葬时贝恩不忍心看。他的感觉跟在阿卡里特河谷时一样，面对不愿接受的现实，他选择逃避。这种感觉并不是悲痛，而是向“希望、挚爱、悲伤、愤怒”道别。

担架队抬走了 16 名受重伤的士兵前往滩头堡附近的救护站。史蒂文森对贝恩说：“真是些走运的家伙。可笑啊，他们腿都被炸断了，我们还说他们走运。”

戈登团活下来的战士在当天夜里撤离了图夫雷维尔。官方记录写道：“他们有信心死守图夫雷维尔，白天接到撤离的命令让他们感到厌恶。”而根据贝恩的回忆录，哪怕他的朋友休吉·布莱克死在这里，他也并不因为撤离而后悔。

当时贝恩的思绪“漂走了”，就像在北非时那样，他又进入了恍恍惚惚的神游状态。第 51 师士气低落的士兵不止他一个。高地人团分成了好几支部队，分别处于空降师和加拿大师的统率之下。他们接二连三地攻占了卡昂附近的村落，又弃守了这些村落，没有明确的目标，进攻缺乏连贯性。指挥官派连或团去攻打防御森严的地点，而其实这些地方需要增派十倍的兵力才能攻下。一位历史学家写道：“必须认清一个现实，在那段时期，一度士气高涨的第 51 师暂时陷入了低谷。战士们仿佛患上了一种‘幽闭恐惧症’，敌军在暗处，用大炮和迫击炮持续轰击，威力不小，的确也令人难熬。”

高地师好几位军官都在日志里记录了各个等级的军士都有精力不济的现象。黑卫士第 7 营的戴维 · F.O. 拉塞尔少校写道：“在那段时期，全营的士气萎靡，使每日面对各种艰难险阻变得更加不易。”第 5 卡梅隆高地人团的上尉弗雷泽 · 伯罗斯与拉塞尔有相同的结论：

> 不知子弹、炮弹会从何方射来，士兵终日心神不宁。发动夜袭时，不少人会在进攻途中停下来假装系鞋带，然后溜走。这种现象在诺曼底越来越常见……我曾在诺曼底看见有个小子刺刀挂在背后就冲上了战场。

休 · 坦普尔 · 博恩中尉在诺曼底给母亲写信说，随着战役推进，逃兵数量激增：“战场上到处都有人失踪，有人是故意的，但大多数人是横死沙场。”

贝恩没想逃。他什么都没想。他们从图夫雷维尔出发，走了一整夜。日出时分，他们停下了脚步。贝恩和史蒂文森挖了一道狭窄的战壕，供两人容身和存放布伦式轻机枪。贝恩刚想睡觉，部队又起程了。早上走了三个小时，他们列成一队沿着乡间小路向埃斯科韦尔前进。中途在一排灌木丛前休息，贝恩点燃了一根烟，没抽几口竟睡着了。过了几分钟，亚力克把他叫醒，说他们必须在树林后面的玉米地旁挖新战壕。那天晚上，德军的火炮没有击中戈登团的战士。第二天早上，他们进驻已被弃守的埃斯科韦尔。

B 连在一所教堂后面挖战壕，把教堂作为指挥所。那天是 6 月 14 日，戈登团的战士在离开英格兰后第一次刮脸洗澡，换洗衣服。然后打起精神，准备迎接德军的反击。这次反击不仅仅是连续的炮火袭击。6 月 16 日晚，德军的炮火比以往还要猛烈，火炮和迫击炮势如雨下。反击开始时，亚力克 · 史蒂文森刚撒完尿赶紧跑回战壕。慌忙之中，他的脚踢到了贝恩的下巴，两人连忙趴在战壕里。30 多枚迫击炮弹同时爆炸，教堂附近的地面被炸得泥土乱飞。贝恩写道 ：“大炮的怒火是一种机械的、冷酷的怒火，然而却带着主观的恶意。”

面对猛烈无情的轰炸，战壕起不到太大的保护作用。在过去的战斗中，贝恩不止一次听见战壕里传来痛苦求救的哀号。袭击的间歇，戈登 · 伦尼跳进贝恩和史蒂文森的散兵坑。他说 ：“我们要撤退。”因为指挥官米切尔中尉死了。史蒂文森问刚刚听见的那声哀号是否就是来自米切尔中尉。伦尼说 ：“对，他中弹了，活不了了。汤姆中士不得不送他上路。”

贝恩说 ：“真他妈见鬼！”

伦尼说 ：“真像休吉会说的话。”

厄克特上尉把连队叫进教堂，教堂地上躺满了伤兵。上尉叫大家在教堂的墓地集合，以墓地的围墙做掩护，以防德军靠近。他还命令所有扛布伦式轻机枪的士兵爬上西面的墙，防守一片树林。贝恩端着机枪注视着树林，亚力克 · 史蒂文森又开始挖另一道战壕。贝恩忽然听见斯潘德机枪的声音，于是朝着枪声的方向还击。史蒂文森问 ：“你打中了吗？”

“我猜没打中。”

当晚 19 点 30 分，德军的坦克抵达埃斯科韦尔。又过了一小时，德军步兵开始进攻 5/7 营的指挥所。临近午夜，敌军包围了教堂和灌木丛，发起猛攻。戈登团击退了德军，但有 38 人在战斗中阵亡、负伤或失踪。凌晨 4 点 25 分，德军的火炮和迫击炮卷土重来。

天一亮，接替米切尔中尉的汤姆中士率领贝恩、史蒂文森、伦尼和另一名士兵去灌木林附近侦察。汤姆用钢丝钳剪开灌木，钻了进去，另外四人跟着他来到一片空地，四周都被高大茂密的灌木隔开。汤姆刚剪开另一排灌木，一名德军士兵发现了他，并朝他开枪。汤姆举起冲锋枪还击。

这场小规模的战斗还在继续，贝恩探出头，朝树篱外张望，突然与外面的德军士兵眼对眼。亚力克·史蒂文森大喊："快开枪，还等什么！打死那个王八蛋！"德国士兵刚要举起他的施梅瑟冲锋枪。贝恩才恍然大悟般扣动了扳机。接下来好像失忆了，似乎什么事情都没发生。他只知道德国人死定了。但他的腿中枪了，就像被大铁锤砸断了似的。史蒂文森跳到德国士兵的身上。拉开枪栓，朝他身上一轮猛射，结果了他的性命。战场又变得寂静无声，史蒂文森喊道："嘿，戈登！约翰尼中弹了！快来搭把手。"

几位战友把贝恩抬出了灌木林，他疼得乱扭。他的双腿都被施梅瑟冲锋枪的 9 毫米子弹击中，这种冲锋枪每分钟能射出 500 发子弹。贝恩在回忆录中记道："这下他自己也受伤了，不是身体某个部分感到疼痛，而是全身都疼。"

回到指挥所，一位医护兵给他打了一针吗啡，又为他包扎了伤口。贝恩恢复得很快，他感谢亚力克·史蒂文森救了他一命，可是他搞不懂自己的枪为什么没有第一时间开火。史蒂文森告诉了他实情："当然开不了枪。你忘了拉保险栓！"

这完全是一次疏忽，是技术上的失误，贝恩常常为此感到自责。但也因为这次失误，使他离开了战场。医生把他送回英国去做了一系列手术，之后还要很长时间才能恢复。他因此有好几个月的时间反思当兵的经历，反思暴力和死亡，而此刻他的战友们还在与德军作战。贝恩的经历使他写出了许多关于战争的好诗。

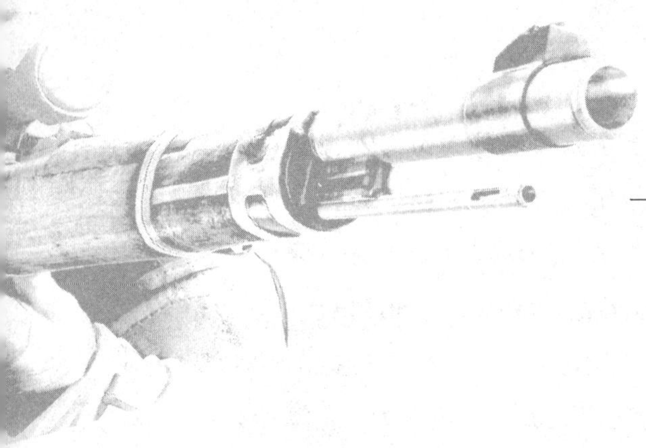

十三

人的第二大欲望是性欲。

《战士心理学》，第 365 页

6 月 29 日，第 36 步兵师在皮翁比诺撤离前线时，有 6 名士兵获得荣誉勋章。他们一直运气不佳，自始至终都在逆境中作战，但在意大利战场没有哪支队伍的战绩能与之相比。军方将他们和第 45 师一起撤到萨莱诺海湾的训练中心，这群得州兵又回到了帕埃斯图姆的古罗马遗迹附近，1943 年 9 月他们就是从这里开始了意大利征伐。

他们搭起帐篷，分了 24 箱巧克力棒。史蒂夫 · 韦斯在几分钟内就吃完了他的巧克力和花生酱甜点。他还是觉得饿，就像在罗马一顿饭吃五道菜时一样。他走出营地，爬上果园的一道围墙，摘了好几个大桃子——装满了头盔——然后吃了个精光。回想那天的经历，他说："所有那些吃的，都像是从战斗中幸存的奖赏。"他觉得，他还需要找个女人。

帕埃斯图姆附近的姑娘早就跟后方指挥部的人好上了，毕竟后方士兵在这已经待了好几个月了，而且他们可能会待得更久。步兵管待在后方的人叫"耍笔杆子的"，这些人有权动用日常物资，有时会把军需品赠给女朋友。前线战士和后方文员的矛盾引发了争斗，每当 C 连的运兵车穿过城镇，双方士兵都会大声叫骂。文员和军需官穿着崭新的卡其色夏装，而前线战士却不得不在炎热的 7 月还穿墨绿色军装，这一对比很容易引起士兵的不满。

作战士兵只好去嫖妓，意大利南部妓女的人数随之激增，几乎引发饥荒。一天，韦斯的营地附近来了一个流动妓院。他从几位衣装不整、相貌平平的姑娘里挑了一个矮小的黑发少女。她提醒韦斯说她的生理期到了，可韦斯憋了太久，顾不得许多了。他解开腰带，脱下裤子，正要行云雨之事。突然身后传来一声怒吼："快给我停下！"一位军医官不知道从哪里冒了出来，在那种场合他和随军教士一样不受欢迎。军医官反复提醒他们小心染上性病。军医官下令："给我站住！"韦斯落荒而逃，边跑边提裤子。

军方为了不让士兵去嫖妓大费周折，却没起到作用。不管安排多少关于卫生的影片和演讲，年轻的士兵只当耳旁风，在死亡的阴影下，他们的生理冲动愈发旺盛。有个英军士兵向着德军枪火冲锋时祈祷说："仁慈的上帝！请别让我死，我还没睡过女人呢！"淋病和梅毒一点威慑力都没有，他们以为只要在医院病床上躺几天就能好。军方印了一张意大利语传单，发给皮条客，上面写着"我们对你们的梅毒姐妹不感兴趣"，谁料却带来了极为恶劣的影响。英国情报人员诺曼·刘易斯在日记中写道："写这句话的人肯定没想过它的引申义和可能带来的后果。在意大利，对修女[1]说长道短是一大忌……肯定有人会因此受到伤害。"

韦斯没有放弃。他在休假时跑去了北边大约50英里外的那不勒斯。他拐进一条小巷，发现妓院门口排着长队，"就像地中海地区所有当兵的都来了"。排队等候时，他问前面的一位士兵："这儿的姑娘漂亮吗？"

"以前没见过。我猜挺漂亮的。"

韦斯走进房间，发现里边的姑娘一点也不漂亮，相貌符合地中海地区居民的特征。她身体瘦弱，还是个孩子，穿着褪色的棉布连衣裙。韦斯没法跟这个姑娘睡觉。

韦斯一心想去的心理战部队在那不勒斯有个办公室，就设在罗马街。公告栏里写着富兰克林·罗斯福的"四大自由"——"表达意见的自由、崇拜的自由、不虞匮乏的自由和免除恐惧的自由"，是用意大利语写的。

[1] 原文是sisters，既有"姐妹"的意思，也指修女。

美国空军中校文森特·希恩，同时也是杰出的作家和记者，曾在评论中写道："这幅标语真是十足的反讽，好些年没见过这样的讽刺了——四大自由，除了宗教信仰自由——这是最容易实现的一个，因为这不是个重视信仰的时代——其他几个意大利一个也没有。"韦斯跟前线战友站在同一阵营，跟所有"要笔杆子的"不相容，包括心理战部队在内。他和大多数战友一样，不认同军队向意大利人宣传的思想，他自己的信心都在消退。

6月底，马克·克拉克将军要把弗雷德·沃克调走，他把第36师的霉运归罪于沃克指挥失当。沃克的士兵却认为他们的不幸正是由于克拉克的失误，他总是派给部队不可能完成的任务，比如渡过拉皮多河作战。沃克不情愿地去佐治亚州的班宁堡当指挥官。所有士兵都请求为这位老将举行一次阅兵仪式。韦斯记得那是在7月7日，他在队列里看见了沃克将军：

> 他满脸皱纹，表情阴沉而又伤感。他热爱第36师。15000人站在明媚的日光下，聆听少将的临别赠言；他说："下次见到德国人时，要让他们付出代价。"这句话引自一封信，是在拉皮多河战役中阵亡的战士的遗孀写给他的。

接任第36师指挥官的是约翰·欧内斯特·达尔奎斯特少将，41岁，他的父辈从瑞典移民到明尼苏达州的明尼阿波利斯。一战后在德国服役。二战时先任艾森豪威尔的副参谋长，后来在美国本土任第70步兵师的指挥官。他从未带兵打过仗，崇拜沃克将军的将士都不太欢迎他。

韦斯只要一有空，就会踏上释放情欲的征途。在那不勒斯，他和一位哥们儿找了两名妓女，又找了间小旅馆。两个女人既不漂亮，也不年轻。那次体验虽然严格地说成功了，但还谈不上令人满意。第二天早上，韦斯来到港口边的一间酒吧。有一位酒吧侍女跟他搭讪。他记得侍女说："你想不想跟我上楼？"这位姑娘亲切热情，她带给韦斯的既有柔情，又有欲望。韦斯很想和她多呆一会儿，但还是在24小时假期结束前返回了基地。

当时在那不勒斯有很多没有归队的士兵。合众社记者雷诺兹·帕卡德曾经挽救过一名企图逃走的士兵，他写道：

> 逃兵人数越来越多，有的美国兵整天跟意大利姑娘鬼混，不再归队。他们拉帮结伙，成为危险分子。几十辆装满面粉、糖、咖啡的水陆两栖运输车就这么消失了。

在帕埃斯图姆基地的士兵加强了警备。取消所有假期。紧急开展登陆作战。美军参与了密集的英式训练。韦斯说训练项目有：

> 行军25英里，往常的密集队形行军加上体操，接着是刺刀和射击，还有辨认地图。传言说我们将进攻在地中海沿岸某地。后来的四个星期里，我们夜以继日地训练，有时连续48小时不间断，登陆战的每个项目都练过了。

从7月8日到22日，第36师每天训练15个小时。第141团训练攀爬陡峭的岩壁，而韦斯所在的第143团操练进攻战术。他们乘英军的船到蒙德拉戈内训练登陆。一名皇家海军的水兵放下登陆艇的斜坡，放韦斯所在的小队下水，每次水都漫到他们的腰。英国水兵说："别担心，伙计！真正登陆时，你连鞋都不会打湿。"韦斯觉得他们的训练还是很不充分，船只撞到一起，甲板上一片混乱，士兵挤到一起，他们本该分散站位，以减少伤亡。一位上校喝道："你们这样根本没法活着上岸。真是一场灾难。"韦斯的长官哈里·尚克林申请调往伞兵部队。当他的申请被批准后，想到今后要在一位陌生中士的指挥下作战，韦斯感到有些害怕。军方没有告诉他们下一个目标在哪，没有地图也没有指令告诉他们该做什么。他们连自己可能会在哪送命都不知道，意大利北部、希腊、南斯拉夫、法国南部，都有可能。

训练非常艰苦，一次休息时韦斯离开了连队去第143团B连看望一位朋友。对于这次拜访，他写道："我一去就感觉到B连将士的士气与氛围与C连大不一样。"士兵和军官交谈融洽，他不敢想象用这种语气跟C连的西蒙斯上尉说话。B连有些士兵正在唉声叹气，追忆他们爱戴的指挥官亨利·T. 瓦斯科上尉。瓦斯科在1月阵亡了，韦斯不认识他。多亏记者厄尼·派尔，让几乎所有美国人都知道了他的事迹。派尔写道："在这场战争中，我认识了许多受部下尊敬和爱戴的军官。但像来自得州贝尔顿的亨利·T. 瓦斯科这样的军官，我还是头一回见到，他与士兵感情之深绝无仅有。"派尔采访B连时，他们刚好从骡背山上抬下五具尸体，其中就有瓦斯科上尉。几乎美国所有的报纸杂志都刊载了派尔的报道，在当时的记者同行中他也堪称举世无双：

> 一名士兵走过来瞧了瞧，忽然大叫一声："我的天啊！"他说了这一句就走开了。另一个士兵走过来，也说了句："我的老天！"他低头看了几眼，转身离开。
>
> 又来了一个人，我想他应该是位军官。当时天色很暗，看不清他到底是士兵还是军官。只见他的胡子脏兮兮的。他也低头看了看上尉的脸，说："对不起，长官！"
>
> 接着是另一名士兵，他来到军官身边，弯下腰对死去的上尉说："真的非常抱歉，长官！"声音很小，但语气温柔得近乎怪异。
>
> 第一名士兵在上尉的尸体旁坐了下来，他握住上尉的手，在他身边坐了足有五分钟。他紧握着他的手，注视着他的脸，就这样一言不发地坐着。

一名中士告诉派尔："他就像我的父亲。"亨利·瓦斯科去世时才25岁。韦斯从没见过像瓦斯科一样的军官，他觉得"这才是我想加入的连队"。

8月12日，贝恩和C连其他战友一起在波佐利登上英军的登陆艇。整个航程自始至终西蒙斯上尉都没有跟他说一句话。

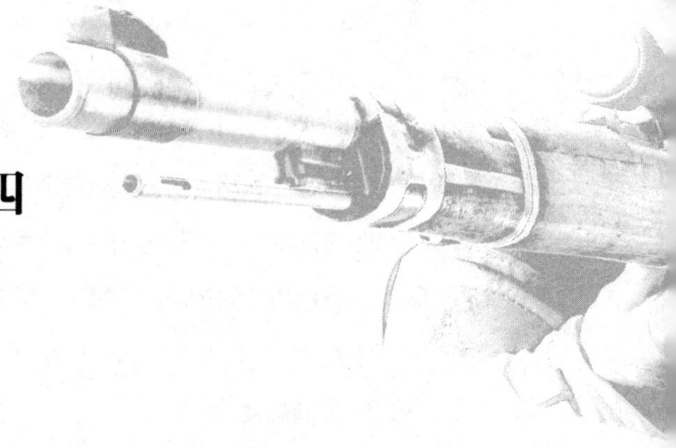

十四

要么杀死敌人，要么让敌人投降。胜利就这两种。

《战士心理学》，第 17 页

法国北部初夏的夜晚还有些冷，列兵艾尔弗雷德 · T. 怀特黑德不得不从一名死去的士兵身上扒下一床染血的毯子给自己裹着。除了寒冷，潜伏在夜色中的危险还有炮火齐射和德军侦察队，士兵要是离开散兵坑去解手，还有可能踩上地雷或者遇上狙击手。还有一种没有预料到的危险。怀特黑德听说在瑟里西拉福雷有两名士兵溜出营地和法国姑娘幽会。结果一场风流韵事竟是死亡陷阱：第二天早上，人们发现两名士兵身首异处。怀特黑德的长官下令禁止和法国女人交往。

随着盟军部队在法国的行动展开，他们俘获的人越来越多。怀特黑德能认出有两类俘虏："一种是垂头丧气的人，他们经常三五成群，操着怪异的方言，在我们的士兵面前低声下气。这些人是土耳其人、波兰人、俄国人和格鲁吉亚人。"另一类与之形成鲜明对比，"他们是穿戴整齐的德军士兵：德国伞兵……他们属于精英部队，自命不凡，训练有素，士气也很高。"战争法规定部队必须保护战俘，给他们提供食物，直到把他们交给宪兵。怀特黑德写道，他们曾经一直执行这套标准流程，直到有一天他们排进入一座小镇，在小镇广场上看到了光着脚的美国伞兵尸体。德军让美国兵在坚硬的地面上光脚跳舞，"直到把脚磨破，再打死他们，就像打死一条狗一样。”怀特黑德没有详细说明，他只是写道从那以后，他们师“不再对敌人手下留情”。他并没有承认杀过俘虏，就像美军在西西里岛那样，但他的回忆录中有这样的暗示。后来他的一位战友列兵哈罗德 · G. 伯克利说，他们在诺曼底会“毫不留情”地杀掉德军狙击手。他的儿子克里夫 · C. 伯克利写了本书，叫《在死亡的暗影中：一个士兵的故事》，书中说“极少有狙击手俘虏”。

参战的时间越久，怀特黑德越变得迷信。他认为是他听见的那个“声音”，或者是某种“存在”在几次提醒他躲过危险。他的战友列兵保罗 · S. 特纳说：“没错，怀特黑德，你能打到巴黎，但我恐怕活不到那天了。”这句话让他感到一种浑身“凉透的感觉”。特纳也是田纳西人，昵称叫蒂米霍。怀特黑德的朋友不多，特纳是其中之一。他担心特纳这么说会招来死亡。

怀特黑德一有机会就会喝醉。有一次为了防止士兵在当班时喝酒，上级命令他销毁一批葡萄酒和苹果酒，他在完成这项任务前自己先喝了个够。还有一次，他发现一排栅栏底下藏着几瓶酒。“我坐下来，喝了个痛快。喝得酩酊大醉。”他还拿了几瓶酒带回营地给他的战友。

第 2 师在进军埃勒河的途中遭到德军抵抗。关于当地的地形，怀特黑德是这样写的：

> 此地到处是灌木林，我们在其中缓慢行军。不管走到哪，都处于一片与周围隔绝的小型战场中，半径大约几百码。敌军隐蔽得很好，不过他们也会犯错误。从航拍照片上根本无法辨认出火力点在哪。他们的 88 毫米火炮和重机枪部署在灌木丛的空隙中。他们还可以开闸放水，让河水变急，阻挠盟军前进。他们的侦察队四处骚扰，从不间断，还有杀不完的狙击手。

从空中俯瞰，诺曼底地区就像一床打满补丁的棉被，由细长的“线”

缝在一起，这些“线”其实是古代的土墙，厚6英尺，高10英尺。有的土墙上长出了高30英尺的树。树林、灌木、封闭的果园、大小不一的农田和草场。第2师的指挥官沃尔特·梅尔维尔·罗伯逊少将说：“灌木林是德军极好的天然优势，他们可以利用灌木林迅速建起防御工事。每当一支部队想方设法终于穿过一片灌木林，却发现整片林间空地都被德军的机枪交叉火力封锁了。

第2师只要停下脚步就开始挖掘战壕。怀特黑德写道：“好像我会一直这样挖下去。散兵坑、战壕、散兵坑、战壕，挖个没完。”德军和盟军部队交战时离得很近，有时都能隔着灌木林偷听对方讲话。

一天第2师来了一名补充兵，是从他们在北爱尔兰的老对头第5师调过来的。这个人忧心忡忡，高声抱怨他的调动对他很不利。怀特黑德受不了这个爱嘀咕的人，于是派他负责站岗。当天忽然响起一声枪响。怀特黑德以为是他被德国人打死了，心想：“这下麻烦解决了。”只听见这位补充兵叫道：“医护兵！快来啊！我中弹了！”其实是他朝自己的脚开了一枪。

怀特黑德所在的第2小分队由肯尼·孔茨中士掌管。一天晚上，第2师的炮兵把德军压制在战壕里，第2小分队的人发现了敌军的位置。他们把俘获的德军士兵抓回去审问。怀特黑德写道：“我抓住一名敌军士兵的领子，拿刀抵住他的后背，只要他大呼小叫，我就不得不杀了他。那种感觉很糟糕。”

德军撤退以后，有的狙击手却还留在树林等隐蔽的地点，他们每天都要“收割”好几条美国士兵的性命。怀特黑德回忆说：“每片废墟，每片树篱、树林都可能是他们的藏身之处。”他说有个绰号“干面包”的中士曾在麦考伊兵营教他如何对付狙击手。这位中士死前干掉了21个狙击手。说起他，怀特黑德哀叹道：“我好念想那位老长官。”他的真名叫弗朗克·科威亚泰克，是名47岁的老兵。科威亚泰克的两个兄弟死在意大利，他发誓要杀50个德国鬼子，为他俩报仇。当时已有21名德国狙击手死在他的斯普林菲尔德步枪下。怀特黑德以为他死在诺曼底，但官方资料记载他只是负伤而已，后来又重返战场。

怀特黑德的回忆录中还描写了战场上年轻伤兵的惨状，他们要么踩中了地雷，要么被炮弹所伤。医疗兵还没赶到，战友听着他们的哭号却帮不了什么忙。怀特黑德承认："那时我真希望他们赶快死，好脱离苦海。"一天夜里下起了雨，他和几位战友本打算用轻机枪帮一位重伤的士兵结束痛苦，可他们打偏了，下不了手，那位伤兵直到天亮才咽气。

灌木林中德军的炮火非常猛烈，怀特黑德只好"像只猫一样蜷着身子，生怕伸开胳膊腿之后被炸断。"美军的炮火毫不示弱。直到6月底，美军炮兵"开始对敌使用'同时弹着战术'，即TOT战术。我们通常是先用TOT战术把敌军压制在掩体中，再派侦察队出去行动。"第103步兵师的保罗·富塞尔少尉谈到同时弹着战术时说："这是一种华丽而精准的战术，通过协调不同位置大炮的开火时间，确保不管距离远近，所有炮弹在同一时间击中目标。这种战术威力惊人，能立即造成难以想象的破坏。"

美军得以突破灌木林，不仅因为炮兵的战术创新，更要感谢一位工程兵的机智。怀特黑德说："第2师的一位工程兵设计的推土机在攻破德军海岸防线时大显身手。有了推土机，坦克遇到灌木林不必再绕行，可以直接穿过。"士兵都管这种推土机叫"犀牛"。后来的军事研究指出："'犀牛'在前面开路，把灌木连根铲走，使地面变得平整，坦克得以穿过灌木林，进入空地，把地形对进军速度的影响降至最低。"

怀特黑德的军旅生涯条件十分艰苦，他发现前线部队和后方部队之间有许多不平等待遇："我住在灌木林一侧的坑里。吃着冷的袋装军粮，没有衣服换……而后方的士兵有红十字会的防空洞、咖啡和甜甜圈，这些我从未见过。"军方让少数部队一直在前线打仗，大量的军人待在安全的后方。怀特黑德没有深入思考为什么，他只是对此有些不满，还没到叛逆的地步，这点很像比尔·莫尔丁笔下的新兵威利和乔（《星条旗报》上的漫画人物）。杀死德国士兵，他一点也不后悔，因为这是他的工作。他所属的部队中有很多士兵战死，但他也没什么感觉，毕竟他跟大多数人根本不熟。有个年轻的犹太兵在他身后吃东西，忽然中弹身亡，怀特黑德心里的反应是："他死了——流弹打中了他。有一名士兵死了——只是我团 800 多名伤亡人员的一个。"

只有列兵保罗 · 特纳的死对怀特黑德有些触动。怀特黑德给他起的绰号叫蒂米霍。7 月 10 日晚，蒂米霍在和几个人打牌。特纳赢了钱，想正好还钱给怀特黑德。怀特黑德叫他别还了。蒂米霍坚持要把钱给他。他说："你肯定能撑到战争结束，可我就很难说了。"怀特黑德不喜欢听他的朋友这么说。

第二天，第 2 师接令攻占 192 高地，之所以这么叫是因为高地海拔 192 米，紧邻圣洛城。192 高地是道难以逾越的关口，布满了德军的炮台、据点和坚固的战壕。7 月 11 日早上 6 点，美军发起了对 192 高地的突袭，第 9 战术空军投下炸弹，几千门大炮齐发，摧毁了敌军大量的火力点。第 9 团佯攻山的一侧，吸引德军火力，第 23 和第 38 团乘机而进。怀特黑德所在的团乘着卡车赶赴战场。车停下时，他的朋友蒂米霍跳下车去撒尿。转瞬间，怀特黑德听见一声"弹跳贝蒂"地雷的爆炸声。这种地雷会弹起到人胸口的高度，爆炸时将 100 颗弹丸射向方圆 50 码的区域。这时特纳捂着流血的胸口朝怀特黑德蹒跚走来，他喘着气说："哦，我的天啊。"他死了。真是一语成谶，他到不了巴黎了。怀特黑德写道：

> 那是我一生中最痛苦的时刻……路边有间废弃的谷仓，我把蒂米霍扛了进去，在那一瞬间我感到崩溃，哭个不停。死亡终结了我跟他的友情。就在一眨眼的工夫，我最好的朋友永远离开了，我接受不了这个事实。我泪如雨下，接着我拿走了他的弹药和地图，用一床毯子把他盖住。我冲出谷仓，发誓要让那群王八蛋血债血偿！

杀死特纳的地雷还带走了另外两名士兵的生命，使三人受伤。另外两位死者是列兵罗伊 · L. 施伟特费尔格、彼得罗 · 桑切斯。而桑切斯那天刚满 18 岁。霍克斯中士受了伤，怀特黑德临时接替他长官的位置。小分队冲上 192 高地，怀特黑德发现了一名德军士兵，正准备开火，仔细一看是个死人。还有一名受伤的德军士兵趟在地上，朝怀特黑德打手势，叫他们后退。怀特黑德看了一会儿才明白那人是想说他自己身上被设了饵雷。一名美军医护兵上前查探，怀特黑德还没来得及喊出口，饵雷就爆炸了，医护兵和德国士兵都被炸死。

登上山头时，怀特黑德还没有为特纳报仇。忽然一枚炮弹击中了树梢，爆炸将怀特黑德掀翻在地。他以为一条腿被炸断了，一看发现没有断，但在流血。他爬到一口大锅下面躲藏。不一会儿一把刺刀挑翻了大锅，一个声音说道："噢，原来是你，怀特黑德。"所有人冲进一间农舍，一名德国兵举着双手走下楼梯。怀特黑德开枪打死了他。他在回忆录里写道，另一名德国兵冲过走廊朝他扑来，用刺刀扎他。刀刃划破了怀特黑德的手，他举起汤姆森冲锋枪打死了他。他说他抓起一把德军的 30 口径的机关枪，跑出屋外，边走边扫射。遇到想投降的德国兵，"我没有松开扳机，而是将他们一一撂倒。就这样一路打到第三片灌木林下，我在那儿坐了下来。"

后来第 38 步兵团攻下了 192 高地，怀特黑德的第 2 营有 22 人阵亡，158 人负伤。38 名德国战俘对审问者说，他们听说第 38 师之所以戴着"印第安人头"的臂章，是因为士兵都是印第安人，而且要收割的军人的头皮。怀特黑德说因为他在攻占 192 高地的行动中的表现，授予他银星勋章和紫心勋章。但他的服役记录显示他只获得过一枚银星、三枚铜星、战斗步兵徽章和总统集体嘉奖，没有紫心勋章。怀特黑德后来被提拔为下士，有许多第 2 师的老兵质疑他的表现。但有一点是可以肯定的，在 192 高地战役中，他失去的比得到的更多：

> 那天我差点发疯……我知道有一个我还留在 192 高地师，有一个我跟我的战友蒂米霍、桑切斯、施伟特费尔格等人一起死了。他们是真死了，以前那个我也死了，一个无情的刽子手在我身上重生。

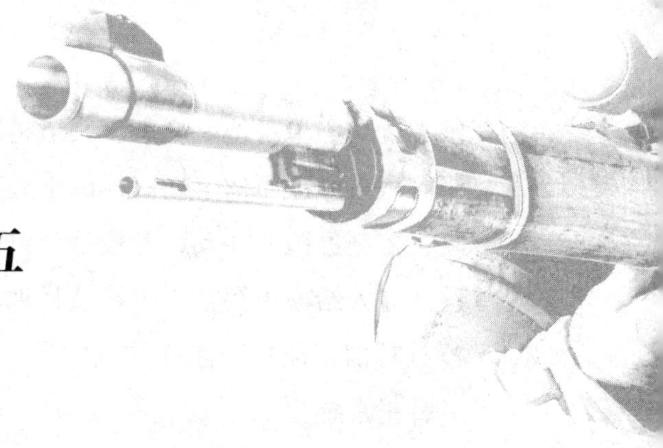

十五

随着作战行动迫近，新的烦恼会涌现出来。真实的战场容易增添烦恼。

《战士心理学》，第 347 页

1944 年 8 月 13 日，贝菲尔德运输舰接到一条加密的信息，这艘运输舰 6 月曾往犹他海滩运兵，当时正负责运送第 36 步兵师的新指挥官约翰 · E. 达尔奎斯特少将。信息破解之后是 ：“作战日期，1944 年 8 月 15 日，总攻时刻，8 : 00。” 只剩不到 40 个小时，少将通知大家，他们的目标是从法国南部海岸登陆，攻入法国。他们以前只从电影和 F. 斯科特 · 菲茨杰拉德的书中对法国南部海滩有点了解。只要他们能把德国人赶走，很快就能见到著名的度假胜地圣特罗佩斯、戛纳和尼斯了。

几乎在同一时间，英国广播公司向全法国广播了一条消息 ：“南希落枕了。” 这是发给法国抵抗军的信号，通知他们集结兵力，骚扰后方德军。已有几百名美军、英军和自由法国的伞兵空降法国，支援当地的抵抗军。

一支由 885 艘大小船只组成的庞大舰队，载着 1000 多艘小型登陆艇，沿着地中海，穿过撒丁岛和科西嘉岛，驶向法国海岸。列兵史蒂夫 · 韦斯站在皇家海军的登陆舰上，望着密集的舰队，“感受到了美国军力之强。” 他所担心的并不是战局，而是自己的命运，另外 15.1 万名美军和自由法国的士兵心里跟他一样忐忑。诸将所想的是拿下滩头，好把士兵和装备倾泻到敌占区，而像韦斯一样的士兵则考虑的是自己能否克服精神崩溃的危险，控制逃跑的冲动，开枪杀敌。更重要的是活下来。许多士兵戴上护身符，有人给家里写信，也许这是他们的最后一封信。韦斯既没护身符，也没有写信。他唯一能感觉到的是“腹中持续的痛”，这是人在危险面前的一种正常感觉。

一名两个月前往诺曼底运过美国兵的水兵跟韦斯讲了讲 6 月 6 日登陆时出现的状况：有的坦克掉进深水中，沉到水底，里面所有人都淹死了，还有的士兵被送到错误的海滩，还没登岸就全军覆没。韦斯问鲍勃 · 赖格尔他们能活下来吗。赖格尔一言不发。他或许在为自己的命运打算，但 28 岁的他在 18 岁的少年韦斯眼中既是老长官，又是不知所措时可以倚仗的人，因而责任重大。他没法回答韦斯的问题，没人知道答案，答案在海滩上。

韦斯和另外 200 名美军步兵登上登陆舰时，并不知道温斯顿 · 丘吉尔正站在金伯利驱逐舰上注视着他们，这是一项机密。美军的官方记录中说：“英国首相坐在‘第一排的看台上’，正在观看这场二战中盟军犯的最严重的错误。”丘吉尔坚决反对从法国南部发起进攻，他极尽所能劝说罗斯福总统和德怀特 · 艾森豪威尔将军撤销“龙骑兵行动”。他说盟军应该把地中海区域的兵力集中到意大利，有余力的话进攻巴尔干半岛，赶在苏联之前把希特勒的军团从这些地方驱逐出去。就在龙骑兵行动打响的 10 天前，丘吉尔催促艾森豪威尔将第 7 军的目标从法国南部转移到法国西北。他的理由是担心德军会把第 36 师和第 7 军的其他部队一起赶回海里。要是韦斯知道丘吉尔的想法，他的肚子会疼得更厉害。

不过韦斯也有理由对登陆战抱有希望。他在第 36 师的时间已经足够长了，他有几位朋友，包括宾州人鲍勃 · 赖格尔，俄亥俄州人谢尔登 · 韦尔沃斯和纽约州沃特敦人詹姆斯 · 迪克森。他有作战经验，小分队中的其他人都觉得他是个不错的侦察兵。他的长官哈利 · 尚克林中士调往伞兵部队的申请被推迟了，所以当时也还跟他们在一起。夏天的天气非常适合进攻。

1944 年 8 月 15 日 6 点 38 分，天刚破晓，天气晴朗，有点薄雾，这天刚好是天主教的圣母升天节。在这个神圣的日子里，法国的商店、学校都关门休息。薄雾散去，地平线上升起一片乌云。海军西部特遣队发起了进攻，得克萨斯号巡洋舰射出 2000 磅的炮弹，猛烈轰击海岸山脊上的德军防御工事。小型舰艇出击清除滩头的炮台和水雷。盟军轰炸机从科西嘉岛起飞，投下成吨的炸弹。滩头烟雾缭绕，尘土飞扬，当时还是早上 8 点，美军士兵在烟尘的掩护下登上海滩，德军根本看不清。第 36 师的列兵唐 · 内尔森说“看到高耸的崖壁令人头晕，这段路虽然很近，却似乎走了好几英里远”。他承认自己“吓得抬不起脚”，许多士兵都有这种感觉。美军第 3 步兵师率先登岸，占领了阿尔法海滩，打开了进攻的第一片阵地。景色优美的圣特罗佩斯沦为战场，军功赫赫的奥迪 · 墨菲中士就是在这儿攻占了德军据点，俘获 40 名士兵。他因此获得杰出服役十字勋章。

曾参与西西里岛、萨莱诺和安齐奥战役的第 45“雷鸟”步兵师迎来了第四次登陆战，他们占领了中间的德尔塔海滩。这两只部队都没遇到激烈的抵抗，因为德军的防守重点在海岸纵深，圣拉斐尔镇附近。那几处海滩——地图上标为绿、红、蓝的地方——分配给了“运气不佳”的第 36 师。

丘吉尔在皇家海军金伯利号上观战，发现“满载美军士兵的登陆艇结队涌向圣特罗佩斯湾”。

第 36 师的第 141 团向绿滩发起突袭，在圣拉斐尔附近和德军的机枪手四个据点的德军激战。韦斯的第 143 团紧随其后。第 143 团的列兵萨姆 · 基贝回忆说，那时他连骂人的话都没学会几句，但也要“证明自己是条汉子”。谈到在勒德拉蒙特附近的登陆战，史蒂夫 · 韦斯说 :“登陆舰送我们到圣拉斐尔和阿盖之间的一处海滩，船底磕在岸边的岩石上，当时是上午 9 点 45 分。登陆舰的两个斜坡刚放下去，我们马上冲上海滩。”英国水兵曾说他们连鞋都不会打湿，还真是这么回事。

进攻圣拉斐尔的途中，C 连遭遇了猛烈的抵抗。德军的机枪和大炮躲在防御工事里朝他们开火。韦斯谨慎地爬上海滩，身上背着沉重的步兵装备，“包括 30 发子弹、水壶、急救包、两枚手榴弹，这些东西在身上磕磕碰碰，我顶着渐渐变热的阳光前进，浑身很不舒服。”每个士兵都随身带着几样额外的东西：一本《袖珍法国指南》、五天的干粮、两包香烟和美国国旗臂章。有个新兵抱怨自己的背疼，他请韦斯帮他把火焰喷射器扛上岸。身上的东西本来就很重了，这下又加重了 78 磅。要是火焰喷射器的凝固汽油箱被德军子弹击中，韦斯就成别人的替死鬼了。韦斯没有训练过使用火焰喷射器，他扛着这件无用之物跌跌绊绊地爬上海滩，把火焰喷射器交给他的人让韦斯很不高兴，他觉得那人在耍滑头。（没多久军方就发现背疼的那个男孩太年轻了，不适合作战，把他遣送回国了。）韦斯把喷射器丢在海滩上。

登陆舰把士兵源源不断地送上岸，德军的轻型轰炸机往海滩上投下炸弹。韦斯看见一枚制导炸弹击中了一艘坦克登陆舰，引爆了弹药库。虽然那艘登陆舰在慌忙之中退回了水中，船上还是有 40 名水兵牺牲。滩头既有人在英勇作战，也有人陷入了混乱。有一辆谢尔曼坦克失控，驶上海滩后撞向了路旁。韦斯的小分队赶紧冲上去抢救伤员。在没多远的地方，有辆装着榴弹炮的卡车翻车了，堵住了道路。还有一名非洲裔的士兵和自由法国的部队走散了，于是暂时跟随第 36 师 C 连一起行动。他抽出一把弯刀，和 C 连一起攻上山脊。

第 143 和第 141 团与德军第 765 掷弹兵团激战，他们第一个目标是圣拉斐尔镇。第 36 师的官方记录里说第 143 步兵团朝西进军。在绿滩集结之后，第 1 营（韦斯所在的营）和第 3 营，分别朝西朝北一两英里，攻占埃斯特尔山的高地。”他们很快就剿灭了圣拉斐尔的德国守军，进城后，尚克林的小分队在一座旧铁桥附近的碉堡里休息。韦斯拿起水壶喝了口水，突然一枚炮弹射进了碉堡，燃烧的弹片击中了 18 岁的列兵杜鲁门 · 罗普斯的右腿。顿时血流如注，医护兵用毯子把他裹了起来。两人用担架把他抬走，还有一人跟在一旁举着血袋为他输血。后来医生不得不为他做了截肢手术。

赖格尔、韦尔沃斯、迪克森、韦斯和小分队的其他成员加入到争夺圣拉斐尔西部小型机场的战斗中。他们炸毁了德军留下的飞机，切断了铁轨。路上还俘获了不少斗志低沉的东部军团士兵，这些士兵都来自东欧的敌占区，他们很快就向美军投降。韦斯的小分队从圣拉斐尔继续向北，攻向弗雷瑞斯。听说他们的火箭炮双人组被包围在一个峡谷中，他们连忙冲去营救。赶到地方却没找到两位士兵的踪迹。他们要么被杀要么被俘，被上报为“在战斗中失踪”。

自第一波美军登陆海滩，在 10 个小时之内，共有 2 万名士兵上岸。盟军牺牲 95 名士兵，385 人受伤。俘获 2300 名德军，其中大多数是老人和东部兵。精英部队和党卫军可没那么容易投降。第 7 军占领了从土伦到圣拉斐尔一带的地区，一面加强对滩头堡的防御，一面准备北上罗讷河谷，西进马赛和土伦，占领至关重要的港口。事实证明丘吉尔的预言大错特错，龙骑兵行动战果辉煌。美国海军的官方历史学家塞缪尔 · 埃利奥特 · 莫里森曾说：“不管是从训练、战机、海陆空配合、三军表现还是战果来看，这都是一场堪称完美的登陆行动。”

盟军指挥官抓住了德军在法国南部的薄弱点，以迅雷之势攻入法国，在这样的势头下，所有士兵都顾不上休息。尽管美军和自由法国军穷追猛打，德国第 19 军还是几乎全身而退。8 月 16 日，也就是行动的第二天，韦斯的小分队继续侦察圣拉斐尔以北，在一片小树林前休息。谢尔登 · 韦尔沃斯放枪时不小心甩出一枚手榴弹，刚好打在列兵泰勒的嘴上。手榴弹没有爆炸，但把泰勒的嘴唇和牙齿弄伤了。泰勒疼得满地打滚，韦斯、赖格尔、韦尔沃斯把年轻的士兵扶了起来，直到医护兵赶来把他送去战地医院。

在接下来的 14 个小时里，第 36 师的副指挥官罗伯特 · I. 斯塔克率领部下往北进军 90 英里。第 36 师的军报《得州兵》上写道：“这是一次危险的进军，我们是在拿命赌博。”斯塔克将第36师的补给线拉长到100英里，迫使司机不得不日夜兼程从滩头堡运送物资到前线。盟军攻陷了一座接一座城，只在接受当地居民犒劳时停下脚步。韦斯写道：“我被拥抱亲吻太多次了，以至于嘴都被亲肿，胸都被搂疼。”

哥伦比亚广播公司的随军记者埃里克·塞瓦赖德写道：

> 跟国内的乐观民众一样，士兵也开始打赌说战争马上就要结束，开战以来这还是头一回。根据我的观察，他们开始享受这场战争，这也是头一回。阳光温暖，空气清新。果实成熟，姑娘可爱。每到一个村庄，都会受到热情欢迎，民众也是头一回起到作用，而不是成为累赘。

8月17日，韦斯参加了解放瓦尔省首府德拉吉尼昂。这座城在内陆，离登陆点15英里，士兵都管这座城叫“龙骑兵”。将近两万名居民涌出城去，给士兵带去感谢和礼品。男人、女人、孩子亲吻着美军小伙儿，送给他们采到的野花。韦斯感觉“不像去打仗，更像是百老汇音乐剧里的一幕”。当市长邀请韦斯的长官保罗·D. 亚当斯上校见面时，气氛忽然变了。他们来到一个安静的花园，四周围着高墙和茂密的柏树。那是德拉吉尼昂最安静的地方。市长说：“为了帮你打下这片土地，城中所有人都做出了贡献。”这片土地已经沦为墓场。

8月18日一早，几辆卡车接走了尚克林的小分队，驶上了N-85号公路，也就是拿破仑路，车队里还有装甲车跟随。韦斯第一次见到了法国内地军战士，他们是一群守卫道路和山口的强壮战士。他们“穿着宽松的裤子和不太合身的上衣，肩上扛着耐用的老式步枪”。大多数人都留着小胡子，嘴里叼着香烟。他们自称“反纳粹游击队”，简称“游击队”，在法国南部共有75000人。虽然他们三分之二的人连一支步枪都没有，但他们的存在对盟军的进攻有非凡的意义。他们炸桥、拆铁轨、剪电话线，迫使德军抽调一部分部队来防御他们的骚扰，在盟军大举进攻时，德军还派兵进山“剿匪”。一份研究法国南部美军的报告写道：“许多游击队战士已经连续战斗三四年了，他们要么各自为战，要么结成小团体。他们的存在使德军在占领法国期间体会到了炼狱的滋味。”抵抗军的存在让美军信心大增，感恩的平民也让他们觉得这场仗值得去打。

在韦斯的笔下，普罗旺斯人非常热情。“每当我们停下来休息，当我们口干舌燥，衣服沾满灰尘又被汗水浸湿，他们会跑过来欢迎我们。他们伸开双臂，喜悦的泪水顺着他们的脸颊流下来。”就在四天之内，第 36 师解放了卡斯特拉讷、迪涅、西斯特龙和加普，把德军主力往北赶，按照第 7 军亚历山大 · 帕奇将军的策略，使德国第 19 军陷入盟军的南北夹攻之中。8 月 22 日，第 36 师攻占格勒诺布尔，这是个阿尔卑斯山区的滑雪胜地，当地还有一所大学。夹道欢迎的民众之多，美军小伙子们前所未见。人们挥舞着彩旗，端着葡萄酒，他们从德军占领下解放了法国大片国土，这样的场面他们已经不再陌生。

第 143 团的长官住进了拿破仑酒店，亚当斯上校把指挥部也设在了那里。士兵则住进了旧法国兵营里。人们欢庆解放的喧闹吸引了士兵。韦斯写道：“（吉姆）迪克森和我找到一扇生锈的旧铁门，可能都没人记得有这么扇门了。门开在一面石墙上，铰链快断了，我们一推就开了。”他们溜出兵营，路过一家面包店，买面包的女人朝他们鼓掌。有个女人把头探出窗户，示意他俩上楼。两个小伙儿以为她会用最直接的方式表达谢意，于是快步上楼来到她门前。屋里还有个满脸倦容、无精打采的男人站在橱柜前，那个橱柜好像就是屋里唯一的一件家具。韦斯在高中学过法语，那个女人会几句英语，他们就这样交谈起来。她给两人倒上白兰地酒，说她和他丈夫等这一天已经等了四年。他的丈夫眼眶湿润了，他举起酒杯，说他一直坚信美军会来的。韦斯和迪克森喝完杯中酒，出去寻找别的庆祝活动。

两个美国小伙儿想买自行车，可商店的店主坚持要借给他们用，不收钱。店主说德国人向来只管拿，既不归还，也不给钱。韦斯和迪克森骑着自行车从一家咖啡馆到另一家咖啡馆，不管到哪儿，人们都请他们喝酒，向他们表示感谢。日落时分，他们还了自行车，走在这座被篝火和焰火照亮的城里。韦斯回忆说 :“男男女女手挽着手，唱着《马赛曲》，喝着香槟。”他和迪克森喝着酒，和兴高采烈的姑娘互相亲吻，有时亲的“姑娘”并不年轻。他们新交的法国朋友留他们直到黎明，两位解放者躺在加油站外的地上睡着了。

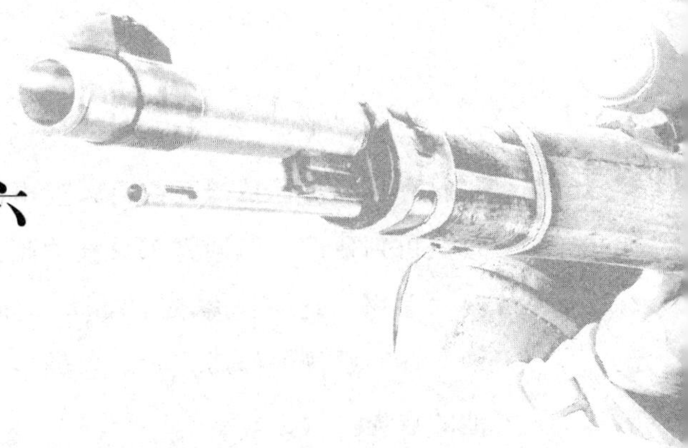

十六

每支队伍里都有那么几个人不知恐惧为何物——他们是少数，但他们并不是正常人。

《战士心理学》，第 304 页

192 高地战结束后，第 38 团第 2 营指挥连的一名年轻的替补中尉精神崩溃了。当时已晋升为下士的艾尔弗雷德 · T. 怀特黑德对他并未表示同情。他领着浑身发抖的中尉去见指挥官，中尉参军以前是高中老师。怀特黑德说："我整天都在做他的工作，可他却只知道哭，像个孩子。我也害怕，但我这不还在打仗吗？"中尉被调走了，不用问，他被送到后方的精神病治疗中心去了。怀特黑德参军前就是个狠角色，后来变得越来越冷酷。

刚当上下士的怀特黑德在 192 高地战中受了两处伤，一处在左腿，一处在左手。他在回忆录中写道，他的左手被德军的刺刀划破，而救助站的医疗记录显示他的双手都接受过治疗。救助站的帐篷里挤满了伤员，有的人伤势非常严重，相比之下怀特黑德的腿被弹片划伤算轻伤了。他还看见了一些缺胳膊少腿的士兵，于是他决定自己用磺胺粉擦擦伤口，然后离开了帐篷。有时他手上的伤口流出的血浸透了绷带，他每天都会给伤口换药。在后来的几天里，罗马时期的圣洛古城在一场战役中被彻底摧毁，怀特黑德和他的小队是预备队，没有直接参战。有了这几天的休息，他身上的伤愈合了，可心里的伤就不得而知了。

第38团下一个目标是圣让代拜圣村。又得穿越有德军机枪把守的灌木林和牧场。怀特黑德说有天夜里他站岗时睡着了。这其实是重罪，依据军法可判死刑，但通常都只被关监禁。睡着的哨兵不仅很容易死在德军侦察兵手里，还会连累整支部队。怀特黑德的长官叫醒了他，但没有告发他。怀特黑德说他后来碰巧遇到了一名睡着的德军哨兵，他用绞索勒断了他的喉咙。

谈到怀特黑德的小分队所处的状态，他在回忆录中说：寻找食物时，他们偶尔会打死别人养的牛，偷农民的鸡蛋，或者摘别人的苹果。有回吃了没有熟的苹果还闹了肚子。他还记得，“死人的气味，布满弹坑的路面上躺着美军和德军士兵的尸体——肿胀发黑，开始腐烂，爬满了蠕动的蛆虫。”他偶尔会夸大自己的军功，其实他在战争中并没有特别英勇之举。没有什么爱国热情，什么打倒纳粹暴政，什么上下一心，浴血奋战。怀特黑德的战争是一次艰难的旅程，踏过雷区，上山下山，穿越遍布人类残躯和机器碎片的田野。

投降的德军经常举着双手，喊着“投降”。面对他们，怀特黑德的回应是：“投降？去你妈的！害我一路出生入死，打到这儿，你们才举着双手出来投降。真不要脸！”怀特黑德的的职责是把战俘移交宪兵，他又说：“战士跟别人不同，他们没有互相宽容的热切渴望，不懂得饶人处且饶人。他们只会打得你血流如注，手起枪响，眼都不眨一下。”在一座被炸毁的大桥旁，两名德军士兵向怀特黑德投降。他递给两人两支烟，这其实是怀特黑德的计谋。他向俘虏示好，再放他们回去劝降他们的战友。两人回来时，带回了40名投降的士兵。

并非只有德军士兵做好了投降准备。怀特黑德随身带着一块干净的白手帕，当他陷入绝境时，也准备挥舞那块白手帕。

8月15日上午9点，第2师进驻坦什布赖城。怀特黑德第一次和自由法国的游击队员打交道。游击队员为他们提供德军据点的情报。坦什布赖战役战况惨烈，持续了将近一整天。许多平民躲在自己家中。怀特黑德回忆说：

> 我们在清剿德军时杀死了好几户平民，但那纯属意外：往地窖里扔手榴弹时，根本来不及问清楚地窖里藏着什么人。真是一次可怕的经历。有时会有胳膊炸断的小女孩、小伙子跑出来，歇斯底里地哭喊着，声音里全是恐惧。

第2师指挥官沃尔特·梅尔维尔·罗伯逊少将说，德军在坦什布赖的防御“很不协调，没有尽全力……”下午4点半，德军缴械投降。第2营迅速占领这座城的制高点248高地，接着听到了无线电台传来的消息，就在当天上午，盟军在法国南部登陆。德军不得不抽调兵力赶赴另一个战场，第2师的战士对在南边奋战的盟友心存感激。没过多久，英军派了一个营的兵力接管了第2师的位置。罗伯逊少将写道：“至此，第2师在诺曼底的最后一个目标也被我军牢牢掌控。”

从第二天早上起，第2师的战士获得两天的休息。在这之前他们已经连续奋战70天了，所以都很珍惜得来不易的假期。不幸的是他们休息的地方紧挨着炮兵阵地，睡不踏实。

8月18日，第2师的士兵乘卡车离开诺曼底，前往布列塔尼。车行驶在布列塔尼半岛的乡间，乔治·S.巴顿将军的装甲师早已征服了这片土地，怀特黑德下士对他崇拜不已。“只将火力对准小片的关键位置，如道路枢纽和火车站，不必惊扰别的区域。”在一个十字路口，怀特黑德下士见到了巴顿将军本人。将军在北爱尔兰对第2师的那番鼓舞人心的演讲仿佛还在耳边。怀特黑德看见巴顿将军站在他的吉普车里，正大声训斥一名美军坦克指挥官。

巴顿问道：“你回来干什么？”

坦克兵回答：“我们的炮弹打光了，长官。”

“去你妈的！”将军吼道，“滚回去，碾死那帮兔崽子。他们又不知道你炮弹打光了。”

车队载着第2师横穿布列塔尼半岛，到达大西洋沿岸的布列斯特港。路上每经过一座城，一个小镇，总有成群结队的居民夹道欢迎这群解放者。怀特黑德说：“法国人围着我们的吉普车、卡车和坦克，他们眼中噙着泪水，高声呼喊着，和我们拥抱亲吻。送给我们的酒、水果、鸡蛋多如雨点。”他走进一间农舍，屋里的农民穿着木鞋，让他回想起他光脚的童年。农民一家接过怀特黑德递给他们的K口粮，他们把K口粮做成一顿还像那么回事的晚餐，就着苹果酒吃了起来。离开农舍后，怀特黑德心想：“在异国他乡，我只是个陌生人，可我比在家乡还受人欢迎。”

8月21日，第2师进抵杜拉斯半岛的一处集结地，法国内地军战士为他们提供了敌军情报。第二天，第2师向杜拉斯半岛布列斯特港最南端的154高地发起突袭。官方历史记载：“我们采用了印第安人式的奇袭战术，缓慢爬过山丘周围低矮的灌木丛，包围敌军之后再发动突然袭击。没把灌木丛清除，是敌人的失策。”为了防止惊动敌军，一路上他们都没有动用大炮和迫击炮。第3营强攻山脚下的守军，驱使敌军进入第2营的伏击圈。怀特黑德不怕下层军官，反而一向就很瞧不起他们。他说他看见一名替补中尉瞄准了一名逃跑的德军，却忘了拉开M1步枪的保险栓。那名德国士兵最后死在怀特黑德的0.45口径[1]手枪之下，类似这样的不大可能发生的事迹在他的回忆录中还有很多。他说他的几名战友把一挺缴获的88毫米火炮固定在树上，朝德军的碉堡开炮。他写道：“后来，我们连的指挥官将我喝止，我还差点因此被送上军事法庭。在那之前我让德军吃了不少苦头。”通常来讲，如果把火炮固定在树上开火，后坐力会让开炮者送命。

美军占领154高地时已是深夜，当时德军发起反击，差点夺回指挥部。美军的三个营将他们击退。对154高地的占领为美军攻打下一个目标提供了指挥部。接下来就该攻打布列斯特要塞了。

布列斯特正是1919年威廉·韦斯随第77纽约师登陆的地方，如今成

[1] 指0.45英寸，约合11.43毫米。

了德军潜艇的隐蔽坞和海军中队的大本营。盟军需要这个港口，来运送士兵和装备。8 月 23 日，德军炸毁了布列斯特通往杜拉斯半岛的道路。5 万名德军士兵接到阿道夫 · 希特勒的命令，全副武装，死守布列斯特要塞，直到最后一人战死。

第二卷

从士兵到逃兵

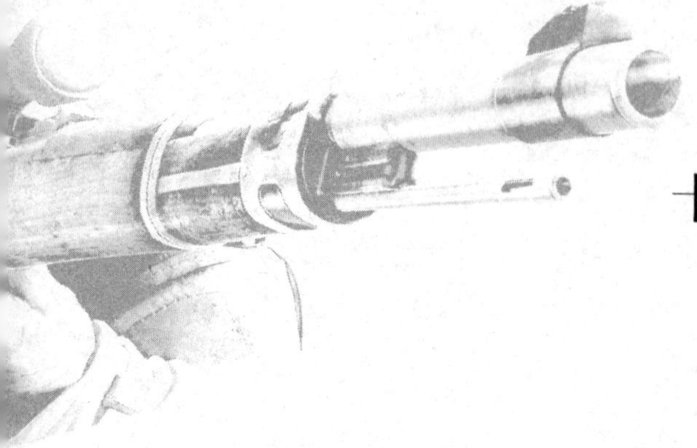

十七

连队指挥官的首要任务之一就是让部下知道自己认识他们每一个人。

《战士心理学》，第 376-377 页

8 月 24 日上午，史蒂夫 · 韦斯和吉姆 · 迪克森一觉醒来，发现自己趟在格勒诺布尔的一家加油站外，昨夜喝醉酒后他俩就倒在地上睡着了。他们打算先在城里吃顿早餐，在别人发现之前从后门溜回兵营。他们搭别人的吉普车回到城中心。

鲍勃 · 赖格尔和另外两个溜出来的士兵坐在一家咖啡馆外，旁边陪着三位姑娘。韦斯和吉米坐下跟他们一起吃了顿早餐，醒醒酒。跟赖格尔一起的一名士兵说他们团已在当天清晨离开了格勒诺布尔——听到这个消息，大家的心情马上变坏——而其实他们已比实际要求出发的时间晚了 12 个小时。（第 143 团接到的命令是在前一天下午 17 点半离开。指挥官保罗 · D. 亚当斯上校对突然离开的命令提出抗议。他说：“是我们攻下了这座城，我们有权放松一下！”抗议被驳回，他极不情愿地率军南下。第 36 师的军报《得州兵》上写道：“第 36 师马上动身，离开格勒诺布尔，就像来时一样匆忙”，根本来不及找回缺勤者。）韦斯和另外四人成了擅离职守的士兵，这项罪名够上军事法庭了，将受到的惩罚是没收武器、弹药、背包、睡袋和口粮。

有人提议马上就走，没准能赶上部队。韦斯说：“好的，但让我们喝完咖啡吃完这块饼。回到连队不知又得多久吃不上这样的早餐了。”吉姆向几位姑娘要了地址，五名士兵离开了，准备迎接西蒙斯上尉的怒火。

算他们运气好，路上一辆半履带车的司机说可以捎他们一程。他们几个挤上车，韦斯抓着车上装的 0.50 口径机枪。司机来自阿拉巴马，他像个拉私活儿的，开着车穿过格勒诺布尔驶向罗讷河谷。急弯和陡坡让车上的乘客怕得要命。开出 45 英里后，车停了一小会儿，五个搭便车的人跳下车，四处找寻 C 连的踪迹。

两名身穿连衣裙的法国姑娘骑着自行车经过。自从有了在那不勒斯的经历之后，韦斯在和异性打交道方面颇有自信。他上前问两位姑娘有没有见到美国兵。一位姑娘说夜里美国兵从她们罗芒村经过，引起了一阵轰动，姑娘还跑出去亲吻美国兵。（当时韦斯还不知道兵不血刃解放罗芒村的正是他所属的团。）韦斯说："我晚到了一天，但你能亲我一下吗？"姑娘握着自行车把手，偏过头在他两边脸上各亲了一下。韦斯说："就是那两个吻打动了我。对我来说战争结束了。我想娶那个姑娘。"韦斯早把 C 连抛诸脑后，他邀请两位姑娘共进野餐。两位姑娘答应了他，还回了一趟小村，去拿面包、香肠、奶酪。赖格尔在她们身后喊道："别忘了拿酒。"他们五个坐在林间草地上等候即将到来的快乐田园生活，6 辆美军吉普开了过来，打破了他们的美梦。头一辆车上坐着他们团的指挥官，保罗·亚当斯上校。五个擅离职守的人无处藏身。亚当斯的车朝前开去，没有停下。他有更紧急的事要处理：与法国抵抗军的长官让 - 皮埃尔·德拉叙·圣 - 热涅斯上校共商联合作战计划。

4 辆吉普车紧随亚当斯上校离去，4 名士兵以为他们不会有事，可最后一辆停了下来。车上的一位年轻的中尉没有起身，他吼道："这儿谁是管事儿的？"赖格尔下士起立，拍了拍衣服。车上的军官喊道："真该死！士兵，听我的口令！"中尉问他们是哪支部队的。见他们既没有枪，也没有头盔，就说他们是逃兵，命令他们上车。赖格尔问要带他们去哪，中尉吼道："你们几个最好老实点！否则以不服从军令论处，送你们上军事法庭。"韦斯很想知道这是哪儿来的狠角色。车开到了第 143 团的指挥部，中尉给西蒙斯上尉打了个电话。

不一会儿，C 连派来一辆吉普车来接他们五个。赖格尔问司机："上尉今天心情怎样？"得到的回答并不乐观："真不好说。他最近对谁都很谨慎。"他们来到 C 连的指挥所，它设在沙伯伊和瓦朗斯之间的一间农舍里。五名士兵向西蒙斯上尉敬礼，上尉却没有还礼。他说："伙计们，站过来点儿。"听见他的声音里"不带威胁"，韦斯心想上尉一点儿也不生气。接着西蒙斯高声训斥道："要是我的部下有人战死，而你们却在法国美女面前扮英雄，我一定会把你们交给军事法庭，按《军法条例》第 107 条，判你们个临阵脱逃罪。我跟你们讲清楚，逃兵会被枪毙。"当时韦斯他们几个都没意识到西蒙斯会对他们网开一面。《军法条例》第 58 条（逃亡）和第 75 条（敌前退却）都适用死刑。西蒙斯还在吓唬他们，他说："没有缓刑，要么一枪送你们下地狱，死得不光彩，要么长期监禁。对你们这些犯错的，只有这条路可走。你们会遭人鄙视，不仅损害了我们连的士气，让战友失望，还让他们承受更多压力。"他扣了几个人的军饷，以补偿他们落在格勒诺布尔兵营的武器装备。韦斯还没弄清《军法条例》哪条是哪条，他只知道"西蒙斯给了他们面子，放了他们一马"。

韦斯向小分队长官哈里·尚克林中士报到，尚克林正和别人一起蹲在一条战壕里。美军的炮兵正在轰击瓦朗斯镇，尚克林说："原来是风流小子归队了！妈的！你们为啥不跟我说想请假呢？"中士骂他们真是"傻帽儿"，但没有惩罚他们。虽然他们几个总爱搞些年轻人的恶作剧，但到目前为止，他们都是好士兵。军队正需要好士兵。

第 143 团在等候命令，他们的指挥官正在指挥部与让 - 皮埃尔·德拉叙·圣 - 热涅斯上校吃饭。亚当斯上校和自由法国策划联合行动，解放瓦朗斯。那里的德国守军关着不少美国和法国战俘。根据第 36 师指挥官达尔奎斯特少将的指示，亚当斯将率领法美联军攻占瓦朗斯，继而南下蒙特利马尔前线。亚当斯和德拉叙·圣 - 热涅斯定下的总攻时刻是晚上 22 点，进攻前先来一轮炮轰。吃完饭，亚当斯回到他的指挥部——一个刚刚攻占下来的机场——开始调兵遣将。

瓦朗斯不是第 7 军的主攻目标，攻打它是为了切断德国第 19 军向蒙特利马尔撤退的路。美军几位指挥官对瓦朗斯的战略位置没有达成一致意见，然而他们已经答应协助法军攻打此处，这意味着他们不会尽全力。官方历史记载："达尔奎斯特（少将）向第 143 团发布了四道互相矛盾的军令——两道是通过无线电台传达，一道通过传令官——当时该团正从高地俯瞰瓦朗斯。下午 16 点他们收到一条错误的指令。直到晚上 19 点，自由法国军加入了他们，他们才动身攻打瓦朗斯……"这个时间比亚当斯上校和德拉叙上校约定的总攻时刻早了三个小时。

自由法国军的阿尔芒中尉侦察了德军在瓦朗斯的防守，他说盟军现有的兵力不足以攻陷此城。他给抵抗军的指挥官保罗·庞斯发信息说："根据我提供的情报，我不懂为什么要发起这样一次进攻，我没看见动过一门火炮。我敢肯定此战必败，但我还是会随美军坦克一起进退。"达尔奎斯特命令亚当斯确保当晚的行动成功："向法国游击队寻求帮助。今天拿下瓦朗斯。"达尔奎斯特还命亚当斯在第二天早上率军前往克雷斯特。克雷斯特是瓦朗斯南 20 英里处的一座小镇，当时已在美军掌控中，在通往蒙特利马尔的路上。即将打响的军事行动是要彻底歼灭德国第 19 军，这意味着亚当斯上校必须在几个小时之内攻占并守住瓦朗斯。

C 连准备从东南方的沙伯伊方向进攻瓦朗斯。日头西斜，有 4 辆 M10 坦克歼击车护送 C 连战士。M10 坦克歼击车虽然看上去像坦克，但其实主要起防御作用。第 143 团把歼击车用于进攻，当装甲车用。（M10 就是在坦克底盘上装上开放的炮塔，装有改造过的 3 英寸舰载炮和 0.50 口径机枪。跟美军的谢尔曼坦克情况相似，M10 比德军的豹式坦克和虎式坦克差远了。）韦斯坐在领头的 M10 歼击车的左侧等候出发时，连队的传令员命令韦斯的小分队上另一辆歼击车。韦斯爬上第二辆车，另一个小分队上了前一辆。C 连在暮色中出发了。坦克歼击车碾碎了狭窄山道两侧的水泥柱，有个倒霉的士兵的脚被轧伤。没过多久，德军用机枪、步枪、手雷开始反击。

跟韦斯交换位置的那个士兵被子弹击中，一头栽倒在地，死了。其他人纷纷躲进道路两侧的水沟里。他们朝德军控制的房屋还击，两名德军士兵冲出房子寻找别的掩护地点。韦斯跳上坦克歼击车，用 0.50 口径机枪朝他们扫射，密集的子弹打得地上尘土飞扬。那几个德军士兵运气不错，他们躲过子弹，逃进了一间农舍。小分队重新集合，朝瓦朗斯进发。这回士兵走在路中央，坦克歼击车在两侧掩护。没走多远，又和德军部署在瓦朗斯外围的守军交火。战斗中两名美军士兵牺牲，他们是列兵隆哥和泰勒。两人都和韦斯一同在布兰丁堡接受过训练。韦斯领着小分队的幸存者走进黑暗之中。一名德军士兵喊道："停下！"又开了两枪。韦斯卧倒在松软的地上。当时的那一幕他还记忆犹新：

> 我倒在地上，等我身后的战友散开组成一道攻击阵形，可没人跟过来。我一个人暴露在外，只好决定放手一搏；我起身拔腿就跑，德军士兵朝我扔了颗手榴弹。幸好我时间算得很准……（德军朝他扔了三颗手榴弹。）每颗手榴弹在我身后爆炸时，我都卧倒了。如果爆炸时我还站着，全身都会中弹。手榴弹爆炸时，碎片从我身上飞过。我毫发无伤地爬进了一条水沟，发现连队的指挥官艾伦·E. 西蒙斯上尉也在里面……

上尉才 31 岁，在夜晚的战场上看起来却像个 60 岁的老头。对于韦斯的死里逃生，西蒙斯没做任何评价。韦斯回忆道："我们的指挥官对我们既不关爱，也不保护。当时我才 18 岁，正需要理解和指导，可什么也没得到。"西蒙斯好像"有点头晕，意志不够坚定，不够自信"。他正在考虑下一步该怎么办，他看着韦斯，命令他："带着你的小分队冲上去。朝瓦朗斯进攻。"西蒙斯上尉没有随着小分队一起进攻。不能身先士卒的将领，也无法在部下面前隐藏自己的本性。韦斯对西蒙斯的厌恶与日俱增。好在西蒙斯不是一个死守规矩的人。韦斯等人在格勒诺布尔擅离职守时，他本可以秉公处理，可他没有惩罚他们。韦斯和不少人都觉得西蒙斯的主要缺陷是他的冷漠，还有交战时经常躲起来。看着西蒙斯中尉躲在一棵树后，背朝着敌人，韦斯心想："朝那边能看到个鬼！祝他屁股中弹！"

哈利·尚克林中士和其他 3 人失踪了，12 人的小分队现在只剩 8 人：韦斯，他的朋友鲍勃·赖格尔下士，列兵谢尔登·韦尔沃斯、塞蒂莫·瓜兰迪和另外 4 人——威廉·斯克鲁比中士，列兵西泽、福西特和加兰。韦斯对斯克鲁比了解太少，只知道他是个农民，来自密苏里州的奇利科西，瓜兰迪以前在伊利诺伊州的皮奥里亚当酒保。而对西泽、福西特和加兰完全不了解。几分钟前他们几个没能掩护他撤退，他不知道是否还能信任他们。尽管如此，韦斯还是肩负起先锋侦察兵的角色，走在小分队最前面，领着他们跟在坦克歼击车后面。歼击车的声音很大，远处的德军肯定听见了。他猜对了。小分队靠近瓦朗斯边缘的博赛特区时，坦克歼击车遭到了反坦克炮的袭击。两辆坦克歼击车和一辆半履带车中弹起火。德军的 88 毫米大炮从林中朝他们开炮，锋利的弹片和树木碎片乱飞。美军士兵急忙寻找掩体。韦斯在回忆录中写道："几秒之内，死了好几个人。伤员的尖叫刺穿了深夜。"德军的闪光弹照亮了战场，以便迫击炮兵寻找目标。我们只好撤退。"

韦斯的小分队猛冲 50 码，来到伯恩河畔的一条灌溉渠边。他们试图隔着水渠眺望战场，可是从燃烧的坦克歼击车上升起的烟太浓，阻挡了他们的视线。受伤的美军和德军士兵在呼喊求救。步枪的枪声渐渐消退，大炮和机关枪的声音却越来越急促。8 个人穿过泥泞的水沟，寻找连队的其他人。他们裤子的膝盖和衣服的肘部都磨破了。韦斯说："我们停下来等了会儿，感觉自己在缓缓陷进淤泥里。机枪的火力射向我们头顶，虽然打不到我们，但也压得我们出不去。我们知道自己已被彻底困住。"

他们在等待战斗结束，过了一会儿，骚动的战场渐渐平息，只剩可怕的寂静。水渠附近不在是交火地点，因为已经落入德军的控制。8 人小分队陷入了敌境。西蒙斯上尉和 C 连其他人都他妈去哪儿了？

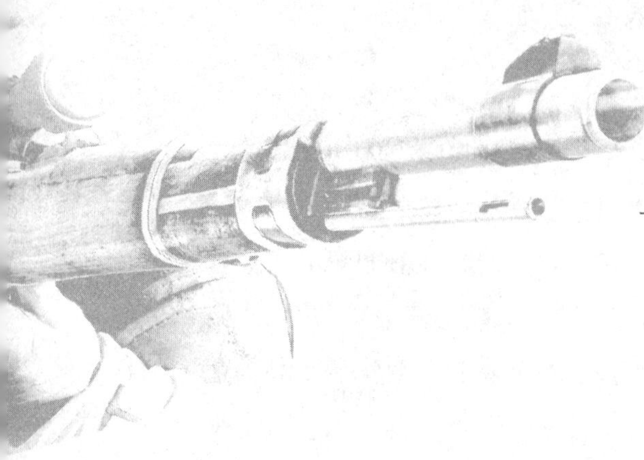

十八

没人愿意上战场，要不是为了维护世界安全，大多数美国士兵宁愿呆在家里。

《战士心理学》，第 344 页

1944 年 8 月 25 日，盟军解放巴黎。在法国南部，美军和自由法国军不敌德军，丢掉了一小片土地。把德军赶出瓦朗斯的军事行动由戴维 · M. 弗雷泽率第 143 团第 1 营打头阵，然而行动惨遭失败。在德军猛烈的火力下，医护兵根本无法接近伤员。结果证明瓦朗斯不值得盟军耗费这么多时间，损失这么多兵力。第 143 团的指挥官保罗 · 亚当斯上校写道 ：“大约在清晨 5 点，我接到撤退的命令，将部队带回克雷斯特。”美国第 7 军在蒙特利马尔集结，企图阻止德军第 19 军撤往罗讷河谷。

8 月 24 日晚上到 25 日凌晨攻打瓦朗斯的行动中止了，官方的报告里说有 68 名美军士兵在这次行动中阵亡。史蒂夫 · 韦斯的 C 连战死 1 人，负伤 20 人，还有 28 人在战斗中失踪。有两个失踪人员后来被证实死亡。人们以为其他失踪者要么被俘，要么牺牲了。但其实至少有 8 人还活着，在瓦朗斯和沙伯伊之间的敌占区，困在一条泥泞的灌溉渠里动弹不得。第 143 团的大部队撤退时，没人通知这 8 个人。

韦斯回忆道 ：“到了清晨时分，天色变亮。我们才确定已被德军包围。”一名德军士兵悠闲地坐在一道石墙上，看着水渠里的几个美国人，枪都懒得开，更别说叫来机枪兵了。过了一会儿，这位德国兵跳下墙头走开了，8 个美国兵虽然心里很纳闷，但也松了一口气。换了别的德国兵肯定会向队友报告他们的位置，然后杀了他们。韦斯说：“我们很清楚，待在那儿，我们要么被杀，要么被俘。”天已大亮，还没等来救兵。“我们非常恼火，因为 C 连抛弃了我们。”他们既无法和兵力占优势的德军抗衡，也无法逃回美军阵营。

瓦朗斯的居民一觉醒来，发现自己被自由法国军和美军抛弃。德军在毁于美军炮火的街上巡逻，押送战俘。上午 9 点，瓦朗斯的警察开始调查前一天晚上的战况。跟大部分法国德占区的警察有所不同，瓦朗斯的警察核心为抵抗军。杰勒德警长派一名志愿者去搜查战场，赶在德军之前找到盟军幸存者。他之所以迅速行动，是因为曾有过丧心病狂的德军士兵枪杀俘虏。年轻的警官路易 · 萨洛蒙家住沙伯伊 296 大街，就在美军和德军交火地点附近，正好派他执行这项任务。

萨洛蒙向关卡处的德军出示了警官证，接着骑自行车前往莱马丁的一片农场。这片土地属于他的朋友加斯东 · 雷诺德，从那里能看清整个战场。两个路口的德军哨兵查过萨洛蒙的证件后放他通过了。快到莱马丁时，萨洛蒙经过几辆烧毁的坦克歼击车和击毁它们的大炮。通过第三道关卡时，一名德军士兵叫他停下自行车，带他去见一名军官。萨洛蒙解释说他有任务在身，要带加斯东 · 雷诺德回警察局问话。德军军官当他是自己人，缓和了下语气说：“夜里那群畜生想进入瓦朗斯。幸好英勇的德军战士击退了他们。”军官吹嘘说他们至少打死了 10 名美国兵，才损失了 1 名德国士兵。聊了几句之后，他才放萨洛蒙通行。

再等下去，灌溉渠里的韦斯等人一定会被俘。威廉 · 斯克鲁比中士环视周围，发现几百码之外有间农舍。农舍要比水沟更隐蔽更安全，他把大家叫到一起，商量换一个地方躲避。大家也都觉得待在原地不是个事，德军迟早会发现他们。当时已经是 11 点半。

斯克鲁比说：“听好了，我先走。要是我能进屋，就把二楼的窗户打开，那就是给你们信号。”要是没看到信号，就表示他被杀或者被俘。计划可行的话，其他人就一个接一个地过去，每隔两分钟走一人。韦斯对这位几乎陌生的中士肃然起敬：“当时我很崇拜他，他很现实，很勇敢。他能认清形势，考虑清楚，再做决策。”斯克鲁比爬到上水渠，看了看前方的情况，然后猛冲过去。他穿过一片开阔的牧场，冲向一个果园，韦斯等人都在小声为他祈祷：“加油，斯克鲁比！加油，斯克鲁比！”一分钟后，中士的身影消失在果树林里。过了几分钟，还是没看见他。农舍二楼也没传来信号。又过了一分钟。斯克鲁比死了吗？被抓了？正在这时，农舍二楼的一扇窗打开了。那就是信号。

每隔两分钟，剩下的人就有一个跳出水渠，朝农舍跑去。轮到韦斯时，他冲进了一片在水沟里看不见的田里。接着一路狂奔，冲向农舍，他感觉背包似乎比以前更重了。八个人都进去后，他们见到了农场主加斯东·雷诺德、他的妻子马德莱娜还有他们 19 岁的女儿克洛代特。一家人向几位美国兵表示感谢。美国兵带来的却是令人失望的消息，他们并不是来解放他们，而是来寻求帮助。雷诺德马上把他们带进谷仓，把他们藏到阁楼里。七个人躲在布满灰尘的闷热的谷仓阁楼，侦察兵韦斯在外边放哨。

韦斯看见一名身穿蓝色警服的警官骑着自行车来到农舍。他连忙趴下，准备瞄准射击。所有士兵都知道法国警察为维希政府卖命，跟德军是一伙儿的。在法国许多地方，他们帮德军抓捕犹太人，还对抵抗军战士严刑拷打。韦斯瞄准了警官的头，随时可以开枪。警官停好自行车，走近农场主，进入了他的射程。韦斯心想，如果开枪打死警官，德军可能会听见枪响。韦斯在回忆录中写道：“此外还有个原因，我还没冷血到随便杀人的地步。”

加斯东·雷诺德向警官打招呼：“你好，路易。”韦斯放下了枪。

路易·萨洛蒙问：“你还好吗，加斯东？”农场主和警官简短地聊了两句，韦斯没听太轻，即使听清了也不会听懂。雷诺德轻声用法语说：“我有个大麻烦要处理。”

萨洛蒙问："什么麻烦？"

"有八个美国兵躲在我的谷仓里。"

萨洛蒙知道这些情报就足够了。他骑上自行车，飞速离开了。加斯东·雷诺德走到韦斯跟前，把他领进屋里，免得被德军看到。当时的情况是这样的："谷仓长约40英尺，宽20英尺，一半地方堆满了干草。斯克鲁比躲在阴暗角落，透过百叶窗上的缝隙注视着外边。其他人躺在干草上休息，身旁放着武器。农场主叫我们尽量别动，保持安静。阁楼很旧了，地板踩上去会嘎吱响。"他们能做的就是一边保持警惕，一边等待。

在瓦朗斯，路易·萨洛蒙向他的长官汇报了美军士兵的事。抵抗军在水晶酒吧的地下室召开了紧急会议，酒吧的老板乔治·瓦莱特是抵抗组织的一员。到会的人警察占一大半，主持会议的是一名自由法国的情报官员，名叫费迪南·莱维，化名米歇尔·费迪南。莱维为抵抗军的情报网工作，还负责联络当地游击队和刚抵达的自由法国军。他制订了一个解救美国兵的计划，他带上路易·萨洛蒙、莫里斯·居永、里夏尔·马东和司机马塞尔·沃勒，乘一辆黑色的雪铁龙前驱轿车前往莱马丁。

农场的谷仓里，斯克鲁比还在透过百叶窗注视着窗外。雷诺德的佣工勒内·克雷斯皮给美国兵提来一桶水。美国兵虽然表面上很感谢他，可心里却感到不安，不知道躲在这儿到底会不会比躲在水渠里更有希望活下去。农场周围静悄悄。无聊让他们更恐惧，他们脑子里浮现出各种灾难性后果。牲畜开始躁动，打破了农场的安静。接着附近传来机关枪的声音，美国兵马上抓紧了步枪。

韦斯的回忆录写道："汽车轮胎在石子路上发出刺耳的吱嘎声。几个陌生人三步并作两步冲上楼梯，用法语喊着：'快上！快上！'我们端着枪，瞄准楼梯入口。刚准备开枪，幸好看清了来人并非德国人。他们跟几小时前骑自行车来的那个人一样，穿着蓝色制服。骑车人也在其中，他大声催促道："快下来！你们必须离开这儿！德国人要来了。他们杀了很多伤兵，还放火烧附近的房子。快走，否则你们会被包围。"

自由法国的情报官费迪南·莱维打开一个牛皮纸包，取出四套蓝色制服，让美国兵套在身上，假扮成法国警察，根据他们的指示分两批离开农场。韦斯自愿留下来第二批撤离。路易·萨洛蒙注意到美国士兵体格太壮，军装穿着不太合身——“军帽太大，头盔又太小，裤子太短”。鲍勃·赖格尔好不容易才挤进这套衣服，抱怨说：“这会露馅儿的。我们个头太大了。”列兵塞蒂莫·瓜兰迪问：“还有更好的注意吗？”他们的裤子扣不上。袖子和裤腿都短。最后第一批的四个人勉强穿上了衣服，快速走下楼梯。

轿车开走了，剩下韦斯、赖格尔、瓜兰迪和韦尔沃斯在原地等待。他们轮番在窗前放哨，看那辆雪铁龙轿车有没有回来。不知为何有种强烈的预感，不好的事情会发生。轿车会回来吗？斯克鲁比等人会安全逃离吗？还是会被送进德军监狱？要是警察不回来，他就会怀疑他们是否还有生存的希望。四个没有重型武器的步兵无法杀出一条血路，农场主也不能藏他们一辈子。瓦朗斯的警察是他们唯一的希望。但他们靠得住吗？

过了大约一个钟头，雪铁龙一路飞驰，进了农场。费迪南·莱维拿着前四个人穿过的制服上了楼。美国兵费了一番工夫穿上了小一号的警察制服。他们把武器装备和口粮藏在了一捆捆干草下面。他们最怕德军找到他们的东西，以此惩罚雷诺德和他的家人。

四个美国兵迅速挤进轿车的后座，费迪南坐在前排。挤在那辆四门轿车里，韦斯只能坐在韦尔沃斯的腿上。轿车开出农场，韦斯对救过他的一家人道别。那时韦斯才想起竟然还没问过那一家人姓甚名谁。加斯东·雷诺德送走了美国兵，就去处理藏在谷仓的武器。他走进田里，把武器埋在了灌溉渠中一条水管下面的淤泥里。

警车开上了大路，往右拐，向西北驶去。可美军的阵线在东南方啊。警察没有送他们去安全的美军大营，而是径直把他们送到了德军占领下的瓦朗斯。

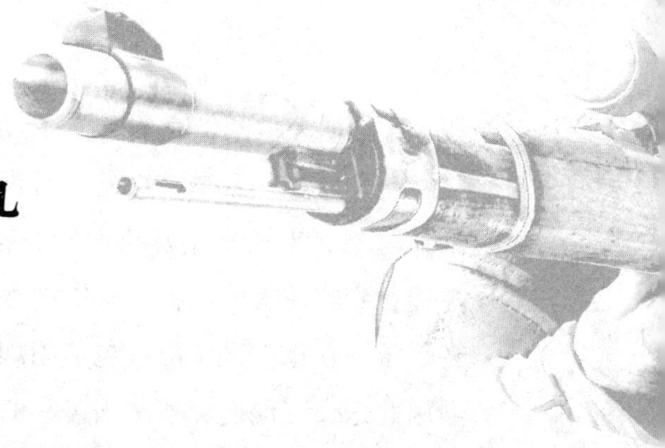

十九

无数人正为开创一个更好的世界而全力以赴，新世界的轮廓已经依稀可辨，这种力量能动用每个可以战斗的人。

《战士心理学》，第 312 页

黑色的警车穿过德军营地，第 143 团本该在昨天攻破这道防线，韦斯纳闷为什么不带他们去美军阵线。他在坐在谢尔登·韦尔沃斯的大腿上，从后座的车窗往外望，他看到一排排战壕、路障、铁丝网、碉堡和装甲车，阵势非常吓人。路边的士兵挥手示意雪铁龙通过德军关卡，驶上铺着鹅卵石的老城区。拿着机关枪的德军士兵成组在城中巡逻，路上的法国居民脸上都带着忿恨。四个美国兵没有武器。韦斯记得："缓缓穿过城区时，德军士兵凑到车窗前望，近得我都能碰到他们。"要不是他们假扮法国警察，德军哨兵一检查就会露馅。

城里的德军士兵看上去都很疲惫，原因很好理解。瓦朗斯已经连续几天遭受空袭和炮轰了。就在几小时前，下午 1 点 15 分，一辆满载硝化甘油的货车在主火车站附近的铁轨上爆炸。炸毁了 280 节火车车厢。破坏者还损毁了八台蒸汽机车，让德军无法使用。爆炸事件引起了一阵恐慌，这些破坏行动更让德军头疼，他们疏忽了从前警察局的盟友可能会背叛。

轿车从一群美军俘虏身边驶过，他们有的双手抱头，有的垂头丧气地坐在地上。韦斯看见德军押着战俘通过一道门，进了一个高墙围住的旧兵营。在街上又开了一段路，一位腰间挂着佩剑的德国军官正一手拿着望远镜，一边研究地图，完全没注意从他身边经过的雪铁龙轿车。

轿车停在一家咖啡馆外，情报官费迪南·莱维下了车。为了感谢他的救命之恩，韦斯把手伸出车窗，把一包美国香烟递到他手中。香烟包装上能看到骆驼牌的商标。莱维把香烟塞进裤兜，混进人群中。韦尔沃斯责备他不该在德占区拿出一包美国烟，这样会暴露他们的身份，他们很可能会因此送命。他们穿着法国警察的衣服，应该会被当成间谍处死。韦斯写道："算我们走运，当时没有德国人经过，"并且周围显然也没有法国伪军。韦斯很后悔自己一时冲动，他说："我当时的表现太业余了。"18 岁的韦斯是个士兵，不是间谍。他感觉自己进入了一个充满"密码、破译、假身份、假姓名、间谍和诡计的世界"。

没过多久，四个美国兵上了出城的路，车沿着罗讷河往南开向郊区。韦斯向外望去，只见连绵的葡萄园和一间间孤立的农舍，在战火中竟有这样一片安静祥和的地方。车在莫布勒附近停了下来，因为有群羊挡在路中间。马塞尔·沃勒摁了几下喇叭，韦斯以为他是想把羊赶出公路。一位老牧羊人走了过来，他拿出一块红手帕做了个擤鼻子的动作。韦斯猜牧羊人是在暗示前面的路很安全。警车拐进一条小路，驶向一栋老房子。

斯克鲁比中士和另外三个士兵正在房子里等他们。他们说他们的旅程差点成为悲剧，路上有几个德军士兵让他们停下，要求警察出示证件。车上的真警察编了点瞎话把他们唬住了，不然要是问美国兵扮演的警察，一问就露馅了，因为他们都不会说法语。当时的情况千钧一发，为了演得真一点，有一名警察不得不下车回家，后来他没有回去接韦斯他们。后来的四名美国兵脱下了蓝色制服，警察给他们每人一把 7.65 毫米口径自动手枪。一刻钟后，一名抵抗军哨兵冲进屋里喊道："盖世太保来了！"

外边的小路上开来一辆黑色雪铁龙，车上坐着几名盖世太保的官员。车灯照向房子，抵抗军士兵带着美国兵冲出后门，向河边奔去。他们滑下河堤，登上两艘老旧的木船。有个叫奥古斯丁·布维耶的船夫，绰号叫丁丁，长着一张典型的抵抗军战士的脸。他头戴黑色贝雷帽，身穿暗黄色外套，一手夹着一支没有过滤嘴的香烟，一手拿着一把老式冲锋枪。抵抗军战士和美国兵挤进简陋的小船，他们便开始拼命划桨。小船穿过一座被美国空军炸毁的桥，“扭曲破碎的桥面横在水里，河岸边立着光秃秃的水泥桥墩，放佛在诉说无声的证言。”他们要越过宽四分之三英里的河面，划到西岸，湍急的河水是一大阻力。德国人的车灯出现在岸边。几名盖世太保跑到河边朝小船开枪。子弹如雨点般打在水面。船夫划得更快了，他们使尽全力，想要划出子弹的射程。小船终于划到对岸，盖世太保也回到了车上。

美国兵跟着法国向导走上河岸，来到平地上的一条路旁。他们眼前有一栋三层楼的房子，一个法国人砸碎了房子外铁门上的锁。大家鱼贯而入，每个美国兵都分到一个房间休息。史蒂夫·韦斯太疲惫了，他连脏衣服和糊满泥巴的靴子都没脱，躺在一张铺着织锦床单的床上，试图入睡。

第二天一早，党卫军造访了莱马丁的农夫加斯东·雷诺德。他们在雷诺德农场的灌溉渠里挖到了美军的武器装备，又搜查了他的房子和谷仓。他们没找到别的东西，一名士兵举起枪对准雷诺德的脑门。问他这些武器怎么来的？美国兵藏在哪？他们严厉地审问了农夫，威胁要烧掉他的农场。党卫军已经烧掉了附近韦尔内和肖韦尔家的农场，还威胁要逮捕他的妻女，雷诺德没有出卖美国兵和抵抗军成员。让他吃惊的是，德国人最后没搞破坏就离开了。

虽然房间有厚厚的窗帘遮住阳光，韦斯却一整天都睡不着。连续好几个小时的紧张涉险让他的肾上腺素分泌过旺，兴奋异常。傍晚，一名抵抗军向导把美国兵带了出去。他们趁着夜色行军，沿着一条小径来到苏瓦永小村。进村时有犬吠，但人们似乎都早已睡下。离开苏瓦永，他们又走了三英里，穿过田野和葡萄园。下一个目的地是圣佩雷。街上空空如也，这儿的 2000 名居民一定都已入睡。在镇中心的广场上，韦斯看见一块一战阵亡将士纪念碑，一战正是他父亲参加过的那场战争。

一行人走进纪念碑对面的诺德旅店。法国人带着大家来到一间昏暗的偏房，房间里摆着一张木头桌子，几把椅子，墙上贴着该地区的地图。五个扛着英军李·恩菲尔德步枪的人走进房间，其中一个用法语跟美国兵打了招呼。韦斯心想他们一定是来欢迎刚解救的盟军士兵，没想到等待他的是严厉的质问。从哪儿来？属于哪支部队？为什么离开部队？韦斯在高中学过一点法语，试图用半生不熟的法语为自己辩解。他指了指地图，想说他们小分队在攻打瓦朗斯时，在 D-68 公路和第 143 团失散。他“简短的、吞吞吐吐的”回答让抵抗军战士很不满意。韦斯写道：“那几个法国人脾气暴躁。当时我都绝望了。”要是抵抗军以为他们是德军假扮的美军，他们就死定了。审问了 45 分钟，忽然韦斯发现他们的态度没来由得变好了。他们取来几个酒杯，给美国兵每人倒了一杯罗讷当地的红酒。法国人和美国人结成了战友，一起干了一杯酒。

法国侦察兵报道说德国第 19 军的士兵渡过了罗讷河，正朝圣佩雷方向逼近，寻找撤退路线。地方长官找来卡车和汽车，送美国兵和抵抗军去北方安全的高地。由于当地缺少汽油，他们用的是煤气装置——烧用木头碎片做成的炭，韦斯觉得闻起来像温暖的火炉。就靠这种低马力的引擎，车在陡峭的山路上开了 15 英里，爬到海拔 1800 英尺的山地。

车队来到阿尔卑斯山上的一座名叫阿尔布西埃的小镇，停在昏暗的街上。对于那个夜晚，韦斯有非常清晰的记忆：“在一间乡村旅馆的大门旁有个男人在等候我们，在电灯的光线下，只见他穿着马裤和黑色马靴，敞开衬衣的前襟。”那个法国人扔掉手中的烟头，他伸出左手，一边跟美国兵握手，一边介绍自己说：“你好，我叫奥热。”

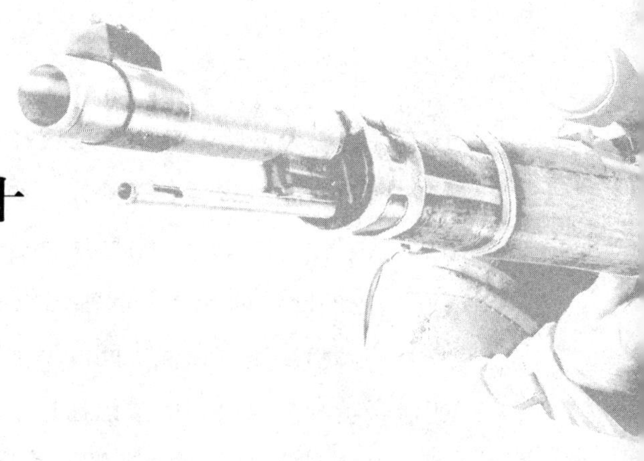

二十

普通市民还不习惯死亡的惨状和血腥的气味，他们天生害怕这些东西。

《战士心理学》，第 348 页

8 月 27 日晨，八名美国兵在阿尔布西埃的塞尔旅馆享用了一顿不错的早餐，有白咖啡、热面包，还有新鲜的黄油和果酱。餐厅非常舒适，在大桌上用餐的其他客人向美国兵问好。大部分客人都来这儿躲避纳粹的追杀，其中有逃离巴黎的法国犹太人，不逃走就会被关进波兰的死亡集中营。旅馆主人奥黛特 · 塞尔尽心尽力照顾客人，她去村子里收购蔬菜和鸡，下厨房巡视厨师准备饭菜，允许客人赊账，哪怕他们在巴黎的银行账户已被冻结。旅馆的员工包括两位侍女，埃莉斯和西蒙娜，她们年龄比韦斯大不了多少。从住进旅馆的第一天起，韦斯就很感激塞尔一家人不顾危险，收留大家："他们提供庇护，在收费方面也很大方。对于我们而言，能够躲过死亡和被俘的命运已经非常幸运了。"

这家偏僻的旅馆里住着各种古怪的客人，他们像是阿加莎 · 克里斯蒂的侦探小说里的人物，让韦斯为之着迷。有个快 40 岁的法国女人，总安静地坐在角落里织毛衣，她让韦斯想起了狄更斯笔下的德法尔热夫人。韦斯本人对一位 20 岁出头的姑娘更感兴趣，她"身材苗条，头发染成红色，很少说话"。他发现她像戏剧中的人物一样迷人，但他没有勇气接近她。

还有穿着讲究的哈斯先生，他曾在第一次世界大战中跟韦斯的父亲一样为协约国而战。1940 年德军夺走了犹太人的土地，让他们失业，身在巴黎的哈斯丢了银行的工作。韦斯还见过哈斯先生的两个妹妹，两人都“身材高挑”。她们随哈斯先生一起逃出巴黎，其中一位有个 18 岁的儿子，叫让 - 克洛德。哈斯先生在他房间的墙上贴了一张法国的米其林旅游地图。他每天收听英国广播公司的法语播报，再把盟军进攻德军的战况用大头针和细线标注在地图上。瓦朗斯还在德军控制下。再往南，美军和德军陷入鏖战，双方在蒙特利马尔争夺道路河流枢纽。韦斯猜第 36 师应该也在那儿。

8 月 27 日，韦斯在塞尔旅馆与奥热等游击队员打成一片，就在同一天第 36 师打响了生死之战。该师伤亡惨重，第 141 团的一位军官不得不命令艾伯特 · C. 霍姆西中尉迅速召集炊事兵和传令兵组成小分队，去寻找一个德军的秘密据点，那里可能藏着他们的坦克、坦克歼击车或机关枪。霍姆西是名职业军人，1938 年入伍，1942 年 11 月擢升中尉，在意大利曾冒着敌军炮火作战，因“表现优异”获嘉奖。但这一回，他违抗了军令。他说带领未经战阵的后方梯队上战场不仅会全军覆没，还不能完成任务。后来他说：“我觉得带这些人去侦察一点用也没有，他们对战场了解太少，肯定会死。”有两名炊事兵遇到敌军炮击，跑回了霍姆西的指挥所。一人说：“中尉，我们没法去侦察。我们不会用反坦克炮之类的武器。”当时不少有经验的战士死在德军手中。霍姆西的抗命救了几条性命，但威廉 · A. 伯德立马解任了他，并根据《军法条例》第 75 条以“敌前退却”的罪名将他逮捕。这项罪名对在战斗中违抗命令和逃亡者都适用，可以对其处以死刑。

韦斯离第 36 师非常遥远，指挥、补给和军纪的问题都烦不到他。他的命运走向新的转折点。八名美国兵现在成了法国抵抗组织的一分子，和几十名山地战士一起听命于神秘的独臂人奥热。“奥热”这个词的意思是“钻头”，在木头和石头上打洞都得用它，其实它是弗朗索瓦 · 比诺什上尉的代号。31 岁的比诺什是法国抵抗运动的传奇人物。1940 年 6 月法国沦陷时，德军曾俘获了法国外籍军团的比诺什中尉。7月底，他从南锡附近的战俘营越狱，一个月后逃到法属摩洛哥，在卡萨布兰卡重归外籍军团。由于同情戴高乐，他被维希政府的军官逮捕，先后被关押到北非和法国维希区的克莱蒙费朗。他被指控通敌，但由于缺乏他勾结大不列颠的证据，军事法庭判他无罪。后来他加入了地下抵抗组织。1944年7月5日，差不多是美军士兵来到阿尔布西埃的两个月前，比诺什在代赛盖村附近的战斗中失去了右胳膊。本来长得就帅，又没了右臂，没人认不出他来，因此"奥热"这个化名已经失去了意义。

史蒂夫·韦斯的潜意识在寻找一位代理父亲，营里不管是西蒙斯上尉还是任何一位军官都不符合他的需求，只有比诺什上尉让他着迷。在美国兵中，比诺什也最信任韦斯，吃饭时总叫韦斯坐在他身旁。韦斯跟这位老军官学了不少法语，两人彼此信任。韦斯说："我崇拜比诺什，虽然当时没说出口，但我的确是把他当作父亲一样的人物，我想接近他。"其实韦斯也没多少选择。他和其他七名美国兵没法与60英里外的第36师汇合。只有加入法国抵抗军一条路可走。

一位游击队侦察兵向比诺什汇报说附近有德军士兵在寻找渡过罗讷河的撤退路线。比诺什决定炸毁离阿尔布西埃两英里的一座桥，阻止德军过河。他请美国兵协助他。天黑时，一辆卡车载着8名美国兵和12名法国抵抗军士兵来到桥上。斯克鲁比中士和赖格尔下士掩护法国工程兵把炸药埋在桥下。韦斯和其他队员举着老式的李·恩菲尔德步枪守在桥的南边，防止德军靠近。

工程兵装好炸药，大家重新集合。起爆器已经准备好，按下起爆器的特权交给了只有一只手的比诺什上尉。韦斯写道："爆炸照亮了8月的夜空，爆炸声回荡在险峻的山谷。水泥桥面的碎片被炸上天，接着呼啸着坠入深渊。"德军撤退的另一条道被切断了。

比起冲锋陷阵的步兵生涯，史蒂夫·韦斯更喜欢隐蔽的游击战。加入抵抗军让他有了更多自主权，还让他在晚上有张床可以安眠。这样的生活对于普通步兵而言简直是一种奢侈，步兵必须服从命令，在敌军的火力之下睡在户外是家常便饭。韦斯永远不会像信任比诺什一样信任西蒙斯上尉。比诺什认识每一位部下，不仅知道他们的名字，还知道他们家人的名字。他永远不会拿部下的性命去冒险，而且经常与他们并肩作战。

只有那么一次，比诺什没有到场。阿尔布西埃是被抵抗军解放的几个村子之一。解放之后是清洗运动，也就是清除曾经投靠纳粹的法国人。这些人中也有年轻的“女通敌者”，她们跟德军士兵睡过。在法国解放区对女通敌者有种特有的惩罚仪式，是这个国家不光彩的一面：在大庭广众之下剃光她们的头发，扒光衣服，先是鞭刑，再是游街。女子只要受到这项指控，都要遭受暴民的惩罚。甚至出现过追求者表白被拒之后恼羞成怒诬告姑娘，而使姑娘蒙受不白之冤的荒唐事。许多参与此类私刑的人其实自己也在某种程度上与德军勾结。（在德军占领下，有的法国人向纳粹出卖抵抗军同胞、犹太人、罗马人、共济会成员，还有人从事黑市买卖。解放后，告密者摇身一变声称自己从来就是抵抗运动的支持者。）有几次审判值得一提。

韦斯没有经历过法国解放区的清洗运动，因为第 36 步兵师所向披靡，解放一城又迅速攻打另一城，错过了后来私设公堂的闹剧。韦斯离开格勒诺布尔后没过几天，哥伦比亚广播公司的随军记者埃里克 · 塞瓦赖德目睹了六名“米利斯”分子的死刑，米利斯是维希法国的秘密警察，就像纳粹的盖世太保。米利斯组织的手段比德国榜样还要残忍，不知有多少法国男女死在他们的刑讯室里。几百名格勒诺布尔市民前来围观，人们喊叫着血债血偿。行刑队履行完职责之后，几个小伙子上前朝尸体吐唾沫，人们放声大笑。塞瓦赖德写道：“他们是暴民吗？格勒诺布尔人在此地安家乐业，去教堂做礼拜，以当地优秀的大学为傲，他们从没干过伤天害理的事。他们做了什么，为什么那么做，有那么重要吗？”塞瓦赖德没有给出答案，而且当法国民众以自己的方式制裁罪人时，许多美国军官都会睁一只眼闭一只眼。

很快阿尔布西埃迎来了清洗运动，一天两名游击队员押着一个年轻人进了村。韦斯和几个抵抗军战友站在一家咖啡馆外，看见那个犯人“中等身高，中等身材，穿一件卡其色短袖衬衫，敞着领口，卡其色的短裤口袋很深，腰间围着黑色腰带，白袜子，黑皮鞋。他的双手双腿都被铁链锁住。”一名年长的抵抗军战士邀请韦斯作为行刑队的一员，送那个小伙子上路。韦斯问：“那小子是谁？”老兵说他是个叛徒。

韦斯想解释美国人信奉的那套“陪审团审判，公正执法，正当程序和法律面前人人平等”。可惜他懂的法语太少。他问这个人有没有经过审判。抵抗军老兵说米利斯分子不配受审，还再三要求韦斯参与执行死刑，态度很坚决。韦斯说：“要是比诺什想让我执行，他可以亲口跟我说。”说完就走了，但他也没有去找比诺什要求举行一次公正的审判。他在回忆录中对自己的犹豫表示后悔：“我对自己说，身为一个美国人，法国罪人的死活与我无关。”

村里人和抵抗军战士聚在咖啡馆外的小广场，死刑在下午两点举行。炸过桥打过德国鬼子的比诺什上尉没有在广场上露面。宪兵队的费迪南·马太少校负责这件事。韦斯写道：“他是个短小精悍、身体健硕的人，身穿蓝色警服，腰间别着一把比利时造的 0.45 口径手枪。我觉得他长得很像法国电影明星让·迦本。”马太让行刑队集合，“从人群中挤出几个人，有的赶紧把手中的半杯酒递给身边的观众，然后排成一排。”行刑人和观众都喝了不少酒。

广场突然变得鸦雀无声，只有那个米利斯成员的鞋和两名警卫的靴子踩在鹅卵石地面的声音。警卫让犯人背靠一面高高的石墙，马太少校对死刑犯说可以为他用布条遮住眼睛，却遭到了不屑的拒绝。又问他有没有遗言，小伙子摇了摇头，面对一群对他恨之入骨的人，他无话可说。马太回到行刑队身边，命令他们给枪上膛。人群在后面看得入神。行刑队举起枪，瞄准，马太少校一声令下，枪响了。有的子弹射穿小伙子的胸膛，有的打在他身后的墙上。小伙子在地上跪了几秒，倒向一边。他在地上扭动了几下，显然这一轮齐射并没有结果他的性命。马太少校走上前去，瞧了一眼这具流血的躯体，掏出手枪。韦斯是这样描述这一幕的："他俯身打量着这个人，然后瞄准他的头扣动了扳机，枪却没响，只有听见咔哒一声；他再次瞄准，扣动扳机，枪还是没响。周围很安静，放佛方圆一英里内都能听见那咔哒一声。"倒在地上的小伙子还有呼吸。曾邀请韦斯加入行刑队的那位老兵跑上前去，把步枪对准米利斯成员的耳朵开了一枪。颅骨的碎片飞得到处都是，那具躯体再也不动弹了。

傍晚时分，韦斯独自走在阿尔布西埃的街上。不巧看到了那个死刑犯的尸体，只见他扭成一团，浑身是血，被扔在一辆马车后面的干草堆上。他的鞋不见了。整个死刑的过程让韦斯觉得"既草率又恶心"。他希望不再遇到这样的事。

韦斯直到第二天才看到比诺什上尉。美军的飞机投下了一些新式武器，比诺什请八名美国兵教他的人如何使用。比诺什把美国兵和 10 个法国学徒带到村子外的一个废弃的农场，在这儿训练使用反坦克炮、重机枪和游击队得到的其他新式武器。第一个项目是反坦克炮，这种武器像一根扛在肩上的炮管，能把半磅重的火箭弹射向 300 英尺外的目标。韦斯记得"斯克鲁比简单介绍了下，说这是专门对付坦克的武器，其实不常用"。

列兵塞蒂莫·瓜兰迪扛起一柄反坦克炮，示范如何操作。赖格尔下士从炮管后面填入一枚炮弹。瓜兰迪把 60 英尺外的废弃农舍当做靶子，朝它射了一发。炮弹没打中农舍，擦着屋顶飞过，几秒钟后在屋后的草地上爆炸。法国学徒看得目瞪口呆。爆炸声过后一名愤怒的牧民不知从哪儿冒了出来，他破口大骂，叫美国兵不要误伤他的牲口。懊恼的美国"专家"把武器交给一名法国抵抗军战士，让他试试。他按照示范瞄准射击，炮弹直接击穿废弃的农舍，在屋里爆炸了。

接下来轮到列兵韦斯示范如何使用布朗宁 M2.50 口径重机枪。他像瓜兰迪一样没打中目标。可年轻的抵抗军战士射了三轮，每次都击中了房子。韦斯说法国人太聪明了，他都弄不清到底是谁教谁了。两拨人哈哈大笑，韦斯心想游击队员可能“比他们更会打仗”。

回到塞尔旅馆，银行家哈斯先生还在地图上标注盟军的战果。8 月 28 日，马赛和土伦的德军向自由法国投降。一旦工程兵修复两地的港口，物资就会源源不断地流向南部的第 7 军，帮助他们早日和北部艾森豪威尔的部队会师。韦斯看到哈斯先生的细线逐渐扩张，表示盟军解放的土地越来越多。8 月 31 日，瓦朗斯最终落入美军和自由法国军之手，哈斯先生也在地图上及时标注了出来。韦斯还不知道，曾救过他一命的费迪南 · 莱维在这场战役中牺牲了，当时韦斯还送过他一包骆驼牌香烟表示感谢。

抵抗军每天的任务包括为盟军的空投做好地面防护工作，执行任务之余，韦斯鼓起勇气邀请旅馆里的那位红发姑娘一起散步。两人走在乡间，试图用破碎的法语和英语交流。最后两人干脆不说话了，在草地上躺了下来。韦斯记得 :“她双脚蹬着地面，身体紧贴着我，在我耳边低声说 :‘快来吧，亲爱的，快来吧。’”法国姑娘等着 18 岁的美国小伙儿主动一点，可韦斯失去了勇气。正当失望的两人打算放弃，几架英国皇家空军的飞机从他们头顶呼啸而过，朝罗讷河谷中的德军据点发起攻击。空中突袭正好打搅了这次幽会，于是两人回到旅馆各自的房间。

在塞尔一家无微不至的照料下，美国兵、抵抗军战士还有巴黎的难民共进晚餐，其乐融融。韦斯非常喜欢和比诺什还有他的助手保罗 · 瓜绍中尉打交道。瓜绍常说韦斯身上有美国式的天真。两位法国军官都觉得对于酒、女人和战争，韦斯还有太多要学。一天晚上，比诺什心情不错，问韦斯想不想去打几只兔子。在布鲁克林长大的韦斯从没机会打猎，说他也说不好。比诺什邀请他参加第二天早上的“猎兔行动”，韦斯不敢拒绝。他睡在床上一直在想为什么不叫在乡下长大的美国兵斯克鲁比或加兰。

第二天早上，韦斯做好了去打兔子的准备。但有两件事让他大吃一惊。外面有 20 名战士，比诺什不在其列，而且他们的武器是 9 毫米口径斯特恩式轻机枪和李 · 恩菲尔德步枪。韦斯问 :“打兔子也用重武器？”

曾指挥行刑队的费迪南 · 马太少校笑道 :“兔子？亲爱的史蒂芬，德国人就是我们今天要打的‘兔子’。”

本来韦斯就不太信任马太少校，他的笑话更加重了他的疑心。马太处死那位米利斯分子的方式让韦斯感到厌恶，今天又要去打德国人，韦斯宁愿回避一下。马太穿着短袖警服、骑兵靴，戴着警帽。他宣布今天的目标是山谷里的一个农场。线人说有德军士兵藏在那儿。还没出发，马太和其他抵抗军战士就往空中放了几枪，仿佛在提前庆祝胜利。“真是蠢到家了。”韦斯心想，枪声肯定会惊动躲在农场里的德军。要是马太以为游击战就该这么打，韦斯可一点儿也不喜欢。他们列成一队下山，韦斯担心已被惊动的德军肯定准备好防守了。韦斯心里把马太的策略贬得一文不值，“这次行动真和西蒙斯的指挥有的一拼。”

经过一小时的艰难行军，他们来到了山谷。离房子还有 30 码远，中间没有树林等任何遮挡，房子里的守军能把他们看得一清二楚。韦斯发现，“那个农场的防御工事建得很好，我猜有一场硬仗要打了。每扇门窗后面都可能有敌军的火力点。”马太没有派人去屋后拦截可能逃跑的敌军，韦斯后悔没带几枚手榴弹，用来赶跑窗口前的德军士兵。马太一声令下，抵抗军战士冲了上去。只有两三个人火力掩护整支队伍，接着负责掩护的人也冲上前，停住再开火。第一波人冲到前门，把门一脚踢开，边开枪边掩护其他队员冲进房子。第一个房间没人，从屋后面传来叫喊声。三名手无寸铁的法国人高举双手畏怯地走过来。韦斯知道他们可能是通敌者，但还是给了离他最近的那个一根烟。这几个可疑的法国人说德军几分钟前逃跑了。韦斯一点儿也不奇怪，马太的鲁莽行为相当于给德军通风报信，这让他感到气愤。

他们征用了当地居民的一辆车，马太、韦斯和司机在乡间巡视了一番，搜查德军的踪迹。当地农民说德军往东边的罗讷河方向跑了。他们不吃不喝沿着乡间小路往东颠簸了几个小时。直到看到苏瓦永小村的灯火，一天的行动才告一段落。从加斯东 · 雷诺德的农场逃出来的那天，韦斯和他的战友曾从这个小村经过。马太让韦斯给车胎打打气，他和司机一起进了村。韦斯正用手泵给车胎打气，突然传来一声爆炸，巨大的冲击让他撞向车挡泥板。韦斯听见男女的尖叫声，他朝着叫声跑了 60 码，然后“在渐逝的暮光下，目睹了怪异恐怖的一幕”。

一棵大树被连根拔起，倒在路中间。周围倒着几具血肉模糊的尸体，散落着残肢。惊慌的男男女女跑出房子救助伤员。一位身穿黑色罩衫的老妇人请韦斯进她的小木屋。屋子因爆炸受损，里边有个年轻人坐在地上，可能是她儿子。在昏暗的烛光下，韦斯看见他的衣服破了，大腿上鲜血直流。他需要医生、吗啡和绷带。韦斯帮不了他，只好退了出去。

费迪南 · 马太一瘸一拐地走向韦斯，他的肩膀伤得很重。他说他刚刚和一队抵抗军战士还有几名德军俘虏想把横在路中间的大树抬走，忽然引爆了树上的饵雷。炸弹炸死了至少 25 人，既有法国人也有德国人。受伤的人更多。马太渐渐缓了过来，问司机去哪儿了。韦斯说：“我以为他跟你在一起呢。”后来他才知道，司机死了。

韦斯开车把马太、大腿受伤的年轻人等伤员送到医务室。他在爆炸点和医务室之间来回好几趟。在运送重伤的德军俘虏时，一名敌军士兵挣扎着想说些什么。车停在医务室外面等候。韦斯写道：“我们互相注视着对方，坐在狭窄的车里，都为突然降临的灾难所震惊。”德军士兵取出他妻子和孩子的相片。韦斯头一回在德军士兵身上看到一点人性。他很想把自己家人的照片拿给他看，但那些照片都被他留在加斯东 · 雷诺德的农场了。德军士兵直到被送进医务室，还不知道救他一命的美国兵其实是个犹太人。

二十一

要是每个士兵都率性而为——允许他们把衣服乱扔，随地吐痰，随时都能开灯，或者一觉睡到中午——我们的军队会成什么样？

《战士心理学》，第 346 页

白天参加“猎兔行动”，晚上在当救护车司机，回到阿尔布西埃时，韦斯累得筋疲力尽。另外七名美国兵搬出了塞尔旅馆，住进了比诺什上尉征用的小木屋。除了鲍勃·赖格尔，其他战友都睡着了。韦斯向赖格尔讲诉了进攻农舍的鲁莽行动和遇上饵雷的事。赖格尔也有一条新闻告诉韦斯。一名美军战略情报局的军官抵达阿尔布西埃，要招募他们小分队。他们有个行动小组有人负伤，急需补充兵力。韦斯说他宁愿跟抵抗军待在一起。赖格尔争辩说既然大家是美国兵，还是加入美军战略情报局比较好。等大家都睡醒之后，他们说要投票决定。结果有 7 个人同意加入战略情报局，只有韦斯一人要留在抵抗军。韦斯认为他的朋友做了错误的决定。他后来说：“一开始跟随法国人是没有办法，最终还是要重归美军。不然找不到任何理由。”韦斯觉得反正跟着法国人也是在打德国人，他不愿意为了重回美军队伍而离开他最信任的军官。

他们收拾好行装。人们聚在旅馆外为他们送行，其中有塞尔一家，哈斯先生，侍女埃莉斯和西蒙娜，还有差点跟韦斯有过一次艳遇的红发姑娘。比诺什上尉感谢他们为解放法国做出的贡献，韦斯向他道别，感觉就像离开父亲。

司机是一名自由法国空军的飞行员，韦斯觉得，“他开车就像开 P-40 战斗机一样快，在狭窄多弯的路上飞驰。我怀疑我们能否活着抵达目的地。”为了避让三名抵抗军战士，车在一个弯道停住了。法国人看见车上坐着美国兵，就问：“有从布鲁克林来的吗？”韦斯说他就是，法国人从灌木丛中叫来一人。“接着，一个女人朝路边走来，她很迷人，看上去 30 出头，有种欧菲姆剧院头号明星的风韵。她走到车边，用布鲁克林口音跟我们打招呼。”美国兵下车与她攀谈。韦斯递给她一支烟，问道：“你怎么会在这儿？”一颗泪珠从她眼中滑落，她挨个拥抱了这群美国兵。

女人讲述了她的经历。纳粹刚攻入法国时她就在这儿，当时美国还在执行绥靖政策，于是德国人没拿她怎么样。1941 年 11 月美国宣战之后，她成了敌国来的人。后来美国在本土拘留德国军人，1942 年 9 月，德军也开始把 16 到 65 岁的美国人赶入集中营。她不愿跟别的美国女人一样被关到维泰勒，于是就躲了起来。在法国朋友的帮助下，她在法国东躲西藏。就这样度过了艰难的两年，能跟来自布鲁克林的人说几句家乡话就像回家一样开心。她跟韦斯聊了聊布鲁克林老城区还有“道奇队”的事儿。道别前韦斯送给她两包骆驼香烟。

下一站离阿尔布西埃将近 30 英里，在德福赛特村外的一个农场，是第 2671 特种侦察营 B 连的隐蔽点。该营的代号为“路易莎行动组”，他们把指挥部选在这个高地上的农场，可以看清交火的战场。指挥官有两名，罗伊·里克森中尉和威廉·H. 麦肯齐中尉，他们在大客厅里欢迎了新招募的八名战士。韦斯觉得里克森“虽然是中等身材，但身上每一处都很强壮”。一名叫阿德里安·比勒多的中士躺在沙发上，一条腿上打着石膏。7 月 18 日那天他和队友一起空降法国时摔断了腿。在阿尔代什省像路易莎这样的行动组共有六个，每个行动组又分为两部分。常规分队有一名上尉，3 名中尉，30 名军士。由于伤亡，每支部队的人员组成大大缩水，只能招募美国空军机组人员或者韦斯这种掉队的人。里克森的部下大多来自美国说法语的地区，如路易斯安那、缅因和纽约州北部与加拿大接壤的地方。虽然他们的法语带着北美口音，但与抵抗军和平民交流还是很畅通。他们的名字也都是法语的，如佩尔提埃、布歇、加朗、比勒多、加尼翁、科莱特、洛雷塔、多佐伊斯、丰特内。里克森虽然是英语名，但他来自路易斯安那州的博西尔城。

战略情报局指挥部的氛围跟校园很像，感觉有点像兄弟会。其实韦斯已经阴差阳错地完成了他最初的梦想，即调入心理战部队。心理战部队是战争新闻处在海外的分支机构，最开始其实是战略情报局的一部分。战争初期叫情报员办公室，任务是负责公开和秘密的情报工作。1942 年罗斯福总统把这个机构拆分为战争新闻处和战略情报局两个部门，把战略情报局交给绰号“野蛮比尔”的威廉·多诺万将军掌管。战略情报局在欧洲的有项任务和心理战部队一样：发动德占区的人民同盟军一道反抗德军。目的是为了骚扰德军，切断其沟通，为抵抗军提供武器和后勤支撑。因此韦斯碰巧进了他最初想去的地方，可那时他却一心只想回到抵抗军的比诺什上尉身边。

自从六周前空降法国之后，里克森和麦肯齐中尉的战绩无人能及。与地方医院联络处理好比勒多中士的腿后，里克森和麦肯齐建立了他们的行动指挥部。五天后，他们开始行动，炸断了两座桥。里克森和法国工程兵一起剪断了维维耶市阿维尼翁以北 50 英里处的一座悬索桥，并用 8 枚 20 磅炸弹摧毁了它的地基。工程兵把桥面沉入河中，使其阻塞河道，迫使为德军运送汽油的驳船返航。麦肯齐在维维耶破坏了一座铁路桥。7 月 29 日，路易莎行动组发起了一次突袭，这对于仅有十几个人的行动组而言的确令人震惊，即使有一百名游击队员助阵。他们进攻里昂西北部的沃隆镇，那里有一万名德军守军。他们炸毁了一个油库、几门重炮和德军大部分汽车。此外还杀敌 200 多人。接着用空投下来的 37 毫米反坦克炮伏击往北撤退的德军部队。

8 月 25 日，该营遭遇了一次挫败。他们伏击德军的计划没有成功，游击队提前撤退，他们不得不杀出一条血路。里克森受了“轻伤”，他都没跟新招募的士兵提起受伤的事。8 月 31 日，里克森中尉和两位自由法国军官在绍梅拉克劝降了一名德军军官，他们说他的部队已经陷入了包围。一举劝降 3800 名德军士兵，与之相比他们的兵力其实微乎其微。

韦斯有幸参与了欧洲最成功的游击战，随着他对里克森的了解加深，对他的崇拜也与日俱增，后来大家都管他叫“里克”。里克森中尉用自己的专业作风打动了韦斯，让他觉得当初投靠他们是对的。他觉得“里克跟西蒙斯不同，他用实实在在的军功证明自己是个好指挥官。这正是我需要的”。里克森派韦斯保护无线电操作员弗朗克·洛雷塔中士，掩护他向阿尔及尔发送信息。德军的无线电侦察车在这片区域巡逻，要是他们在洛雷塔的频率上截获信号，并闯入房子，韦斯就是洛雷塔最后的防护。

里克森给大家定下了下一目标：袭击德军第 11 装甲师——德军在法国的精锐部队——当时就在里昂附近。9 月 2 日，盟军解放了这座法国人口第三多的城市。但是德军第 19 军正利用附近的道路撤回德国，第 11 装甲师为第 19 军殿后。里克森估计第 11 师有 50 辆重型坦克、十几辆 M4 中型坦克、四个机械化步兵营和一个装甲炮兵团。

里克森竟打算派十几名战略情报局的伞兵、8 名 C 连步兵和 100 名法国游击队员与德军整整一个装甲师对抗，这让韦斯惊得目瞪口呆。他嘟囔道：“这办不到。我们会全军覆没的。”里克森要么没听见他的话，要么假装没听见，还在和麦肯齐商讨所需武器装备。他们列了一张需求单交给弗朗克·洛雷塔，洛雷塔和韦斯一起上楼发送给阿尔及尔的战略情报局。弗朗克从阁楼里的文件架上取下电台装置，把天线装到屋顶上，把线接好，然后戴上耳机开始给讯息加密。韦斯问他是否相信军方会把里克森要求的装备空投过来。

“信啊，为什么不信？”

韦斯说在他们第 36 师，管后勤补给的中士连一箱“D 口粮巧克力棒”都舍不得给。洛雷塔叫这位年轻人等着看好戏。

三天后的夜里，一架黑色的B-24解放者轰炸机如期从夜空下飞过，里克森派8名C连战士、几名游击队员驾着马车，开着卡车在空投点守好。几十个木箱子和几名伞兵一起落地。有几个降落伞在空中没有打开，因此有几箱货物在地上摔得粉碎。队员把新来的伞兵和物资一起运回指挥部。他们好好吃了一顿，韦斯对军官和部下之间的融洽氛围、人们的乐观情绪和专业素养大加赞赏。感觉跟比诺什中士那儿一样好，不同的是能更便捷地获取物资。他想："这才是我想打的仗，因为有可靠的战友。"

在阿尔代什与路易莎行动组在一起，韦斯始终忙个不停，和队友一起去剪断电话线、电报线，协助里克森中尉去罗讷河上炸桥。作为电报员弗朗克·洛雷塔的护卫，他还得留意德军无线电侦察车的动向。一天有一辆车靠近，停在路边用车上的天线扫描周围的信号。恰好洛雷塔当时没有发送电报，车就开走了。德军正从阿尔代什省撤军，里克森准备带着他的人马去里昂附近会一会第11装甲师。

连续数月的紧张状态之后忽然有一段平静的时光，让韦斯的身体有些不适应。他有些胃疼，一向很能吃的他胃口也变差了。他得了流感和阿米巴痢疾，身体渐渐虚弱。路易莎行动组的约翰·汉布利特医生给他开的药疗效不佳，韦斯因此没有参加袭击第11装甲师的行动。当斯克鲁比中士和C连战士跟随麦肯齐中尉的队伍奔赴里昂，韦斯担心他们会一去不复返。

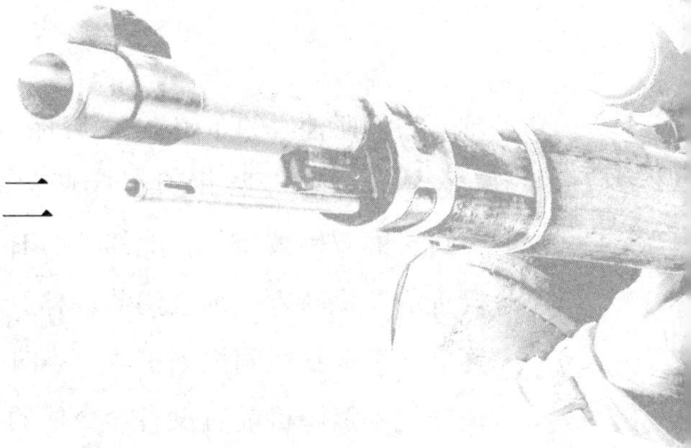

二十二

战斗疲劳能很快消沉战士的斗志。

《战士心理学》，第 293 页

1944 年 9 月，最后一支德军部队撤离德福赛特村。随之而去的还有威廉 · H. 麦肯齐的战略情报局小队和 C 连的七名战士，他们在里昂附近追击德军第 11 装甲师。两天后没有麦肯齐的消息，罗伊 · 里克森中尉关掉了隐蔽点，把钥匙交还给主人，又把装备装上卡车和吉普车。里克森中尉驾车领着剩下的人沿着山路驶向东北方的里昂，生病的史蒂夫 · 韦斯就坐在他旁边。经过阿诺奈村时，里克森停车看望他的一位老朋友，正在此地疗伤的保罗 · 布德罗中尉。布德罗是贝齐行动的指挥官，他被美国空军战斗机的 0.50 口径子弹击中。医生帮他取出子弹，担心手术后感染会导致他截肢。阿尔代什省青霉素短缺，幸好盟军的舰船每天都往马赛运送药品。最近德军撤退，道路安全，里克森派人把他的朋友送到那儿去。

车队接近里昂，9 月 2 日自由法国军解放这座城时，第 36 师正是在这片郊区作战。路易莎行动组住进了努韦尔大酒店，当时有几个战略情报局的其他行动组也住在这儿。后来里克森才知道麦肯齐中尉出了什么事儿。当麦肯齐和 C 连战士抵达里昂时，第 11 装甲师已经撤走。韦斯所担心的那场悲壮的自杀行动根本就没发生。他的 C 连战友和游击队一起在里昂作战，打击藏身屋顶的米利斯狙击手。他们重新回到了第 36 师，刚好赶上围攻布雷斯地区的布尔格。到目前为止，韦斯还没接到归队的命令。

约翰·汉布利特医生让韦斯和一位受伤的飞行员一起坐在酒店里休息。飞行员的双手被烧伤，他驾驶的 B-24 解放者轰炸机被德军的防空炮击中，着火的飞机坠入一片法国的森林。飞行员痛苦难忍，药物也没法缓解他的疼痛。韦斯在房间里坐了 4 个小时，飞行员几乎没怎么说话。后来他开口说他记不清坠机前有没有命令他的七名机组人员跳伞。他很不确定，所以深感自责，进而加重了他的痛苦。其实 B-24 的机组人员都管这种飞机叫“飞翔的棺材”，因为上面只有一道逃生门，且中弹后很容易着火。这并不能减轻飞行员的负罪感。韦斯关上了窗户，他害怕飞行员会跳下去。

弗朗索瓦·比诺什上尉也到了里昂，并请韦斯和阿尔代什游击队员一起吃饭，韦斯欣然答应。他们来到一家简陋的小餐馆，享用了一顿在物资匮乏的战争时期略显奢侈的饭菜。他们喝了罗讷产的葡萄酒助兴。在愉快的交谈中，韦斯了解到他有几名抵抗军战友是共产党员。在阿尔布西埃，他从未考虑过别人的政治背景。如今他们的支持让韦斯心中起疑。后来他向比诺什问及此事，得到的回答是：“没错，我们中间的确有共产党员。这有什么关系？”比诺什认为传统党派也好，共产党也罢，大家本质都是法国战士，应当团结起来抗击侵略者。韦斯提醒比诺什不要信任共产党，在美国人们都这么说。比诺什毫不在意地挥挥手，说：“在这场斗争中，我一点也不关心人的政治信仰。只要他们愿意战斗，现在我真的一点儿也不在乎。”很快比诺什离开了里昂，率领法国第 5 装甲师的一支部队，向德国进军。他的游击队员不属于正规军，所以留在了里昂。

里昂解放后的几周里，社交活动开始复苏，因为盟军和抵抗军士兵找到了更多理由和途径纵情享乐。韦斯参加过美军、英军和法军的聚会。由英、美、法三国士兵组成的特种部队杰德堡行动队在当地一家旅馆举办了一场盛大的聚会。他们不忘为阵亡将士单独摆了一桌酒席，此举让韦斯大为感动。晚上的聚会接近尾声，韦斯看上了一位穿着性感的“姑娘”，情不自禁地亲了“她”一下，结果引得大家哄堂大笑，韦斯才发现他亲的是个男扮女装逗乐的人。

整栋酒店被阿尔代什游击队员占据，他们整整一周都在里边花天酒地，青年士兵韦斯没过多久就重新燃起对异性的爱欲。法国人在大厅里偎红倚翠，韦斯也找了一名妓女。女人比韦斯大十几岁，经验比他丰富得多，在那个战争年代的夜晚，她让韦斯体验到从未有过的愉悦。第二天，两人又在里昂的大街上碰见。女人友好地邀请他一起散步，可韦斯怕被别人瞧见，于是拒绝了她。后来韦斯后悔不该拒绝她的好意。

几天后，里克森的行动组和其他行动组一起转移到格勒诺布尔，韦斯也离开了里昂。这座阿尔卑斯山区的城市是伊泽尔省的首府，8 月 23 日那天韦斯和吉米 · 迪克森在这儿和市民一起欢庆解放。第二次来，韦斯发现这座城已经回到正轨。战略情报局征用了一所女校作为驻地，给每位士兵安排了宿舍。年轻的法国姑娘在餐馆当侍女，重活儿都交给德军战俘。战略情报局与格勒诺布尔的抵抗军取得联系，联手应对即将打响的战役。韦斯期待参加孚日山战役。孚日山是阿尔萨斯平原和阿尔卑斯山之间的一道天然屏障。尽管韦斯跃跃欲试，但他不太确定自己到底是什么身份，是特种部队的一员？还是第 36 师的步兵？

官方文件上写着韦斯在战役中失踪。1944 年 9 月 25 日，战争部给纽约布鲁克林海洋大道 275 号的威廉 · 韦斯拍了封电报。一个月前 C 连失踪的另外七名战士的家人也收到了统一的电报，署名为副参谋长詹姆斯 · 亚历山大 · 尤利奥少校：

> 战争部长委托我向您转达，令郎列兵史蒂芬·J. 韦斯于 8 月 25 日在法国作战时失踪。对此我们深表惋惜，一旦了解到更多细节，或有他的下落，我们一定第一时间通知您。

电报里没说韦斯阵亡了，但接到类似消息的许多人最后都得知他们的儿子、兄弟、父亲牺牲了。威廉 · 韦斯后悔不该在儿子的参军申请表上签字。他回到自己的房间，给战争部写了封信。

尤利奥少校是位 62 岁的职业军人，1942 年当上副参谋长。收到信的第二天，他给威廉·韦斯写了封回信："我们缺乏更多信息和细节，因而越发焦急痛苦。"这样的信尤利奥已经写过几千封了，所以轻车熟路："所以我向您保证，一旦有新的消息，我一定在第一时间向您转达，一刻也不耽误。如果未收到新的消息，我也会在三个月内联系您。"他接着写道：

> 根据以往的经验，许多失踪人员其实成为了战俘。由于战俘的信息是由敌国提供的，所以战争部无法很快获得。为了减轻家属的经济负担，国会通过立法手段继续为失踪人员发放薪饷和津贴。

威廉·韦斯催促战争部提供他儿子的下落，不愿相信儿子死了。五角大楼并不知道史蒂夫·韦斯还活着，正为战略情报局服务。在欧洲失踪的美国士兵太多，军方不可能知道所有人的下落，更何况还有人并不希望被找到。

9 月 27 日，也就是尤利奥少将给威廉·韦斯回信的第二天，列兵韦斯和美国伞兵阿贝·罗克曼一起为赎罪日的仪式做准备。场所选在格勒诺布尔的一所会堂，在德军占领下这里没遭到破坏也算个奇迹。（1942 年 11 月之前，格勒诺布尔在维希政权的控制下。后来轴心国军队占领了维希区，以此回应盟军入侵法属北非。德军占领了大部分地区，把一部分与意大利接壤的法国领土让给意大利占领，其中就包括格勒诺布尔。许多法籍犹太人逃到格勒诺布尔，因为意军不会把他们交给德军。1943 年 9 月，意大利向盟军投降后，纳粹德军和党卫军进驻格勒诺布尔，把当地许多犹太人关进了波兰的死亡集中营。）这次聚会到场的都是从德军的灭绝政策中侥幸逃脱的人。仪式上，法国犹太人分别用意第绪语和法语向美国犹太人表示欢迎。韦斯记得："有位犹太长者把他头贴在我的胸前哭了起来，哭声中既有悲痛，又有一种放松。忽然那时我也感到有些欣慰，我眼中充满泪水。纳粹用尽手段要把犹太人赶尽杀绝，他们失败了，今天活着的犹太人就是证明。”祷告结束时，韦斯和罗克曼停下来跟两位犹太姑娘交谈，两位姑娘都用头巾遮住了光秃秃的头顶。他们不敢问到底是德军剃的，还是法国人把她们当成了德军士兵的情人，然后给她们剃了头。在美国兵看来，法国人和德国人对这些姑娘都太不公平。

9 月底，里克森中尉的行动组引起了美军杂志《扬克》的注意。一位摄影师拍到了特种部队队员的身影，其中就有史蒂夫 · 韦斯，当时他们正在格勒诺布尔等候下一项任务。还有一张是韦斯和战略情报局的战友在格勒诺布尔的一所教堂里唱歌。有人寄了本杂志给布鲁克林的韦斯一家，更让他们确信韦斯还活着。

德军撤军，里克森和战略情报局也随着向东向北移动。韦斯决心在战争中发挥作用，于是跟他们一起行动。他见到了艾尔弗雷德 · T. 考克斯少校。少校毕业于宾夕法尼亚州的理海大学，曾在后备军官训练队接受培训，目前是战略情报局在法国南部的指挥官。里克森已向考克斯表明自己想留用韦斯。韦斯没经历跳伞训练，却自愿跟随战略情报局的战友一起空降敌后，考克斯很欣赏这位年轻人的勇气，于是正式请求第 7 军把韦斯调往战略情报局。第 7 军的一位军官给的答复是：不行。第 36 师急需有战斗经验的步兵，尤其是像韦斯这样的侦察兵，他们想让韦斯尽快归队。后来韦斯回想起来说：“我真该对考克斯少校说：‘不，少校，我不回去！哪怕您叫宪兵来逮捕我。’当时真没想到抗争一下。”因为年轻，他不敢挑战权威，正如他从来没有顶撞过他爸。他从未想过质疑级别比他高的人。曾在两位聪明热心的军官比诺什和里克森手下听令，一想到又要回到西蒙斯上尉身边，韦斯就感到头皮发麻。可服从命令是他的天职，这点他从未怀疑过。

韦斯不愿离开特种部队，第 7 军又的确需要步兵。8 月 25 日，韦斯和七名 C 连战友在瓦朗斯掉队之后，第 36 师几乎每天都在无休止地战斗。第 3 和第 35 步兵师与德国第 19 军在蒙特利马尔激战一周。德军撤离之后，这三支部队又朝东追击。

德军动用了所有的交通工具和道路系统，力求以最快的速度撤离。美军跟在后面，德军不时会借助有利地形发起猝不及防的反击。登上孚日山时，德国守军有居高临下的优势，跟在意大利的情形一样：险峻的山顶不仅有利于打击追兵，还便于隐蔽，能方便地利用天气条件，抵消美军的空中火力优势。随第36师一路征战的老兵还对炎热的意大利战场记忆犹新，他们很难再打一场相似的硬仗。

美军在法国东北部损失的兵力多到来不及补充。1944年，美军在欧洲战场的官方伤亡数字7月是47423人，8月为59196人，9月为30937人，其中70%是步兵。韦斯把这归罪于陆军参谋长乔治·C. 马歇尔将军，他说："是他把军队的规模限制在770万人，还把其中'最精锐'的人手分给空军，把陆军由200个师减为80个师，他把赢得这场战争的责任全都交给75万名在世界各地作战的前线步兵。而我就是其中之一，我的命运跟所有步兵拴在一起。"没有后方兵力补给，没有规律的休整，作战任务全都落在不足总兵力10%的这帮人肩头。只有死亡、负伤、被俘或者逃亡才能让他们得到休息。

军方高层已经认识到，体制的短处对士兵和战局都造成了不利的影响。第80步兵师的指挥官霍勒斯·洛根·麦克布赖德少将与第12集团军的助理参谋长约瑟夫·詹姆斯·奥黑尔上校曾就1944年底士兵阵亡情况有过一番讨论。在1916级的西点军校生中，奥黑尔绰号是"雷德"，麦克布赖德绰号为"麦克"。麦克写道：

> 我认为军队战时的人事制度运行得极不合理，是训练和作战中的部队唯一的巨大障碍。
>
> 补充兵跟弹药、汽油、口粮一样，是一种必不可少的补给，不认识到这一点，不给作战部队配备预备队，问题永远无法解决。战斗的第一天就会出现伤亡，就需要补充兵加入，在现行的体系中，损失的

兵力至少要等三四天才能得到补充。因此一支部队的力量在经历第一天、第二天、第三天的战斗后逐渐减弱，直到趋近为零。此外，为了让这些部队继续作战，不得不在战斗之中增派补充兵。这样做不仅对单个补充兵不公，更无法提高接收补充兵的部队的战斗效率。有时补充兵会在夜晚到小分队和排里报到，第二天黎明前就要开始作战，以至于指挥官都没机会看一看新来的部下长什么样，在战场上都不认识。

正是麦克布赖德在信中强调的补充兵制度使韦斯无法调往战略情报局：“回归以前的部队比什么都重要。”几天后奥黑尔上校给麦克回信，承认兵力补充效率极低，雷德提醒他：

> 现在我们发现步兵的补充兵不够用了，战争部运送的人数完全满足不了所需。举例说，11 月需求的步兵补充兵人数为 25000 人，到期只有 13000 人赶赴战场，剩下的 12000 人将在 12 月抵达。一个月后，12 月的步兵却需要 67000 名补充兵，可战争部说只能提供 30750 名士兵，所以你瞧，需求如此巨大，而供应如此之少，我们被迫采用一些控制手段。

军方命令韦斯归队也许有充分的理由，但他感觉自己是“被当成弹药、汽油或口粮”一样的运往前线的补给品。战略情报局也需要有经验的抵抗军战士和特种部队成员，与 C 连对侦察兵的需求一样迫切，可是官僚机构太不灵活，不会变通，只好优先考虑原始部队的需求。韦斯奉命返回第 36 师时，里克森中尉和他的部下都说失去他真是遗憾。10 月 3 日韦斯满 19 岁，在离开格勒诺布尔的路上他不禁怀疑自己能否活到 20 岁。

一名战略情报局的中士开车送韦斯来到里昂，他在那搭一辆货车前往东。中士建议韦斯在里昂短暂休息一阵，再回前线，说他有朋友在里昂，可以给他安排一间屋子住几天。韦斯在回忆录中写道：“我迟疑了，没有马上给他答复。后来还是勉强接受了他的好意。”

中士的朋友是一对30岁出头的夫妇，名叫龙尼和奥尔加·达昂。他们和九岁的儿子热里住在一所有两间卧室的公寓。当时热里正在乡下的学校寄读。互相介绍过又喝了几杯酒，达昂夫妇同意把热里的房间租给韦斯住几天。韦斯跟这对夫妇熟悉之后，两人向他讲述了他们的故事。1940年6月14日德军攻占巴黎，他们逃到此地避难。奥尔加是英国人，不逃跑就要跟其他英国女子一起被关进孚日省维特尔的194集中营。龙尼更有逃走的理由，他是犹太人。1940年5月22日，法国和德国签订停战协议之后，法国一分为二，分为占领区和非占领区。亨利·菲利浦·贝当领导的维希政府取得了里昂的控制权。犹太人觉得跟德军占领的北方相比，维希政府的领地要稍微安全一些。1942年11月，为了回应盟军攻入法属北非，德军攻占了维希法国的大部分领土，其中就包括里昂。墨索里尼的意大利侵占了与意大利接壤的一部分法国领土。纳粹抵达里昂时，达昂夫妇无处可逃。龙尼·达昂重金贿赂西班牙领事，让他宣称龙尼的公寓为中立的西班牙人所有，不得侵犯。（1940年美国驻巴黎大使馆也发布了类似的声明，保护美国公民的财产不受德军侵犯。在1941年希特勒对美宣战以前，德军还是给了美国面子。）

后来里昂陷入盖世太保头目克劳斯·巴比的恐怖统治中。从1935年起，巴比就是一名狂热的党卫军分子，他四处逮捕犹太人、罗马人、共产党人、同性恋者、共济会成员和可能是抵抗军的人。他凶残成性，曾在1943年将抵抗军领袖让·穆兰折磨致死。里昂的犹太人不得不比法国其他地区的犹太人更加小心。巴比经常亲自动手行刑，他曾在一封信中夸耀自己曾在一家犹太托儿所抓获41名儿童，并把他们弄死。虽然达昂家公寓门上贴着西班牙领事的证明，德军还是搜查了这所公寓，幸好龙尼在几小时前逃走，才躲过一劫。一名多事的盖世太保对他们的儿子热里产生了兴趣。他把小男孩抱到腿上，随口问他上回看到爸爸是什么时候。热里回答说：“大概一周前。”

德军占领里昂后，龙尼·达昂晚上回家，每到清晨就离开。史蒂夫·韦斯在这住时，龙尼带他去了他的藏身之所，离公寓不远，得走过几条街，“街上挤满了手推车、小贩和穿着破烂的公寓住客”。快到地方之前，龙尼请韦斯千万不要告诉奥尔加这个地方。韦斯想知道原因，尤其是如今德军已经撤退，已经没必要小心翼翼。达昂解释说这个地方属于一位年轻的姑娘，名叫洛尔。龙尼说：“你没法在下水道里躲 24 小时，狗找不到你耗子也能找到你。明白了吗？所谓藏身之所，就是一个连家人也不知道的普通场所，一个每天进出不会让邻居起疑心的地方。洛尔给了我这么个地方。”洛尔是龙尼的情人。韦斯记得：“她身材苗条，黑头发，中等身高，有一副地中海地区的人特有的消瘦面庞”。那是一次短暂的拜访，龙尼给了洛尔一些钱。看见两人多么亲近，韦斯忍住内心的说教。他写道：“他俩真的很亲密，一个女人藏匿另一个女人的丈夫，在德军占领时期比这更奇怪的事情都发生过。”

克劳斯·巴比和德军一同撤离后，里昂街头成为米利斯和游击队的战场，法国正规军根本控制不了局面。战斗结束后，犹太人和其他纳粹的目标才不用再躲躲藏藏。整座城市乱成一团——桥梁被炸断，工厂被炸毁，楼房倒塌，食品短缺——城市无法给市民提供生存所需。里昂的那个 10 月像冬天一样冷，而由于缺乏煤炭，几乎没有一栋房子有供暖。

龙尼和奥尔加领韦斯去见了一位遭受精神创伤的女人，她目睹了父亲被盖世太保当街活活打死。女人 30 多岁，惨剧发生在几个月前。龙尼带着韦斯去了医院，来到女人的病床前，希望一位身穿军装的美国兵能使她确信里昂的确已经解放，德军不会再回来了。病房里，女人的亲友、达昂一家和韦斯围在病床前，龙尼向大家介绍了列兵史蒂芬·J. 韦斯。大家安慰女人和她的孩子，说现在终于安全了。女人的丈夫坐在她身旁。韦斯写道：“她双眼无神地看着我，仿佛我并不存在，眼中没有一丝情绪波动，好像也没听懂朋友的话。”龙尼后来告诉韦斯，她的丈夫已经找到了新欢。韦斯感到“一种如陷深渊的悲哀”。

韦斯在达昂夫妇这住了 9 天，他的痢疾、流感和神经紊乱都已痊愈。归队的时候到了。达昂夫妇深表遗憾，请他在战争结束后务必回来找他们。德军正全速撤离法国，他们都认为重逢应该并不遥远。韦斯和龙尼走得很近，把他当成一位老于世故的犹太兄长，而奥尔加的母语是英语，这在韦斯遇见的平民中实属少见。他们让韦斯有回家的感觉。回想起在法国的岁月，韦斯说："虽然是为了生存，但我的确与里昂的那家人结下了不一般的情谊。"

19 岁的韦斯独自离开了里昂，一路搭盟军的顺风车去找第 36 师。连续的大雨打湿了他的衣服和他的行囊。想到即将重新回到西蒙斯上尉手下，回归残酷冷血的步兵战斗生涯，一种强大的恐惧感包围了他。尽管害怕，但他还是踏上了行程。

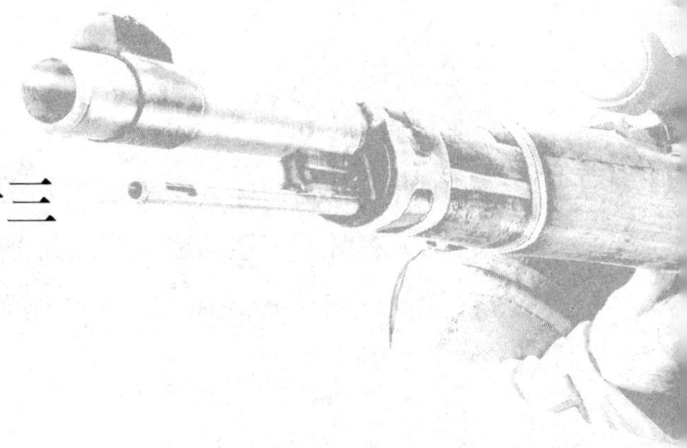

二十三

全军上下组织起来只为一个的目的——战斗。

《战士心理学》，第 325 页

1944 年 9 月底，美国军方发现他们在欧洲战场的军事行动出现了意外情况。美军师团在法国东部与德军激战正酣，后勤人员却和法国犯罪分子勾结起来，掠夺盟军军需物资。这也是一场真枪实弹的战争，一场美军内部手足相残的战争，能否击败纳粹，取决于能否消灭犯罪分子。前线士兵不能没有武器、弹药、口粮、汽油、军靴和军毯。有人甚至离了香烟都活不了。《华盛顿邮报》的一篇封面文章写道：“巴顿的坦克于 9 月进抵齐格菲防线时竟无燃油可用，‘而后方的卡车却停满了香榭丽舍大街，士兵在那卖掉一桶桶汽油和一条条香烟。’”调查过这个问题后，军方承认：

> 法国北部的军用铁路业务对货物的保护很不到位。法国南部专门有宪兵负责保障铁路运输安全。从欧洲作战之处，供给保障就出了大问题，在行动的前五个月，法国北部的问题尤为严重。

随着德军节节败退，盟军开始接管铁路。至 8 月 15 日，整理出一条从瑟堡到勒芒的铁路补给线。到 9 月 1 日，盟军的铁路业务延伸到巴黎，以巴黎为中心的铁路网几乎可以抵达全国各地。每日运送的物资从 7 月的 1520 吨，增长到 9 月的 11834 吨。在饱经战火物资匮乏的法国，出现了如此巨额的财富，又没有足够的宪兵来监管，在德军占领下发迹的黑市商人都盯上了这块肥肉。逃离部队的盟军军官和士兵纷纷与黑帮勾结，榨取前线将士的生命。许多盗贼曾经都是步兵。美军办的杂志《扬克》曾刊文说：

> 许多部队离开巴黎追击德军，逃兵却留在了巴黎，哪儿有黑市和资金，他们就去哪儿，逐渐沦为匪帮。有人在参军前就有过小偷小摸，在军队里一旦看到巨大的诱惑，就选择铤而走险。卖汽油要比卖军粮赚钱得多，所以大部分逃兵都干起这一行。

《扬克》杂志上还说有的前线士兵“会暂时离开前线，回到巴黎的闹市寻求短暂的欢乐，结果在花天酒地中沉迷，不愿归队”。1944 年 9 月，美国宪兵队司令部逮捕了 27 名为巴黎黑市卖命的逃兵。其中有位卡车司机，靠倒卖偷来的汽油赚了 51000 法郎（约 1000 美金）。

宪兵人数严重不够，无法防止大规模盗窃，军队不得不抽调一部分作战队伍去守卫火车、运输队和补给站。士兵跟随货车运货，在火车站巡逻，在补给站站岗。回巴黎站岗就像休假一样广受士兵欢迎。9 月底事态继续恶化，军方又从刚在布列斯特经历 40 天鏖战的士兵中抽调守卫。

布列斯特港毁于美军炮火和德君破坏，无法继续使用。美军攻陷此港之后不久，19 岁的一等列兵哈罗德 · G. 伯克利回到了第 38 步兵团第 2 营。在诺曼底他的肩膀被坦克机枪射出的红磷子弹击中，受伤严重，回英格兰的医院治疗了一段时间。他来到布列斯特附近的圣迪维营地，从第 2 步兵师的士兵口中得知他以前小分队的战友大都已经牺牲。活着的人正在准备前往东边攻打德军的齐格菲防线。但要从他们之中抽出一支幸运营，调往巴黎护卫火车。第 8 集团军的各团通过抓阄决定让第 38 团派出一个营。第 38 团三个营的指挥官再抽一轮签，选出谁去巴黎，谁去攻打德军。结果第2营指挥官杰克·K. 诺里斯上校交了好运。

9月26日，卡车载着大部队奔赴德国，列兵伯克利和下士艾尔弗雷德·T. 怀特黑德则随第2营将士前往巴黎。怀特黑德写道："我想起了死在诺曼底的蒂米霍。他说我能打到巴黎去，而今我正走在去巴黎的路上。"在伯克利和怀特黑德的战争回忆录中，他们都没有提到对方，但其实两人在同一个营，两人都认为在巴黎执勤期间是在法国最快乐的日子。10月1日午夜，他们抵达这座黯然失色的城市。伯克利和G连战友在东郊万塞讷区镇的努沃酒店安顿了下来，而怀特黑德所属的指挥连在查理·弗洛凯大街露营，离埃菲尔铁塔很近。他们下车后直奔酒吧。怀特黑德写道：

> 那儿的人都很友善，我想喝什么就给我什么，还不收钱。但我心里还是有些防备，不敢完全信任他们——我一直记得那两个被砍头的士兵。后来我走回我们的卡车，在卡车底下睡了一夜。

虽然守卫火车的任务比作战要安全得多，但也是一项重要任务。怀特黑德、伯克利和他们的战友对黑市深恶痛绝，因为正是黑市商人夺走了前线战士赖以生存的必需品。他们接到的命令是遇到抢夺军需品的人可以就地枪毙。伯克利的儿子后来记下了他父亲对这段往事的回忆："为黑市卖命的匪帮和逃兵抢夺火车上的货物，有时一列火车抵达前线目的地时竟有95%的货物被掠走。"更让怀特黑德痛恨的是，"不管什么类型的运输车，法国叛徒都不放过。美国士兵之中也有害群之马，他们为强盗行方便，造成前线士兵食物和燃油短缺。"第2营的官方记录上写道："大家都经历过没有香烟，没有干净衣服的日子；如今由他们担任保卫物资的工作，他们会竭尽全力防止浪费和偷窃发生。"

火车慢慢驶向补给站，怀特黑德和伯克利坐在货厢里。每到一站，他们就拿着武器跳出车厢，在铁轨两侧巡逻，阻止盗贼上前。护卫一趟列车往往要好几天，他们就轮流休息。在比利时边界的一个火车站，一名身穿上校军服的人命令他们把几节车厢留下。第2营的一名中士拒绝了他。那位“上校”吼道：“妈的！我的军衔比你高。中士，我命令你把这几节车厢留下！”根据怀特黑德的描述，这位“少校”说完便开始动手分离一节车厢，中士二话不说一枪打死了他。

第2营未公布的资料里记载，指挥连“每天都会在赫赫有名的埃菲尔铁塔下站岗。卫兵的穿着有几分‘可笑’，他们戴着白手套，头盔重新漆过一遍，靴子擦得锃亮，总能吸引许多法国人来围观”。

每到休假，怀特黑德都会喝醉，就跟在得克萨斯州和威斯康星州军训时一样。他是巴黎多家妓院的常客。伯克利则很少饮酒，也不去皮嘉尔附近逛妓院。皮嘉尔是巴黎有名的红灯区，士兵都管这儿叫“皮条街”。谁都没想到认真负责的伯克利后来会成为火车大盗。其实他走上这条路的第一步完全是无心的，有一天他在守卫巴黎的一处补给站。一个法国人走了过来，问他有没有什么东西可卖，伯克利从兜里掏出一罐雨靴上光剂。由于语言不通，两人交流起来不太顺畅。伯克利用手比划，表示这罐东西是涂在某个东西上的。法国人可能误以为是挤在面包上的东西，于是满意地给了他100法郎。另一个人拿来一瓶科尼亚克酒，想找他交换5罐汽油。伯克利给了他五个罐子，其实罐子里装的是兑水的汽油，他没想到法国人的酒瓶里也是兑了水的酒。

一天夜里，伯克利和其他两个士兵溜进了铁路调车场。他们爬上一辆装满皮草披肩的货车，这些皮草都是从前德军四处抢来的。伯克利认为这些皮草无人认领，没有人会惦记，于是三人偷走了好几捆。伯克利把皮草交给了几周前认识的两位年轻姑娘，保莱特和埃莱娜。她们感激地亲了他好几下。伯克利从此开始走歪门邪道，要是被别的火车卫兵知道了，一定会一枪打死他。

艾尔·怀特黑德的守卫工作在仓库和火车之间轮换。有一天，火车停在巴黎郊区的一个小站，他发现有两个打算偷东西的士兵走了过来。一个士兵停下来说："嘿，瞧啊，这列火车上有卫兵。"听到这句话怀特黑德马上举起他的汤普森冲锋枪，对他们说："没错，现在你俩都给我把双手贴在火车上，不然的话我就把你俩打成筛子。赶紧照我说的做，我都快忍不住扣扳机了。"

随着越来越多的军需物资流入黑市，巴黎也变得越发混乱。强盗用偷来的汽油开车四处作案，而在德军占领时期汽车是不准上街的。美国香烟随处可见，卖 1.6 美元一包，比一直很廉价的法国烟还便宜三分之一。10 月 13 日，美国逃兵列兵莫里斯 · 弗雷德里克斯和特纳 · 哈里斯洗劫了蒙马特尔大街的一家咖啡馆，从老板和顾客手中抢走价值 42000 美金的首饰、债卷和现金。这两人一个是白人，一个是黑人，抢劫前的两个月一直住在一家酒店，偷汽油卖钱。还有两名士兵在巴黎的另一家酒店被捕，在他们的房间里搜出了 11000 包香烟。逃兵还与宪兵在街头火拼。

韦德 · 沃纳在巴黎为《华盛顿邮报》写了一篇报道，上面说第 2 营通过努力，"将偷窃行为降低到了可控制的范围内。"他还解释说："偷盗行为曾让前线士兵受苦不浅，结果前线士兵成了火车最好的卫兵。"11 月初，第 2 营在巴黎的平静生活结束了。所有人在巴黎的一个礼堂集合听命。台上的一位上校宣布："在座的人恐怕有一半回不来了。我们要攻破齐格菲防线！"所有人都大吃一惊。哈罗德 · 伯克利小声对朋友说："真想知道是哪一半人回不来。"

艾尔 · 怀特黑德给远在威斯康星的妻子塞尔玛拍了封电报。要是怀特黑德能知道塞尔玛在接到电报时差点以为他阵亡了，一定会觉得很有趣。怀特黑德心想，塞尔玛看完电报一定会长舒一口气："此刻我比任何时候都思念你。爱你的艾尔。"他去了一家照相馆，想照几张照片寄给塞尔玛。从照相馆出来，他看见一群法国人在围观两个人欺负两位年轻姑娘，要把她们头发剃光，就因为她们跟德国人睡过觉。怀特黑德写道："当时我怒不可遏，直接冲进人群，用手枪枪托打跑了那两个法国人，剩下的一群人站在原地惊得目瞪口呆。"

11月10日，怀特黑德的营在蒙帕纳斯火车站登上火车。第二天上午11点，火车还在缓缓驶向东方，同时第2师的炮兵正调转所有大炮轰击德军阵线。迫击炮和小型火炮也在开火，盟军用一轮齐射来纪念一战停战纪念日。这一次，不会有停战协议了。盟军要求德军无条件投降。怀特黑德、伯克利和其他人一路向东，奔赴齐格菲防线，大家都感觉这一回他们要么终结战争，要么终结自己的生命。

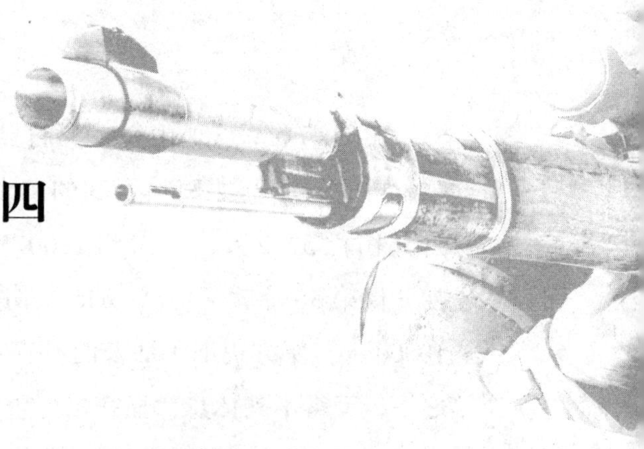

二十四

内部斗争扩大有诸多原因，其中最严重的一个原因是统帅失察。

《战士心理学》，第 326-327 页

从撤离瓦朗斯，也就是史蒂夫·韦斯的小分队失踪的那天起，美军第 36 步兵师遭遇了六周以来最艰难残酷的一战。离开瓦朗斯之后的第二天，他们就和敌军遭遇，在枪林弹雨中度过了胆战心惊的一周。这场后来被称为“蒙特利马尔战斗广场”的战役没有赢家，伤亡惨重的德国第 19 军在 8 月 30 日逃出了美国第 7 军的包围。由于缺少炮弹，第 36 师未能将德军阻截在第 7 号公路。8 月 30 号夜里，第 36 师还在追赶敌军，达尔奎斯特少将打算赶在德军重新集结之前发动进攻。第二天，第 36 师扭转了 8 月 24 日瓦朗斯的败绩。9 月 2 日，第 36 师协助自由法国军攻陷了法国第三大城市里昂。此地在 8 月的登陆点以北，距登陆海岸 260 英里，攻克的时间比龙骑兵行动的原计划提前了两个月。全军因此士气高涨。

尽管遭遇德军的顽强抵抗，得州师一开始还能以惊人的速度步行进军，每天前进 10 英里。9 月 7 日，第 36 师已经渡过卢河，艰难地穿过泥地和森林，抵达杜河河畔。工程兵修复了德军炸断的一架钢桥，士兵和坦克过桥来到东岸，继续追击敌军。9 月 9 日，盟军遭遇了法国几年来最大的一场秋雨。两天后，从里维埃拉登陆的盟军与从诺曼底登陆的部队在勃艮第贸易小镇欧坦以北会师。龙骑兵行动的首要目标实现了，即与艾森豪威尔的部队合兵。

驱使第 7 军从地中海一路打到洛林大区的势头被早秋的暴风雨浇了一盆冷水。参与龙骑兵行动的三个师——第 3、第 36、第 45 师——在 9 月共伤亡 5200 人，只得到 1800 人的兵力补充，还缺 3400 人。到 10 月初，仅第 36 师就又增添 1045 人伤亡，整支部队的兵力由 14306 人骤减至 10000 人。军方仍旧无法及时补充兵力。幸存的士兵处在持续的死亡威胁之下，又得不到休息，显露出严重的疲劳症状。在此时派上前线的新兵通常活不过 5 天，而他们的死又造成兵力缺口。9 月上半月第 36 师每天能前进 10 英里，到了下半月每天却只能推进几码而已，10 月则彻底陷入僵持。

哥伦比亚广播公司的战地记者埃里克·塞瓦赖德写道："到了 10 月，法国东部乌云密布，空气中弥漫着村里的粪味儿，冰冷的雨下个不停，每个人都陷入了无尽的低谷，穿着沾满黄泥的湿衣服艰难前进。"天气变糟，塞瓦赖德察觉到战局也在变化：

> 行军和伙食都大受影响，敌军头一回占有天时之利，并组织起坚实的防线。敌军的物资迅速从第三帝国境内临近的仓库运抵防线，而我军从几百英里外的南方港口运送补给要翻山越岭，耗时费力。时常有挨冻的卡车司机在驾车时睡着，结果翻进沟里，车毁人亡。士兵的脾气变差，交谈中总有漫长的沉默。与法国民众的"蜜月期"结束，双方都开始有所保留。而我们的战士虽然比来自英格兰的大多数人都更有作战经验，但目前的状况让他们回想起意大利的冬天，因而又开始渴望回家。

由于补充不及时，部队不得不在兵力不足的情况下作战，使得新兵老兵的士气都接近崩溃。截止到当时，第 36 师是所有步兵师中获嘉奖的人最多的一支部队，有 226 名军官和 963 名士兵获得荣誉。1944 年 9 月，第 36 师的约翰·E. 达尔奎斯特少将觉察到部队的效率和进取心正在逐渐衰退。他还发现士气在大幅度下降，历来军中将领都知道有个反映士气的指数：临战脱逃者所占的比例。有的人故意伤害自己，有人想方设法染上战壕足等疾病，还有人接令后徘徊不前。达尔奎斯特写道：“前线步兵连在作战时有士兵逃走（每个师有五六十人），掉队现象也一直存在。”军事法庭审判了1963名欧洲战场的逃兵，还有494名“临敌抗命”的人，其中也包括在战斗中逃跑的。特种军事法庭审判的擅离职守的士兵就达6万人之多，还有5834名情节更严重的士兵，被高级军事法庭宣判服平均15年的劳役。达尔奎斯特将逃兵率上升归因为军官和士官损失太多，而替补军官既不了解战场，也不熟悉部下。逃兵现象意味着指挥失当。战争初期，时任陆军检察长的J.A.尤利奥少将写道：“所有军官和士官，尤其是连长，都必须认识到士兵擅离职守反映出将领自身出现了严重问题。必须跟部下建立同袍之谊，树立起责任精神，这才是对擅离职守者最管用的威慑。”

此外达尔奎斯特还有别的发现：去年从意大利亚平宁山脉之冬幸存的士兵“无法忍受在法国山区再打一场冬季战役”。即使是没参加过意大利战役的士兵，到了1944年年底也已经历太多残酷的战斗。一项军方的调查显示：“那些自始至终在法国境内征战的士兵觉得他们的使命已经完成，应当让他们休息一下了。”第7军的第3师和第45师也出现了第36师遇到的问题，军官伤亡过多，士气低落，逃兵增多。第3师的指挥官，外号“铁麦克”的约翰·E.奥丹尼尔也有过抱怨，说他的部队8月登陆法国的那股昂扬斗志已经荡然无存。第45步兵师有一个团仅在一周之内就有45人因“战斗疲劳症”撤下前线。多雨的天气和泥泞的地面引发皮肤病和战壕足病，又没有条件清洗，让事态进一步恶化。士兵被敌军火力压制在散兵坑里，他们自己的粪便堆在坑底。此外，由于从马赛到阿尔卑斯山区这条补给线太长，弹药长期短缺，竟有侦察队遇到德军竟无法开火攻击。士兵把弹药不足的状态称为“一切如常，乱成一团”。

第143团的指挥官保罗·D.亚当斯向达尔奎斯特少将汇报，说他的部下正在遭受身体和精神的双重崩溃，逃离、自残和患战斗衰竭症的人数量激增。军官都担心一旦德军反扑，剩下的士兵可能一触即溃。达尔奎斯特少将觉得以第36师士兵当时的状况，即使他们还有斗志，也因身体太疲惫而无法正常作战。军方官方记录中写道："第36师第143步兵团的指挥官保罗·D.亚当斯（向达尔奎斯特）报告了他的士兵正在遭受身体和精神的双重疲劳，达尔奎斯特少将不得不对（第6集团军司令）卢西恩·特拉斯科特将军说他已经束手无策。"达尔奎斯特认为第143团是一支劲旅，连这支部队的士兵都已接近极限，可想而知第141和142团的士气应该更低。这三个团的大多数步兵自8月15日圣拉斐尔登陆战以来一直都没休息。

亚当斯上校对达尔奎斯特说他的士兵需要休整："给他们放三天假，等他们重返战场时一定能恢复状态，不再有烦恼。请别打扰他们，第一天让他们吃顿好的，睡个好觉，第二天让他们洗个澡，剩下的时间自由活动。他们会准备好的。"第36师要想恢复元气没有别的选择。再说不必要的牺牲和逃亡还会影响突袭孚日山的行动。

战斗疲劳症的受害者并非只有士兵。10月初，德军在勒米尔蒙袭击亚当斯上校的第1营，亚当斯和戴维·M.弗雷德中校率预备连击退了敌军。增派防守兵力之后，亚当斯和弗雷泽开着一辆敞篷吉普回大本营。弗雷泽竟然在谈话时说着说着就睡着了，亚当斯假装没看见。他认为弗雷泽"是个精英，是位最好的营长"。第二天一早，弗雷泽宣布："我辞职的时候到了，因为我已经不再适合带兵。"亚当斯劝他好好休息，可弗雷泽坚持说他很疲劳，不再适合指挥作战。亚当斯知道弗雷泽绝不是胆怯。在意大利和德军打仗时，他的半只手掌都被炸没了。在北非的一家医院养伤时，他从医院溜回部队，率领他的营攻入法国。弗雷泽的坚强和正直从未有人怀疑。亚当斯解任了他，但还是把他留在团里做参谋长。

意识到将士的疲劳程度之深，亚当斯向达尔奎斯特少将申请开辟休养营地。达尔奎斯特批准了这项请求，于是在10月初，第36师的第一个康乐中心在离勒米尔蒙10英里的度假胜地普隆别尔莱班开张。一个月后，第36师又在班莱班建了第二个休养营地。来这两个营地的士兵会服用催眠药，睡上至少一天。能洗淋浴，换上干净的军装，吃上热腾腾的饭菜。此外还有娱乐活动，有军医和随军牧师为他们服务。休整三天后返回阵地。去过休养营地的士兵状态都大有好转，问题是这样的地方太少，完全不够为前线的广大将士服务。

第 36 师的弹药、汽油、口粮、毯子和冬衣都极为紧缺，而最紧缺的是士兵。虽然这支部队在 9 月 21 日协助法军解放了第戎，抵达摩泽尔河畔。根据陆军参谋二部的描述，第 36 师的下一个目标是“在战区内清理通往孚日山的道路，占领有利于发起进攻的关键地带，帮助第 7 军突破孚日山防线，攻占施特拉斯堡，渡过莱茵河”。德军恃孚日山天险而守，修筑暗堡，广布地雷、机枪和大炮火力点，美军每进一步就要付出血的代价。

第 7 军的第 6 军团抵达山脚时，德军正一边在高处重新布防，一边从国内调集援军。美军的补给线进一步拉伸，离地中海 400 英里，而德军在阿尔萨斯的补给站近在咫尺，离德国本土也不远。德军的大炮火力头一回压过美军。秋天的暴雨使盟军失去了空中支援，位于高处的守军占到优势。若美军的体系崩溃，士兵也会崩溃。军方的史学家文森特 · M. 洛克哈特上校简要概括了当时的情况 ：“从 1944 年 9 月底到 10 月，战斗中所有的不利因素都被第 36 师遇上了。”高级将领间在通信中提及士兵、弹药、口粮和冬衣短缺的次数增多。指挥官只是注意到了问题，普通士兵不得不忍受问题。阵亡、被俘和负伤的人越来越多，逃跑的人数量也在增加，兵力需求空前紧急。

第 143 团第 1 营 C 连此刻正无比需要像列兵史蒂芬 · J. 韦斯这样的士兵。韦斯搭便车追赶第 36 师，一路经过许多盟军和德军遗弃的车辆残骸。坐在卡车货车司机身旁，他看到过好几千名后方士兵，这些人从未靠近过战场。放佛每个法国城镇里都挤满了“耍笔杆子”的人，他们坐在咖啡馆里和法国女人调笑。韦斯管这类人叫“戎装平民”，他们拿本该运给前线战士的口粮和香烟讨女人欢心。听说有的士兵和黑市联手，偷取美军的汽油等物资拿去卖，在马赛尤为严重，类似的传闻让韦斯忧心忡忡。他还认为后方士兵没尽全力。欧洲当时有超过 300 万名美军士兵，每次参加战斗的其实不到 32.5 万人。步兵人数只占赴欧美军总人数的 14%，却承受了 70% 的伤亡。韦斯觉得这很不公平，加上和西蒙斯上尉的旧怨，恨得他咬牙切齿。

韦斯向第 6 军团设在维特尔的指挥部报到，该兵团隶属亚历山大 · 帕奇将军的第 7 军。军官把指挥部设在建于 20 年代的德莱尔米塔奇酒店，一家在阿尔卑斯温泉胜地的最高档的酒店。韦斯在富丽堂皇的酒店大厅遇见了一名一起在布兰丁堡参加过军训的士兵，名叫圣托尼里。圣托尼里当时在做反情报工作，说他的上校正缺一个印刷工。韦斯曾在纽约的战争新闻处干过一年印刷，有丰富的工作经验，真是不二人选。面试了韦斯之后，上校向第 36 师申请调用他。军中会印刷的人不多，韦斯认为这下一定能躲过回到西蒙斯上尉身边的命运。然而第二天一早，第 36 师拒绝了上校的申请。

韦斯记道："我又生气又灰心，收拾好我的几件行李，谢过上校和圣托尼里之后再次踏上寻找第 36 师的旅程。"第 36 师的指挥所在维特尔以东 50 英里的勒米尔蒙镇，在狭窄拥堵的法国乡间公路上坐一天车才能到。韦斯走到路边，竖起了大拇指。

第 36 师在 9 月 23 日攻下勒米尔蒙。24 日，将指挥所移到埃洛伊，10 月 1 日又移到多塞莱镇，紧挨摩泽尔河上一座被炸毁的桥。第 36 师的进军在多塞莱停了下来，他们的指挥所已经陷在这儿 21 天，这是他们自 8 月以来头一次在某个地方待这么久。一位军官写道："第 36 师的状况跟在意大利时一样，又是泥地、山路和骡子。只是这一次骡子更少。"他们的下一个目标布吕耶尔就在七英里半之外。可面对德军坚固的防御工事，加上高山、密林、大雨和泥地，布吕耶尔仿佛又在千里之外。

10 月 8 日，韦斯所在的第 143 团第 1 营 C 连来了一名新补充兵，一等兵弗兰克 · 图雷克。他 22 岁，是个相貌英俊的波兰裔美国人，来自康涅狄格州的哈特福德。消失的士兵太多，他的到来对填补空缺作用不大。四天后的 10 月 12 日星期三，是哥伦布纪念日，史蒂夫 · 韦斯走进了第 36 师的指挥部。见到韦斯，第 143 团参谋长戴维 · 弗雷泽想起了他和另外 7 名士兵一起失踪的事，说："我记得很清楚，他们归队时我们高兴极了！"他到指挥部并不是来听弗雷泽表达欣喜的，想到这韦斯就有些扫兴。一名"不耐烦的文职人员"打断了弗雷泽，过来询问韦斯。韦斯报上了姓名和所属单位。文员看了看他的档案，说已经告知韦斯的家人他在战斗中失踪。韦斯想起了远在布鲁克林的父母和妹妹。他写道："我想他们一定都万分焦急。"文员一点也不在乎韦斯的忧虑，连旁边煮好的咖啡也没给他倒一杯。一名军官走了进来，问韦斯愿不愿意在他的指挥部工作。韦斯说愿意，可上级随后再次拒绝了这个请求。当天下午，韦斯搭车前往四英里外的 C 连指挥所，在多塞莱和布吕耶尔之间的森林中。

西蒙斯还没从救助站回来，他的脖子被狙击手的子弹擦伤，还在治疗中。C 连指挥官暂时由参谋长拉塞尔 · 达克斯中尉代理。达克斯是一名 24 岁的候补军官学校毕业生，来自宾夕法尼亚州的宰恩山。他对韦斯的归队毫不知情。虽然韦斯也没指望受到热烈欢迎，但那种"被人当做弹药、汽油或口粮"的感觉实在让他感到不快。他们拒绝了他调往战略情报局等其他单位的请求，一心想让他回来，归队后却连个跟他握手的军官都没有。一项名为"士兵所想"的调查显示，没有哪个士兵喜欢这种冷漠。调查过 1942 年 12 月至 1944 年 9 月间出征的士兵后，报告里说："士兵厌恶被当作'兵力'看待，他们想要回作为人的尊严。有个士兵在问卷上写道："士兵不是狗，请把他们当人看。"

政策要求军官把士兵放在首位。军医部的小 L. 霍姆斯 · 金上校在一份关于战斗疲劳症的报告中写道："良将相信人性，他了解他的部下，跟他们是好朋友；他会一直把部下当人看，照顾大家的所需；他坚实可靠，但只在跟士兵打交道时这样。"

指挥所是一间空荡荡的农舍，没有任何家具或有人居住的迹象。韦斯站在屋里，只有一人搭理他。这位军官就是他的老上司，得州人劳伦斯·库恩中士，是个和蔼的大高个。库恩笑了笑说："赖格尔告诉我你还活着。"

终于有一位军官跟他打招呼了，韦斯感到很欣慰。他向库恩打听小分队的队长哈利·尚克林中士的情况。库恩顿了一下，支支吾吾地说："尚克林死了。"几周前在摩泽尔河附近与德军交火，被德军侦察兵打死了。想起尚克林亲切的微笑，像个"友善的大哥"，韦斯感到一阵心酸。尚克林才 22 岁，是他领着韦斯从圣拉斐尔一路打到瓦朗斯，鼓舞小队的士气，保护他们不做无谓的冒险。韦斯说："听说尚克林死了，我伤透了心。"几个小时后，太阳落山了，韦斯来到一片林中空地，撤下前线的 C 连战友正在这儿休息。

他最先看见的是鲍勃·赖格尔和塞蒂莫·瓜兰迪，不久前他们还在一起跟抵抗军和战略情报局一起行动。赖格尔和瓜兰迪见了他都很开心，瓜兰迪如今晋升为中士。三人坐在松软的土地上休息，韦斯问怎么不见威廉·斯克鲁比中士。当时他们几个困在瓦朗斯的灌溉渠里，要不是因为斯克鲁比胆大心细，他们早就死了或者被俘了。韦斯得知两周前斯克鲁比一条腿被炮弹炸断，如今生死未卜。谢尔登·韦尔沃斯胸膛被德军机关枪击中，被送往后方抢救，也是凶多吉少。韦斯没看见另外三名曾经一起加入抵抗军的战友，福赛特、加兰和西泽。八个人只剩下赖格尔、瓜兰迪和韦斯三人并坐一排。小分队里的其他人都是补充兵。然而这种情况已经算好的了，幸好没把韦斯派到一个完全陌生的小分队。

韦斯回忆说："我刚满 19 岁，归队时发现老战友死了一半。我感觉好陌生，没什么存在感。"每个人都有自己的烦恼，韦斯不比别人好多少。从非战场来到前线，韦斯从别人身上观察到他们自己都没发觉的变化。他身边的人跟他记忆中的不一样了，尤其是赖格尔和瓜兰迪。战斗疲劳深深刻在他们脸上，就像墙上的弹孔。

韦斯又认出了一位曾在布兰丁堡一起训练过的战友，31 岁的列兵克拉伦斯·韦道。他正安静地吃着口粮。韦斯上前说："韦道，是我，史蒂夫。"韦道没有理他，还是自顾自地吃着。旁边的士兵说："韦道不理我们了。德国鬼子把他围在一个谷仓里。他不肯投降，他们朝里边乱枪扫射，还点燃了干草。韦道冲出大火逃了出来。"从那以后他再也没说过一个字。

韦斯的几位朋友问："你还回来干嘛？"赖格尔说你应该躲得远远的，他和瓜兰迪归队后，等待他们的只有"诡雷、饵雷、迫击炮、机关枪和重型火炮"，连安稳地睡一觉都成奢望。"你还回来干嘛？"韦斯也不知道为什么要回去。他说也许是因为"忠诚"。"忠诚？"战友们哈哈大笑，"你在开玩笑吗？不出一个月你就死了。"说罢一架德军侦察机从他们头顶略过，仿佛在佐证他们的话。不必问，侦察机一定会把他们的位置报告给炮兵。这就是战场，真实的战场，韦斯又重新回到了这儿。

回到前线的第一天夜里很凉，韦斯穿着夏装冷得受不了。孚日山战役中的一位排长约翰·D. 波特中尉写道："因为二类军需品供应不足，冬衣急缺，战壕足病和呼吸道疾病多发。"有几个士兵进了一间农舍取暖。韦斯也走了进去。突然德军的炮弹打在农舍周围的地面。屋外睡在帐篷里的士兵"没有保护，易受攻击，许多人都中弹了……尖叫和呼喊交织在一起，伴随着炮弹的呼啸和轰鸣"。韦斯和大家一起冲出农舍求助伤员，但被炮火压得寸步难行。韦斯躲在一个羊圈里，身边的羊群也恐惧得直发抖。炮弹摧毁了羊圈的门和顶棚，这时炮击停了下来。韦斯写道：

> 我冲进森林，发现伤亡人数有30人，他们单薄的帐篷被炸为碎片，柱子被炸断了；染血的毯子和行囊散落在地上……医疗兵和担架队从多塞莱赶过来，救治伤员，收殓尸体。

韦斯察觉到没有人挖过散兵坑，大家实在是累坏了，连最基本的保护措施都没做。

第二天，小分队在一个马厩里等着领取弹药和手榴弹。有新的补给品运到意味着还有仗要打，大家都心知肚明。牺牲的人太多，补充兵又不够，库恩中士要韦斯以参谋中士的身份代管一支小分队。韦斯拒绝了委任，他说："我无法对另外11个人负责。"于是他成了一名下士，协助队长的工作。一位他没见过的中尉走出暗堡，给他们下达命令。韦斯要率领11名队员穿过一片密林，进入交战区。韦斯看到一名侦察兵浑身发抖，另一名侦察兵一直盯着无尽的地平线。这队人马无法对敌作战，但他们还是出发了。队员跟在韦斯身后，在一个月黑之夜走出美军防线。齐腰深的灌木上结了秋露，露水打湿了士兵的夏装。中士描述中的地标一个都看不见。在茂密的林间，士兵害怕每块石头后面都有德军，每棵树上都有饵雷，每走一步都会踩中地雷。侦察兵一开始发抖，韦斯就告诉他没事儿。韦斯觉得这群新兵都像"有理智的年轻人来到了疯狂的环境中"。

小分队没有发现德军踪迹。中尉责骂韦斯没有完成任务。韦斯写道："真是站着说话不腰疼，他自己倒躲在牢固的防空洞里，披着一件全长的皮毛大衣。"

韦斯偶然听见一名躲在散兵坑里的南方兵嘟哝道："从没在前线见过有犹太士兵，他们总是躲在后方，当军医或牙医。"回到步兵师在这寒冷的山区战斗已经够糟了，还有类似的言论提醒他搞种族歧视的不只有纳粹党，一想就心烦。韦斯头一回"产生了逃离部队的念头"。

攻占布吕耶尔行动打响的第一天，德军工程兵放倒了高大的松树，并在上面安置了饵雷，以此封住道路。在村庄的险要之处增派守军，包括沃洛涅河以南的地带和坦克开不进去的两岸沼泽地。村子周围机关枪密布，坚固的石屋里也有火力点守住要道。一名美军排长写道："在布吕耶尔发现了一个机枪营的守军，引起情报机构的警觉，认为德军打算长期据守此地。从前德军一向只在打算死守的地方安置机枪营。"

10月15日早上8点，第36师的人马穿过森林攻打第一个目标，A高地。德军用轻型武器和自动步枪反击，得州兵向前推进了400码，登上俯瞰村庄的另一座高地。德军的迫击炮和火炮将美军压在山头。

小分队就地挖掘防御工事，抵挡德军夜间的炮火。在炮轰间歇时，士兵聊起了各自为什么还要待在部队里。一位年龄比韦斯大几岁的士兵说他早就想逃了，之所以没逃走只有一个原因：“被要挟。”韦斯没听懂。他接着说：“我结婚了，还有个孩子。”一枚德军炮弹在他们的散兵坑附近爆炸。“要不是我有老婆孩子，早就逃走了。”另一枚炮弹落下，地面都在颤抖，士兵抬高嗓门说：“没有薪饷意味着老婆得不到钱，孩子喝不到牛奶。”一名新来的补充兵过来请教“老兵”韦斯，他 38 岁了，老婆和孩子都远在布鲁克林。他问：“如何在战场活下去？”在这位年龄比他大一倍的士兵面前，韦斯竟然成了“老资格”。韦斯不知道该如何回答，只能说：“跟着我吧，我怎么做你就怎么做，既不要太紧张，也不要太勇猛。在两个极端之间寻找平衡。”韦斯的回答等于啥都没说，他感觉自己像个骗子。没有谁可以保证活下去。

10 月 16 日的太阳升起，第 442 团级战斗队突破了德军路障，攻向 B 高地。这支部队全是日裔美国士兵，他们刚被并入第 36 师，在意大利前线取得了无双的战绩。美军工程兵在努力清理路障，搬走路上的大树和大炮，结果被德军炮火赶了回来。整个上午，德军从基地发起新一轮的炮轰，拉瓦勒和布吕耶尔之间的美军遭受重创。许多新兵牺牲了，根本没有补充兵来填补空缺。

早上 7 点半，德军炮火越发猛烈，没有人的神经能够持续忍受。第 36 师第 143 团第 1 营 C 连的列兵史蒂芬·詹姆斯·韦斯摇了摇头上的土。在钢铁和火焰的打击下，他的散兵坑显得不堪一击。周围的人相继死去，他的忍耐已经到了极限，最后他逃下山去。

第三卷

军法处置

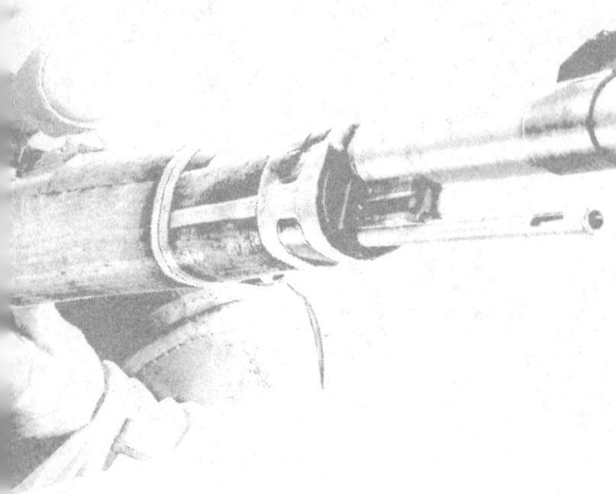

二十五

“放弃”是生物逃避巨大痛苦的本能。

《战士心理学》，第 347 页

史蒂夫·韦斯在密林深处游荡，每一步都在逃离震天动地的炮火。他在一条羊肠小道上蹒跚而行，无意中走进了一座松树组成的迷宫。小雨打湿了他的肩头，渐渐地身上也湿了。韦斯冷得瑟瑟发抖，他拖着步枪走了两个半小时。沿着小径来到一片林间空地，旁边是一个小村。在村里遇见了法国第 2 装甲师的坦克兵，他们大多数是阿拉伯人和柏柏尔人，当时正架起炭火烤羊肉。他们要分给韦斯一些羊肉，可韦斯只想找个地方好好睡一觉。他们指了指坦克后面的一个谷仓。韦斯爬上梯子，用干草搭了张床，放下枪倒头便睡。他睡得很沉，就像昏迷了一样。一觉醒来，已是 10 月 16 日中午。

记不清睡了一天还是两天，韦斯爬了起来。他出去方便时，阿拉伯士兵给了他一些吃的。两人简短地聊了几句，发现他们都在意大利打过仗，都是头一回来法国。韦斯回到谷仓二楼，继续睡他的大觉。

1944 年 10 月 19 日，在第 36 师在多塞莱的指挥所，高级军事法庭审理了艾伯特·C. 霍姆西中尉的案子，根据《军法条例》第 75 条规定，他的罪名是“临敌抗命”。法庭指控他在 8 月违抗军令，拒绝率领炊事兵和勤务兵攻击德军坦克。霍姆西的律师小本杰明·F. 威尔逊少校义正词严地诘问一名陪审员。结果迫使陪审团团长戴维 · P. 福克纳中尉离席，另一名陪审员哈里 · B. 凯尔顿少校取代了他的位置。在意大利，霍姆西中校曾因“冒着敌军火炮和迫击炮的持续轰击，勇猛奋战”，获得嘉奖，不能简单将他划为胆怯。可他又的确违抗了军令。霍姆西说军官的职责告诉他，不能带一队未经训练的人去执行任务，因为那与自杀无异。他承认自己违抗了上级军官的直接命令，明白法庭除了判他有罪之外别无选择，否则陪审团的军官就没有依法办事，也与治军的智慧相悖。法庭最后的判决是开除军籍、罚薪，服 50 年劳役。五名陪审员提出减刑请求，建议缓期执行，让他回到岗位。然而第 36 师的军法官却驳回了请求。

后来的上诉环节暴露出法庭受第 36 师指挥官达尔奎斯特的影响太深。迫于压力，戴维 · 福克纳中校成了达尔奎斯特意志的代言人，这就解释了为何辩方律师点名要求将他请出陪审团。其他几名军官后来也承认知道达尔奎斯特坚持从严判罚，“是为了军队的利益。”法庭的成员洛厄尔 · E. 西顿上尉说他能感到一种“威胁”，“清楚”地记得“审判（霍姆西）时，差不多到了宣判时，（达尔奎斯特的）师的军事法庭成员都顶着巨大的压力，要我们‘为了军队的利益’从重宣判，不顾个人权利，不顾该案的疑点。”凯尔顿少校和陪审团的其他军官都记得受到了类似的影响。另一名法庭成员埃尔登 · R. 麦克罗伯特上尉说达尔奎斯特曾找到他，亲口对他说了一番话：

> 他说我们没尽到职责，因为我们对受审士兵太仁慈，应当判更多士兵有罪，而且一旦认定有罪，就应当重判。他总是厉声指责我们没有尽责，他的意思是要不是太麻烦，他一定会举报我们，在我们的军事档案里记上一笔。

麦克罗伯特还记得在霍姆西案期间，法庭成员和达尔奎斯特开过一个小会：

达尔奎斯特少将把我们训斥了一顿，走出指挥部，我们几个聊了聊，都有种个人权利被侵犯的感觉，都觉得达尔奎斯特无权操控我们。

还有一位陪审员伊西多·查卡茨上尉记得达尔奎斯特还直接插手过别的案子，包括一名士兵"因精神失常而被判无罪"。在宣判前几天，达尔奎斯特召见了查卡茨，他说："他训斥了我一番……要求我带了封信给每名成员，让他们看过之后在上面签字，然后再交还给将军。"

霍姆西中尉被降级为列兵，被关进了纽约州绿海文拘留所，开始了他的50年劳役生涯。

10月22日，韦斯在谷仓里醒来，走到外面和来自北非的坦克兵聊了几句，发现自己已经在这儿睡了6天了。谢过坦克兵之后，他循着来时的足迹再次走进森林。几个小时后，他在C连的新指挥所里立正站好，面前的艾伦·西蒙斯上尉一脸平静，与其说生气，不如说失望。"你应该早跟我说。"他的语气里有种从未有过的同情："你难道忘了，我们在意大利第一回见面时，我说要做你的神父、拉比、朋友和知己？有什么烦恼应该跟我说。"韦斯可记不得6月加入第36师时他说过这话。他嘴上没说，心里在骂："你关心个屁。你一直就很冷漠！你躲在安全的地方，从来不打头阵。战斗打响时你他妈的在哪？我们在外面东躲西藏时你又在哪？我们连的伤亡率都超过100%了，为什么你跟你的副手拉塞尔·达克斯中尉，还有连队的中士能活到今天？"

其实在意大利度过拉皮多河作战时，西蒙斯被炮弹炸伤过。西蒙斯去救助站时，他的参谋长拉塞尔·达克斯中尉曾冒着枪林弹雨渡河。达克斯有本未出版的回忆录，里边写他和C连其他幸存者，"过河来到德军这边后，躲在一个弹坑里，被敌军火力压得寸步难行……最后终于冒险冲过桥，来到美军这边。回来之后，发现在夜里的袭击中，营长和几名他的参谋长非死即伤。"因为他当天的表现，军队授予24岁的达克斯一枚银星勋章。韦斯不知道他的军官曾经历过什么样的险境，反正他来以后从未见过他们率领部队上战场。

韦斯一直没说话，心想或许能逃过军事法庭的审判，他不想背上“逃兵”或“擅离职守”的罪名。韦斯要做的只是回到他的小分队。可他一步也没动。他感觉自己还不能返回战场。队里的上尉会让他卸下装备和口粮，让他休息几天吗？会让他调整好状态，直到可以继续战斗而不至于拖累战友吗？他听说有的中尉会把有精神创伤的士兵调到不用作战的岗位，让他们恢复状态。而军官有这种天然的优势。当戴维·弗雷泽中校因战斗疲劳而无法继续统帅第1营时，亚当斯上校很轻易就把他调走了，让他做参谋长。对于韦斯的请求，西蒙斯只说了两个字“解散”。

西蒙斯上尉对史蒂夫·韦斯的处置与其他军官的方式截然不同，第3师的奥迪·墨菲中尉有另一套行事风格。墨菲跟第36师同日登陆法国南部，随军一路向北进攻。他因为杰出表现，由上士升为中尉。一次他接到命令进攻德军，守住要道放另一支部队通过，他命令部下出击。有个哭泣的士兵坐在树下浑身发抖。墨菲轻轻摇了摇他的肩膀，两人有如下一番对话：

> “我受不了了，中士。”
> “你怎么了？”
> “我不知道。我浑身发抖。”
> “你害怕了。”
> “我要是克服得了，一定会坚持。我不是说着玩儿的。”
> “你就守在指挥所周围。德国鬼子说不定打到这儿来。”
> “好的，长官。我很惭愧，但我真的没办法。”
> “你有什么心事吗？”
> “没有，长官。我就是突然开始发抖。”
> “睡得着吗？”
> “一周没合眼了。”
> “最好去找医护兵瞧瞧。”

士兵把头埋在膝间，又开始啜泣。

看起来他已经在硬撑了，我了解他的感受。我有时候也想坐下来，大哭一场。

韦斯也在硬撑，可没人叫他去找医护兵。西蒙斯派他去布吕耶尔村附近的高地森林作战。他逃走后没多久，第 36 师攻陷了布吕耶尔，付出了惨重的代价。战役打了 5 天，终于在 10 月 20 日结束。18 日和 19 日，战役的最后阶段是挨个清理每栋房屋。一位排长写道："没让我们休息，也没人要求休息。德军负隅顽抗，我们甚至连让医护兵运走伤员的时间都没有。"参加这场战斗的有韦斯所属的第 143 团第 1 营和第 442 日裔美国人团。有很多日裔美国士兵牺牲或负伤，他们的每个连都损失了大约 30 名士兵。

归队后不久，韦斯和另外两名中士一起爬进一个散兵坑。战事陷入僵局。双方的士兵都开始避免无谓的战斗和炮轰。一位刚上任的少尉来到前线，这种默契就在那天晚上打破了。这名 20 岁的下级军官像条多管闲事的狗，他巡视了小分队的位置，又检查了士兵的装备。老兵知道他的行动完全没有必要，都冷眼看着他走来走去，心里祈祷他的动静不要引起敌军的注意。少尉离开时不小心碰到了照明弹，火光窜上天去，照亮了双方阵线。德军误以为火光是进攻的信号，于是朝着美军的散兵坑方向发起了一轮炮轰。韦斯和战友趴在地上，真希望那个新手军官被炸死。炮轰结束后，西蒙斯上尉赶紧把少尉调走了——免得他害死 C 连的士兵，或者把自己害死。

盟军进攻的间歇期，所有人都变得紧张兮兮。第二天晚上，韦斯正在一个小村外挖战壕，忽然听见一声响动，他以为是德军侦察兵，连忙抓起一枚手榴弹，跳进坑中。他扯开手榴弹引线正要扔出去，他的战友说他听见的只是风声罢了，没有德军。韦斯想把手榴弹上的保险针塞回去。他的两手发抖，额头上渗出汗珠，时间一秒一秒地过去，要是手榴弹爆炸，他和战友都会被炸死，要是扔出去，就会暴露部队的位置，引来德军新一轮的炮轰。好在韦斯克制住了恐惧，最后装好了保险针。这件事过后，韦斯已经十分确认自己成了队伍中的不安全因素。

破晓时分又冷又湿，C 连的下士给韦斯带来西蒙斯上尉的口信。作为缺勤 6 天的惩罚，韦斯被命令在冻硬的岩地上挖个厕所。任何人都不准帮他，只能用挖战壕用的简单工具，在地上刨出一个直径 6 英尺，深 1 英尺的坑。在部队中的那些毫无意义的惩罚措施中，这是最糟糕的一类，更何况韦斯当时正在危险的处境中，已经在心理崩溃的边缘。他弯腰劳作时下起了雨，打湿了他单薄的衣服。战友同情地聚在他身旁。有个人说："别让他们这样对你。"多年以后韦斯则承认："我没有违抗西蒙斯的命令，没去找他对峙，而是挖了下去，因为当时我太年轻，太幼稚，害怕军衔比我高的人。"

10 月 26 日，一等兵弗兰克 · 图雷克的队长命他去森林里寻找 B 连的侦察兵。没干过侦察的图雷克有些害怕。他太紧张了，以至于朝着一具德军士兵的尸体连开两枪。他找到了 B 连士兵，却迷失了回去的路。他记得："我很紧张，连树都不敢看，害怕树后面会突然钻出个德国鬼子。"图雷克在前线遇到了史蒂夫 · 韦斯。对于这位补充兵的焦虑，韦斯表示非常理解。他说："我还记得他的军装有多干净，基本还保持着原貌。"图雷克才来了两周，还是个新手。这位波兰裔美国小伙儿告诉韦斯："我绝对不会在这儿久待。"韦斯觉得引起他焦虑既有战前的创伤，也有对战斗的恐惧。

高中毕业后，图雷克在哈特福德的皇家打字机工厂上班。他患上了严重的粟疹，俗称痱子，不得不在工作了三个月后辞职。他的上半身起了疹子，发作起来疼痛难忍。他说："感觉就像脖子被勒住了一样，我去看医生，医生说我最好辞掉工作，好好修养一阵。"图雷克辞职后在家跟父母住了一段时间，不巧是他父亲的腿又生了坏疽，让他更加烦恼。1943 年 3 月 24 日，父亲的腿要做截肢手术，图雷克就在这时应征入伍。军训时图雷克的粟疹复发。医护兵觉得他的症状很像带状疱疹，认为是神经过敏引起的。一位军医给他开了个处方，但疗效并不理想。另一位军医诊断他的病情是由精神压力引起的。

10 月 27 日对图雷克来说是极为恐怖的一天，他被派到最靠前的散兵坑里放哨。连一片树叶落下来的声音都能把他吓一跳。他太困了，于是让旁边人帮他盯一会儿。他辨别不了黑暗中传来的炮声到底来自哪一方。同在散兵坑的战友告诉他那是德军的炮弹，就落在 200 码以外。听后图雷克慌了，他用拳头砸自己的脑袋，彻底陷入恐惧之中。

那天夜里，小队中还有其他士兵也快接近忍耐的极限，那就是克拉伦斯 · 韦道。自从那次躲在谷仓里差点被德军打死或烧死之后，韦道就不说话了。还有 8 月和韦斯一起擅自离队的吉米 · 迪克森，也快受不了了。此外因为承受了太多压力，韦斯在手榴弹的事件中差点送命，证明他也处于高度紧张状态。C 连前线的大部分步兵都对西蒙斯上尉失去信心，抱怨他只敢躲在后方发号施令。韦斯说："从来看不到西蒙斯，甚至在后方也见不到他。"韦斯、韦道和迪克森互相倾吐心里的恐惧，最后不约而同做出了同一个决定。10 月 28 日零晨 4 点，也就是韦斯再次归队 6 天后，三名士兵爬出他们的散兵坑，离开了前线。

一等兵弗朗克 · C. 图雷克在当天更早的时候就溜走了，韦斯根本不知情。另一名 C 连逃兵在树林里遇见了图雷克，两人搭上一辆军用车。司机肯定猜到他俩是逃兵，把他们扔在了一个小镇。他们不知道小镇的名字，那是他们唯一能找到的藏身之所。

战争部的调查发现，第 36 师是欧洲战场上逃兵率最高的一支部队。观察员委员会表示："第 36 师在前线呆得越久，纪律问题和精神病案例就越多，军事法庭的审判记录、掉队人次和医院接收疲劳症患者的人数都是佐证。"63 名第 36 师的步兵被判违反《军法条例》第 75 条，罪名是"临敌抗命"，通常的情形是在交战时逃跑。即使把未被捕的逃兵排除在外，这个数量也比欧洲战场的其他队伍要多很多。

10月28日那天，C连至少逃跑了5个人——韦斯、韦道、迪克森、图雷克和另一个不知名的士兵——他们离开了前线。排长罗伯特·D.波特中尉记录了当天早上韦斯他们错过的那场战斗："敌军的火力非常密集。有人被炸得粉碎，有的人躲在隐蔽处。阵亡和负伤的美军士兵倒在敌军阵前、战壕里，有的压在敌人尸体或伤兵身上。"几位士兵逃走后，留给战友的这场仗变得更难打。

C连在和德军激战时，韦斯、韦道和迪克森离开了孚日山，往南逃去。他们搭上货车，一路上军方的运输车来往不绝，路边还能看见毁于战火的车辆。人们对他们的反应各不相同。上过前线的人都愿意帮忙，甚至包括往前线运过弹药的司机。一项对前线步兵的调查显示："在海外战场，作战士兵都对擅离职守的人表示同情。"而从未经历过战场的后方士兵对他们都很警惕。韦斯记道："大部分负责后勤的中士都很恶毒，要是找他们讨点吃的，他们要么拒绝，要么给我们些连狗都不吃的东西。"

那时美军宪兵司令推测在法国的逃兵数量多达几千人。要不是战友替他们保密，法国民众为他们提供藏身之所，不可能有这么多逃兵躲过抓捕。有的逃兵躲在法国女人家中，有的加入了黑市犯罪团伙。韦斯、迪克森和韦道没有任何打算，只求不被宪兵抓到。要是他们考虑得再周全一点，一定会找个比里昂附近的美军机场更好的藏身之所。

三个逃兵睡在飞机棚里，只有在C-47运输机运物资和士兵到这时才出去瞧瞧。运来的士兵都是补充兵，将被派到前线接替死伤士兵，还有像韦斯等人一样的逃兵。P-47"雷电"战斗机在白天出动，飞向里昂东北方的德军阵地执行任务，但不是每架都能顺利返航。三名步兵在机场里打发时间，这样下去要不了多久他们就会被捕。没过多久韦斯就发现："我们的冒险之旅从一开始就注定要倒霉。"他们年轻，不自信，而且很害怕。他们还没讨论过未来怎么办，韦斯心想："因为我们没有未来。"和大多数法国东部的逃兵一样，他们有四个选择：穿过边境去瑞士，瑞士当局把空降的伞兵不分阵营统统关进拘留所，把徒步越过边境又没携带武器的人当作难民；穿过法国逃往西班牙；用假身份和同情他们的法国人住在一起；或者去巴黎加入黑市。韦斯没有考虑以上四种选择，而是去了里昂。

韦斯在里昂市中心搭上一辆公交车，他看见龙尼·达昂坐在后排。达昂假装没看见他。韦斯仪容不整，一看就是逃出来的。达昂没跟韦斯握手，直接下了车。韦斯这才认清达昂，他忍受得了德占时期最艰苦的日子，却忍受不了困境中的美军士兵。看来这回达昂夫妇不会帮韦斯了，他在里昂没有别的朋友。

当天下午他又回到机场，三名士兵各自思考自己的处境。他们都不是铁了心的逃兵，不像那些偷盟军物资卖的匪徒。一直呆在空军基地肯定会被抓。迪克森和韦道打算去一家救助站，请求军医救治他们的疲劳症。欧洲战场的军医总共救治过 102989 名“神经精神病患者”，两人觉得自己符合接受治疗的条件。韦斯不赞成这个主意，说军医很可能会打电话叫宪兵来逮捕他们。迪克森和韦道还是想试试。再说他们也没有别的办法。韦斯跟两人道别时，心中有种不祥的预感。和朋友逃离前线两天后，韦斯只剩自己一人。他写道：“孤独包围了我。”

韦斯第二次失踪之后，军方的反应比上次快多了，战争部马上给威廉·韦斯发了第二封电报，说他的儿子第二次在战斗中失踪。史蒂夫·韦斯回忆道：“接到电报，我的父母心力交瘁，非常沮丧。”第一次失踪时，他们心中还有有一丝希望，相信韦斯还活着。第二封电报给这个家庭带来了破坏性的打击。“家里就像一个太平间。”韦斯说。韦斯夫妇把亲戚朋友请到家里，仿佛在举办葬礼。当时远在法国的韦斯还不知道他的逃离给家人带来了什么样的痛苦。

韦斯搭便车去追赶第 36 师，想回到西蒙斯上尉身边。到孚日山附近的沃苏勒镇时，韦斯在一间谷仓里睡了一夜。第二天醒来，韦斯彻底感到走投无路。他不会再往回走了。如果军方能通过轮岗制度让后方部队分担作战的重负，韦斯说不定还能继续战斗。现实是后方的士兵从未上过战场，前线大多数士兵从没得到过休息。这很不公平。韦斯后来写道：“我想要的是公平，大家都尽到自己的职责，轮流上前线。”现实并非如此。“合理的做法是，在某一天你的任务若是比别人重很多，第二天就有人代替你。军方却不这样做。”韦斯眼中的军方只会把他交给指挥官，而指挥官却一点也不在乎他的性命和健康；军方不同意他在战略情报局继续服役，拒绝他调到别的岗位，不关心普通作战士兵的死活，把他们当作武器装备，一旦无法正常工作，就被无情替换掉。军队比他强大，通过他的责任感来控制他。韦斯后来解释道：“当时我已走投无路，什么都不在乎了。要杀要剐，随他们的便。”

10月30日上午，两名美国逃兵向沃苏勒的宪兵自首。第一个是一等兵弗兰克·图雷克，他马上被送回第36师。宪兵开车把他送到布吕耶尔的新指挥所，宪兵队的赫曼·L. 狄少尉“命令他归队，并开车送他回到连队的炊事班”。图雷克回到了队伍。第二个是韦斯，他上午10点离开谷仓，向附近的宪兵巡逻队投降。

第67宪兵连的小理查德·J. 汤普森上尉逮捕了韦斯。韦斯记得“这个上尉连激烈的枪声都从未听过”。汤普森把韦斯扔进一个潮湿的围栏中，然后写了一份报告：“士兵投降时身穿军装。他本人有如下供述：1944年10月27日擅自逃离所属部队。”宪兵给了他一杯咖啡，一支香烟。要是当场处决他，韦斯觉得“那将是一种解脱，而不是痛苦”。

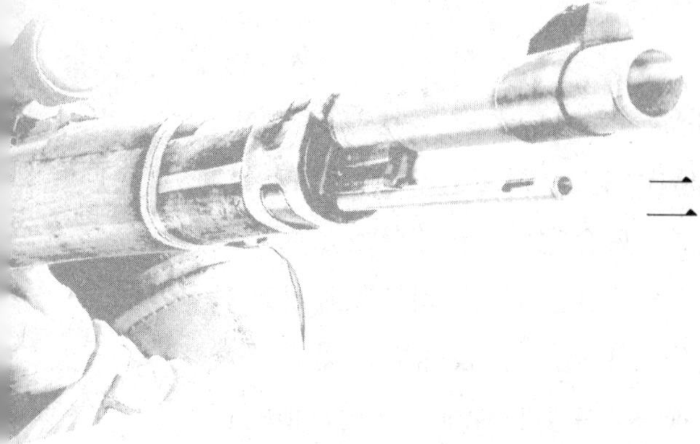

二十六

有的压力没人可以承受，不管意志有多坚强。

《战士心理学》，第 353 页

11 月 2 日，史蒂夫 · 韦斯来到一排战地医院的帐篷，医护兵在这里治疗身体和精神受伤的士兵。他走进第 36 师的军医沃尔特 · L. 福特少校的帐篷。军法官需要福特来诊断士兵的精神状态能否接受审判，还是根据《陆军条例》615-360 第 8 节判定为“有无用或不良的习惯和品性”（其中包括精神失常和同性恋倾向）。

韦斯去见福特时，营地的医护人员正在为第 442 团的几百名日裔美国士兵疗伤。在过去的一周里，该团有 800 多名士兵伤亡。帐篷里吵吵嚷嚷，没有一个私密的环境来进行访谈。48 小时前，第 442 团援救了第 141 团的一个营，帮他们突围，媒体把这个营称作“失落的营”。该营的人数比正常的营少很多，只剩 211 人。他们孤军深入，结果退路被德军拦截。德军从四面八方围攻他们长达一周之久。他们在比丰坦附近的密林中挖战壕死守，食物、水和弹药都快要耗尽。第 36 师空投了一些物资，但大部分都落入德军手中。面对德军的优势兵力，第 442 团踩着森林和灌木丛中的泥泞仰攻陡峭的“万岁山”，为友军突围争取时间。战斗持续了一周，伤亡超过 800 人。（从那以后，第 442 团元气大伤，直到 1945 年 3 月在意大利才重返战场。这只部队可能是美军在欧洲战场唯一一个没有一个逃兵记录的团。）援救行动的幸存者躺在韦斯周围，福特少校就这样问了他一些问题，来诊断他的精神状态。

医生的问题韦斯答得语无伦次，不过可能是周围痛苦的日裔美国士兵让韦斯觉得难受，并非因为精神问题。福特的提问进行了半个小时，就是没问韦斯为什么逃走。他也没说自己不信任他的上司，认为军队机器对普通士兵不公。福特问完韦斯后，宣布他“虽然有轻微的神经官能症和焦虑症”，但可以上军事法庭受审。

与此同时，一等兵弗兰克·图雷克第二次逃离前线。宪兵中尉赫曼·狄写道：“11 月 2 日，我在德西蒙附近的第 143 步兵团的营地，图雷克来找我，说他不愿意回到连队。我再次命令他归队，可他还是拒绝执行。”除了把他交给军事法定，没有别的选择。

图雷克和韦斯一样也要被福特少校问话，诊断他的精神状况。经过半小时的谈话，福特确定这位 22 岁的波兰裔美国兵“患有慢性的混合神经官能症，虽然症状轻微，但是长期的情绪失常使他难以适应压力”。福特断定图雷克的精神问题要比韦斯严重得多，不过军方还是坚持把他送上法庭接受审判。而逃兵罪最重可判死刑。

1944 年 11 月 6 日，图雷克的精神状况评估刚过去三天，军事法庭在布吕耶尔开庭审判他。法庭设在一座老教堂，里边没有供暖，10 月 31 日，达尔奎斯特将指挥所设在一片建筑群里。小镇到处是战争的伤痕，三周的鏖战让美军付出了惨痛的代价，在这样的氛围中人们不太会容忍逃避责任的士兵。罪行描述非常清楚：“弗兰克·图雷克，第 143 团 C 连一等兵，于 1944 年 10 月 28 日在法国布吕耶尔附近逃离连队，逃避 C 连随后与敌军的战斗。”

控方强烈要求将埃尔登·R. 麦克罗伯特上尉请出陪审团，辩方则要求洛厄尔·E. 西顿离席。两位军官退出后，法庭只剩下 10 名军官，他们既是法官又是陪审员。小本杰明·F. 威尔逊上校和助理罗伯特·W. 普朗克内特上尉为图雷克辩护。军法官，也就是控方，为约翰·斯塔福德上尉和杰

斯 · W. 琼斯上尉。控方认为 10 月 28 号第 143 团在布吕耶尔附近“从战术上说正处在与敌军交战之中”，图雷克就在这个时刻逃走。他们的证人雷蒙德 · E. 伯恩博格中尉证实了当天的确与敌军交战。辩方没有反驳这一证言。斯塔福德宣布 :“控方陈述完毕。”

威尔逊上校要求将福特少校的精神分析报告作为证物 A 呈上法庭，一等兵图雷克宣过誓要说实话。他承认在 10 月 28 日逃离了部队。威尔逊问他第一次执行巡逻任务的情况。法庭书记官马克斯韦尔 · 雷斯尼克记录了图雷克的回答，其中有很多拼写和断句错误 :

> 呃，长官，当时我们正要去打仗，大家都是头一回。那天中午我们上了前线，换下另一队人，时间我记不清了。白天一切都好。黄昏时分，我的队长走过来叫我和另外几个人去联络 B 连。B 连就在 500 码外，去找他们的路上我看见路旁躺着一个死人，我前面有两位战友，我在他们后面。我推了推其中一个，说:“瞧见那个家伙了吗？”他说:“看见了，他是个德国鬼子。”我拉下保险栓朝他射了两枪，然后追上了前面两个人……我太紧张了，连树都不敢看，害怕树后面藏着德国鬼子，前面有任何响动都让我心惊胆战。

辩护人威尔逊问炮火对他造成了怎样的影响，图雷克回答说在他第一次执行任务时“听见一片叶子落在地上都会吓一跳”。在散兵坑里放哨时，他找人顶替他，自己好睡一会儿。他的证词里还说 :

> 天太黑，好像有人占了我的坑。我觉得他是找不到自己的坑了，找不回去。我跌进好几个坑里，又爬了出来，可我还是看不清，啥都干不了。我回到自己的坑，听见炮弹爆炸的声音。我以为是我军的炮声，问我的战友是谁在放炮。他说：“是德国鬼子。”他说就在我们前方 200 码的地方，听了让我惊慌失措。我开始捶我自己的头，感觉

就像一只困在笼子里的动物，因为我一直处在崩溃的边缘。

军法官在交叉询问环节又问了同样的问题，图雷克没有任何补充的细节。然而他对斯塔福德上尉最后一轮提问的回答决定了审判的结果。

> 斯塔福德：给你机会，你愿意继续战斗吗？
> 图雷克：我不知道，很难说。
> 斯塔福德：要是再给你一次机会，你是愿意还是不愿意继续战斗？
> 图雷克：不愿意，长官。

威尔逊上校问图雷克的最后一个问题是让他讲诉自己小时候所受的精神创伤，父亲截肢，因为皮肤病丢掉工作，困扰他的家庭矛盾等。另一名军官问他逃走时有没有人跟他一起，图雷克说有一个。陪审团退庭考虑如何裁断，最后判决图雷克有罪。再次审议之后，判决他“开除军籍，没收所有已发和未发的薪饷、津贴，在核准当局直接管辖的拘留场所服 25 年劳役”。下午 3 点，审判结束。

第二天早上，即 1944 年 11 月 7 日 9 点半，就在图雷克受审的同一所教堂，高级军事法庭为审判一等兵史蒂芬 · J. 韦斯再次开庭。主持审判的军官是第 155 野战炮兵旅的詹姆斯 · T. 克拉克少校，他坐在圣堂里的一张长桌的正中间，另有 14 名军官列坐其左右。他们中的许多人参加过图雷克的审判。陪审团中的高级军官有第 36 师的参谋长戴维 · P. 福克纳中校。审判韦斯的法庭中没有下级士兵，这与当时其他军事法庭一致。法庭成员中只有一人有律师资格，即柏特伦 · M. 莱贝斯少尉。大多数军官，上到福克纳少校，下到威廉 · 斯蒂格少尉，都并非久经沙场的老兵。他们身后竖着一个十字架，在被告韦斯看来，仿佛钉在上面的基督正在审判这群法官。

韦斯的辩护人小本杰明 · F. 威尔逊少校刚为图雷克做过辩护，几周

前还当过艾伯特 · C. 霍姆西中尉的律师。虽然后来韦斯抱怨威尔逊并不是专业律师，可这位少校的法庭经验要比在场的任何一位军官都要丰富。华盛顿上诉法院的法官乔治 · E. 麦金农曾写道："威尔逊少校受过正规训练，在法律方面经验丰富。他参军前在法学院学过两年，修完了军事司法课程，后来又在炮兵学校和检察长学校深造，还学过高级步兵课程。"威尔逊参加过 300 多场军事法庭审判，当过军法官（控方）和辩护律师。麦金农法官认为威尔逊"在军事法庭上比任何证件齐全的律师都更懂得辩护"。然而威尔逊接的活儿太多，使他没时间跟被告沟通，也没空精心准备。

参加过审判霍姆西中尉的军官不止威尔逊一人，还有哈里 · B. 凯尔顿少校、洛厄尔 · E. 西顿上尉、伊西多 · 查卡茨上尉和查尔斯 · 希科克斯中尉，10 月 19 日正是他们迫于达尔奎斯特少将的压力判定霍姆西中尉有罪。审判韦斯的法庭上还有一名成员最初作为控方的证人出庭作证，即雷蒙德 · E. 伯恩博格中尉。按正常程序他本该回避，否则辩护律师也会要求他离席，可他仍旧担任法官之一。军法官还是判过霍姆西和图雷克的那位约翰 · M. 斯塔福德上尉。霍姆西受审已经过去三周，达尔奎斯特少将仍未撤销重判违法者的要求，说这是"为了军队的利益"。

辩护律师和控方的桌子摆在教堂中殿，在长椅和栏杆之间。军法官斯塔福德上尉和他的助手杰斯 · W. 琼斯上尉坐在过道一侧，另一侧坐的是威尔逊和他的助手罗伯特 · W. 普朗克内特上尉，韦斯也坐在他们旁边。19 岁的韦斯望向中庭的圣坛和十字架，感觉自己在法官、军队和全能的上帝面前实在是微不足道。开庭时有个宣誓仪式。法庭书记官拉塞尔 · C. 特伦克菲尔德在速记本上记录了整个过程。

根据特伦克菲尔德的官方记录，控方和辩方都没有对法庭成员的出席资格提出异议。在霍姆西的审判中，威尔逊少校曾要求福克纳中校离席，但这次审判韦斯时他并没这么做，原因不得而知。威尔逊明知福克纳是达尔奎斯特意志的代言人，主张多判重判，却仍然让他留在法庭上。记录中写道“法庭成员和控方起誓后”，审判开始了：

> 指控被告的罪名和罪行如下：
>
> 罪名：违反《军法条例》第75条
>
> 罪行1：史蒂芬·J. 韦斯，第143步兵团C连一等兵，于1944年10月16日前后在连队与敌军交战期间可耻地逃离部队，躲到安全的后方。逃离地点在法国拉瓦勒附近。
>
> 罪行2：史蒂芬·J. 韦斯，第143步兵团C连一等兵，于1944年10月28日前后在连队与敌军交战期间可耻地逃离部队，躲到安全的后方。逃离地点在法国布莱赫托斯附近。

对违反《军法条例》第75条即“敌前退却”罪的惩罚很严厉，“军事法庭可以裁定死刑等刑罚。”

韦斯通过威尔逊少校提出为自己的罪行进行“无罪”辩护。事实无可争议。韦斯也对逃亡供认不讳。没人提醒他可以保持沉默，他自己就先向宪兵和第36师的军医沃尔特 · L. 福特少校坦白了。韦斯的供认对他自己不利，控方其实没有什么好证明的。为审判做准备时，威尔逊少校既没问韦斯逃亡的原因是什么，也没调查过他的精神状况。威尔逊和福特都没问韦斯为何如此惧怕前线，甚至宁愿面对行刑队。

军法官斯塔福德上尉“没有做开场陈词”便传唤控方第一位证人，罗伯特 · L. 奥布赖恩到证人席。奥布赖恩是第143团的参谋长，作为专家人员出庭作证。控方助理杰斯 · W. 琼斯开始直接询问。奥布赖恩告诉法庭每天他都有一部分时间是在战场上和团里的战士在一起，他确定10月16日和28日第143团都在与敌军交火，而韦斯正是在这两天逃走的。威尔逊上校在交叉询问时问奥布赖恩何以知道C连在上述两天中正“与敌交战”。奥布赖恩说：“因为我不仅是我们的参谋长，还是记录员，每天晚上会花四个小时和军官谈话，了解情况，做好记录。我因此知道他们正在‘与敌交战'中。"10月16日和28日韦斯逃离时C连的确正在对敌作战，弄清了这条无可争议的事实后，奥布赖恩退场了。控方没有请任何证人上来证明韦斯逃走。因为没这个必要，韦斯在审判前都已经坦白。军法官也没有传唤任何证人。

斯塔福德上尉呈上两件证物，是从"1944年11月3日第143步兵团C连的晨报"中摘录的两段内容。材料中记载了C连在那两天中所处的位置。然后控方宣布陈述完毕。

辩方请求休庭，等候一位从布吕耶尔赶来的证人。法庭宣布休庭，下午1点继续。

午饭过后再次开庭，辩方请出第一位证人。斯蒂芬·J. 韦斯起立，威尔逊少校向法庭陈述："被告有权解释自己所做过的陈述——包括经过宣誓或未经宣誓的陈述——也有权保持沉默，可以站在证人席上作证，或做誓后陈述。"韦斯宣誓会实话实说，然后站在了圣坛之后。控方问他："你是这场审判的被告本人吗？"他于是向控方报出自己的姓名、军衔、所属连和团。

威尔逊少校继续他的辩护。他问道："韦斯，你多大了？"

"19岁，长官。"

在威尔逊的引导下，被告说出了他的相关情况，包括他16岁高中毕业后在大学夜校学过心理学、病理学和化学课程，参军前在战争新闻处工作。通过一轮快速的问答，韦斯对自己的军旅生涯做了个简要的总结：布兰丁堡军训17周；米德堡练枪；阿尔及利亚的奥兰和意大利的卡塞塔待命；1944年6月12日于奇维塔韦基亚加入第36步兵师第143团C连，在C连担任侦察兵，1944年8月底在瓦朗斯郊区失踪。法官都是第36师的军官，所以没有继续询问他在意大利和法国作战的情况。威尔逊少校又问："你开枪打死过德国士兵吗？"

"打死过，长官。"

威尔逊要韦斯在法庭上说说瓦朗斯之战，"讲述当时与大部队分开时的情况”。韦斯寥寥数语概括了整件事的来龙去脉，而其实那段经历足够今后对子孙讲好几个钟头。韦斯的证词保存了下来，法庭书记官的记录中有几处拼写错误：

> 当天晚上，我们冲向敌军阵地。我是侦察兵，我们的任务是摧毁路上的一处机关枪火力点。路两边都是开阔区域，德军朝我们开火。他们开了两枪，我马上还击。他们朝我扔了两枚手榴弹，我跳到路边的水沟里躲避。连队的指挥官要我们小分队从侧面包抄，拿下火力点。坦克歼击车跟不上来；他们还看不见目标。我们冲了出去，开始从侧面发起进攻。这时坦克歼击车跟上来了，他们的火力可能会误伤我们。我们决定后撤，回到部队中，但是德军的机关枪封锁了我们后退的路线。我们躲进一条灌溉渠中，待到第二天早上。

韦斯继续简要地叙述了他在法国抵抗军和战略情报处的经历，忽略了参与进攻德军士兵藏身的农舍和追击德军士兵到苏瓦永小村的事。也没说协助战略情报局的人守卫伞兵和装备空降点的任务。威尔逊问他在“这支侦察小分队”里待了多久。

“大概从 9 月 2 日到 10 月 9 日期间，我跟战略情报局的小分队在一起。”

通过这轮问答，弄清了一件事实，即斯克鲁比中士和小分队的人在里昂脱离战略情报局。法庭书记官还把“里昂”写错了。韦斯没有随其他队员一起回到第 36 师，他解释因为当时生病了。身体恢复后，他搭便车回到孚日山 C 连的指挥所。

威尔逊少校问：“归队后你向连队指挥官报到了吗？”

“报到过，长官。”

“C 连指挥官是谁？”

“西蒙斯上尉。”

“他对你的讲述满意吗？”

“满意，长官。”

“西蒙斯上尉是否曾因为你们随伞兵侦察小分队执行的任务而获得过任何嘉奖？”

“他曾因为我们的战斗而获过嘉奖。”

“你回到C连是哪天？”

“10月10日。”

威尔逊少校没问考克斯少校想把韦斯调往战略情报局的正式申请，也没问韦斯想与战略情报局的士兵一起空降到敌军后方的打算。这两件事本可以向法庭证明韦斯不是个躲避战争的懦夫，而是宁愿在特种部队中发挥专长，不愿回到自己不信任的长官身边。开庭之前，韦斯没时间向他的辩护人解释。而且后来他说在当时那种抑郁的状态下，他也无法自己向法庭说明情况。

威尔逊问他的委托人：“韦斯，是什么原因促使你在1944年10月16日离开连队。”

“我回到连队后，感觉非常紧张，多半是因为在瓦朗斯的经历。我差点死在那儿。我还发现很多曾和我一同作战的人要么死了，要么负伤。我觉得美国人天然厌恶战争，我感到很害怕。好多同伴非死即伤。”

威尔逊的第二轮提问证实韦斯在10月16日逃进一个小村，“8天后”归队，但实际上他是6天后归队的，并论证了韦斯是自愿回来的。当问到韦斯返回的日期时，他无法给出一个准确的回答：“我记得时10月25日，也可能是10月28日。”

“你归队时连队是否在与敌军交战？”

“是的，长官。”

“第二次逃走的原因是什么？”

“是炮火，长官。炮火正在逼近。我担心被炸成碎片，我的精神崩溃了。我很累，感觉精疲力竭。”

威尔逊停止发问，要是继续问下去或许可以揭示韦斯的精神状态有问题，所需要的不是惩罚而是治疗。

控方助理杰斯 · W. 琼斯上尉开始交叉询问。他说 ："韦斯，你和游击队在一起时，身在何处？"

"从瓦朗斯渡过罗讷河的某处。"这个提问跟案情毫无关系，因为韦斯在游击队的行动已经证实，并没违法。第二次提问时，韦斯承认 10 月 16 日离开前线。

琼斯上尉问 ："16 日你为何离开前线？"

"因为我的内心崩溃了，炮火渐渐逼近，我浑身发抖，丧失了斗志。"

"1944 年 10 月 28 日你是否再次离队？"

"是的，长官。"

"28 日那天是否正与敌军交战？"

"是的，长官。"

"那你为何要逃？"

"炮火变猛，我再次崩溃了。"

"你知道《军法条例》第 75 条是什么吗？"

"知道，长官。"

"1944 年 10 月 16 日那天你是否知道？"

"知道，长官。"

"告诉法庭 10 月 16 日那天你是怎样逃走的。什么时刻？是当天几点？"

"那天一大早，7 点半左右。"

"你离开时为什么没有人发现？"

"我不知道有没有人发现。"

"你是走着离开的吗？"

"我是睡醒后跑下山的。"

"当时敌军正在炮轰？"

"没错，长官。"

第二轮提问与韦斯第一次离开有关，那次他在林中走了两个半小时，来到附近的一个小村。他没有提到为他提供住处的法属北非坦克兵。

琼斯问："第一次离开时你是否意识到你在逃离部队？"

"您是在问我是否清楚自己在做什么吗？"

"是的。"

"我知道我在做什么。"

"那时你下定了决心要走吗？你有没有在想前天晚上发生的事？"

"没有，长官。"

"你是何时下定决心离开部队的？"

"炮轰开始时，长官。"

"当你逃下山去——来到山脚下——你在想什么？"

"我已经听不见炮声了，我浑身发抖。"

"第二天，你有没有想过你有责任归队？"

"第二天我还是很紧张。"

"第二天还在发抖？"

"是的长官。"

"你不觉得有责任归队？"

"我想过归队。"

"第三天你有没有想过归队？"

"我以为战斗已经结束了。"

"你得出了什么结论？"

"我不适合作战，我会拖累我的战友。"

"当你最终决定返回时，你为什么会选择那一天？"

"我的思路变清晰了，完全意识到我有责任回到部队中。"

"后来你做了什么？"

"我回到了自己的连队，长官。"

通过回答控方的提问，韦斯说10月24日他和连队战士一起在一个

“小镇”露营，10 月 25 日上前线。他记得德军士兵用步枪和机枪还击，并没有开炮。控方助理问韦斯第二次离队是在何时，韦斯说是 10 月 28 日凌晨 4 点。琼斯上尉问：“为何选择凌晨 4 点离开？”

“也是因为炮轰，长官。”

“你是怎么逃走的？有人看见你离开吗？”

“我想有人看见了我。”

“离开后你做了什么？”

“我沿着公路走了一段，搭上一辆卡车，经过几个村子，我记不得地名了。我躲进一个谷仓里哭泣。”

“你为什么哭？”

“我的内心崩溃了。”

“你离开了多久？”

“两天，长官。”

“直到 30 日吗？”

“是的，长官。”

“后来怎么了？”

“我向宪兵队自首。”

“在何处？”

“在沃苏勒。”

琼斯上尉为韦斯为何要去沃苏勒，韦斯回答：“只要能躲过炮轰，去哪对我来说都一样。”

“我问你，在你逃走的那两天，当炮轰逼近时，你真想逃到那儿去吗？”

“是的，长官。”

“当时脑子里是怎么想的？”

“我的脑子很糊涂，没想明白。”

琼斯上尉的交叉询问结束了，没问韦斯有没有人跟他一起逃走。10 月 28 日跟他一起逃走的有列兵克拉伦斯 · 韦道和詹姆斯 · 迪克森，法庭的记录上没有出现两人的名字，也没提到同一天凌晨离开的C连士兵弗兰克·图雷克和另外一人。图雷克24小时前就坐在被告席上。这些疏忽其实关系重大。如果同一个连有至少五个人同时离队，其实能反映出该连的指挥官有问题，军方本身也不光彩。没人问韦斯是否信任西蒙斯上尉，也没人问他是否愿意在另一位指挥官手下效力，比如法军的比诺什上尉和战略情报局的里克森中尉、考克斯少校。控方若是提到其他几例逃兵案和对C连指挥官的普遍不满，就会转移法庭的注意力，削弱此案的严重程度。奇怪的是从法庭记录上看，辩方也忽视了这两点。韦斯是和两名士兵一起逃离的。另外两人在何处？他们为什么没有受审？如果他们正在接受治疗，为什么韦斯不能？

军法官插了三个问题，可三个问题都与案情无关。“在瓦朗斯附近脱离部队时，当时坦克歼击车的火力可能会误伤你们，请问歼击车使用的什么武器？”

“三英寸机关枪，长官。”

“离你们有多远？”

“几百码。”

“你在跟随游击队行动时，有没有参与任何破坏行动？在那期间有没有与德军交火？”

“没有，长官。”

韦斯在那一刻一定很困惑。他在抵抗军的日子跟这个案子无关。他是因为10月16日和28日的两次逃离而受审，又不是因为被大部队抛弃而受审。此外他的回答既不准确，又对他不利。他曾和马太少校的游击队一起攻打德军藏身的农舍，还协助过比诺什上尉炸毁了罗讷河上的一座桥。

威尔逊少校注意到了问题，他提醒韦斯：“你和游击队在一起时，没参与过任何破坏行动吗？”

韦斯回答：“哦，参与过，长官。”

“你们做了什么？”

“我们炸毁了一座桥，阻止德国鬼子通过。”

辩护人澄清了一些事实，但跟罪名和罪行的相关度为零。威尔逊少校问完了，控方助理琼斯上尉接着就在瓦朗斯脱离部队的事问了韦斯几个问题。“你们差点被坦克歼击车误伤时，是你头一回感到强烈的恐惧吗？”

“没错，长官。”

“那是在加入游击队之前还是之后？”

“之前，长官。”

“你说你跟游击队一起炸毁了一座桥？”

“没错，长官。”

“当时你害怕吗？”

“离我们最近的德军在四公里外，并且是战斗力不强的守军。”

琼斯上尉问完了，审判进入下一个环节，交叉询问证人。

“当你们在靠近瑞士边界的地区和伞兵特种部队在一起时，有没有听见炮轰？”

“没有，长官。”

“你们是否曾与伞兵部队并肩作战？”

“参加过一次行动。”

“什么性质的战斗？”

“没有战斗，但我们做好了战斗准备。我们去了意大利和瑞士的边界地区，我们进了山，以为会有一场战斗，但是没有遇到‘德国鬼子’，我们安全返回。”

审判记录上写着：“控方、辩方都没有更多问题了，证人离席，回到律师旁边。”

辩方又请上一位证人，塞蒂莫·瓜兰迪中士。瓜兰迪宣誓实话实说，辩方问他和韦斯认识多久了。他回答说：“3 月份就认识了，长官。”也就是说他们在佛罗里达州的布兰丁堡军训时就认识了。在威尔逊少校的引导下，瓜兰迪向法庭陈述了他和韦斯在法国海岸登陆，在同一个小分队服役，以及在瓦朗斯附近掉队的经历。威尔逊问："从你们登陆法国到在瓦朗斯掉队这段时间里，韦斯有没有表露出害怕？"

"没有，长官。完全没有。"

"你们小分队执行过侦察任务吗？"

"执行过，长官。"

"在瓦朗斯附近，你和韦斯一起奉命摧毁机枪火力点，是这样吗？"

"是的，长官。"

"你能告诉法庭执行该任务时发生了什么吗？"

"我们被火力压制，全队后撤了一小段，准备从侧面包抄。韦斯在最前面。我们跟着他，接着他遭到机枪火力点的攻击，坦克沿着公路爬上前，开始攻击；我们就在坦克旁边。它们挡在我们右边，我们撤不回去。"

"在那片地区有没有碰上我军火力？"

"我们从侧面包抄时，遭遇的全是德军火力。"

"接下来发生了什么？"

"我们未能及时撤退，因为机枪的火力压制，我们被迫后退——我猜大概退了 100 码——在一条排水沟里躲了一夜。第二天一早，我们发现大部队已经撤离，我们不知道我们自己的位置，于是就穿过一片空地躲进一间农舍。有几个法国警察骑自行车来过，他们看见了我们，然后马上离开了。没过多久，他们回来了——两个警察和一位平民，他们带着警察的制服。他们把我们带了出去，每次带走四个人。我们穿过瓦朗斯，过了罗讷河。"

"掉队的美国兵有几个？"

"我们有八个。"

"你还记得他们的名字吗？"

"有斯克鲁比中士，他受了伤。还有赛格尔[1]。"

交叉询问了证人瓜兰迪之后，大家对他们在游击队和战略情报局的经历有了一个大致了解。威尔逊少校又问瓜兰迪有没有跟随伞兵特种部队执

[1] 应该是"赖格尔"，也许是证人记错了，或者是书记官写错了。

行过任务。瓜兰迪回答："他们去哪，我们就跟去哪，但我们没执行过特殊任务。"

"你是如何离开伞兵特种部队，回到C连的？"

"我们跟他们在一起待了两天左右，决定最好还是归队。考克斯少校写信向第143团的指挥官解释了我们和抵抗军、战略情报局并肩战斗的事，证实我们始终在盟军的控制下，一直在服役。他给将军也写了封信。然后我们搭便车返回。"

"归队后发生了什么？"

"我们向C连指挥官报到。"

辩方问完了，控方助理开始了他的交叉询问："中士，被告是和你一同归队的吗？"

"不是，长官。他没跟我们一起。我们到里昂时，他生病了。他和伞兵在一起住了几天。"

控方又问："1944年10月16日，你和他在同一支小分队吗？"

"他回来后，我们被分到不同的小分队。"

"战斗打响时，你有没有在他身旁待过，或者接近过他？"

"我们撤下前线休息时，他来见过我们。然后我们再次上前线，他跟我们一起。"

"你见到他时，有没有觉得他非常紧张？"

"没有，长官。我觉得他很正常。"

"你有没有见过韦斯精神失控？"

"没有，长官。"

控方问瓜兰迪中士是否记得10月28日韦斯和连队其他战士一起上战场。瓜兰迪说记得。

"你记得当时是否遭遇炮轰吗？"

"我们来到第142号位置，遭遇了炮轰。"

"第一天凌晨有炮轰吗？是'德国鬼子'在开炮吗？"

“我不记得，长官。我不确定。”

“你记得凌晨4点左右‘德国鬼子’开炮了吗？”

“不记得，长官。”

“你说28日当天你跟被告在一起？”

“是的，长官。”

“当天他的举动有没有任何反常之处？”

“没有，长官。他看上去很正常。”

法庭书记官记道：“控方和辩方都问完了，证人离席。”

瓜兰迪走后，韦斯觉得他朋友的证词是在支持控方，而不是支持自己。瓜兰迪认为韦斯在战斗中并不紧张，这会削弱炮火造成韦斯恐慌的证词。韦斯写道：“听瓜兰迪回答问题时，我意识到法庭的所有成员都是军官，从中尉到上校，没有一位普通士兵。”他觉得要是有前线战士在场，他一定能理解自己的心理状态。后方梯队的军官缺乏作战经验，没资格判断前线作战步兵的恐惧和不满，无法理解他们为什么逃走。

威尔逊少校展示了证物A，精神病医生沃尔特·L. 福特1944年11月4日的报告，福特为“待决指控”专门进行了一次访谈，然后写了一份两页长的《违反军纪案的精神病学报告》。报告的第一页，福特少校的字迹不太清晰：

> 士兵于1944年6月加入第36师。他随军作战三个月，一路打到罗马，又攻入法国南部。他的小分队在瓦朗斯附近被敌军包围，失踪43天，在此期间与游击队和特种部队并肩作战，因此获得嘉奖。他说他逐渐变得紧张。总梦见在打仗，并难以入睡。他害怕坐车，受不了吵闹声。他在10月27日离开部队，因为他感觉已经无法再忍受战斗。

福特少校填写的表格要求他完成诊断，他写道：“我认为韦斯患有：（医疗诊断需要用大白话简单解释一下他的症状）轻微的神经官能症、焦虑症，使他无法控制他在战斗中的行为。”

福特在“建议”这一栏中写道：“建议将以上症状作为考虑减刑的证据之一。”报告的第二页是一系列关于法庭问询的问题。大部分都跟韦斯是否能理解诉讼程序有关，福特一律填了“是”。而涉及刑事责任能力的四个问题，福特对被告的精神状态做了如下判断：

1. 他在违法时是否因为精神错乱而失去理智？——否。

2. 他是否因为失去理智而意识不到自己的所作所为是什么性质？——否。

3. 他是否因为失去理智而意识不到自己的所作所为有什么后果？——否。

4. 若他知道性质和后果，是否因为他的精神问题而无法控制他的行为？——否

报告上有个关于违法者行为的问题：“被告在违法时是否有情绪失控或身体不适，从而影响其行为？”福特填了“是”。

福特的报道递交上去之后，辩方宣布陈述完毕。

控方再次提问。控方助理琼斯上尉问：“韦斯，你有归队继续作战的打算吗？”

“除非去别的部队，长官。”

“你愿意回第 143 步兵团 C 连继续战斗吗？”

“我认为我不适合回 C 连，长官。”

“你下定决心不回去了吗，韦斯？”

“我还没有下定决心，长官。我感觉我快疯了。”

“列兵韦斯，你有没有努力磨练你的意志？其实你已经下决心了，你愿意去别的部队战斗，对吧？”

“离开前线，长官。”

“你到底愿意，还是不愿意回去打仗？”

“我听不懂这个问题，长官。”

“我觉得你听懂了，韦斯。你愿不愿意回到前线的连队，继续作战？”

“我想我做不到，长官。”

辩方和控方做了总结陈词，但是法庭书记官漏记了。15 名参与审判的军官退了下去，讨论如何裁断。

韦斯坐在威尔逊少校身旁，等候判决。没过多久大家都回来了，也就是说他们并没有讨论多久。军法官克拉克少校要求韦斯起立。法庭记录上写着：

> 经过不记名投票，每项罪行都有三分之二在场的成员投票通过，法庭宣判被告有罪：
>
> 罪行 1：有罪
>
> 罪行 2：有罪
>
> 罪名：成立

三分之二的成员投“有罪”，也就是说有五名军官认为韦斯无罪。换成民事审判，韦斯会被当庭释放。1920 年编成的《军事法庭手册》经过 1943 年的修订，军事法庭有了一套成熟的自己的规矩。多数投票认为韦斯违反了《军法条例》第 75 条，面临死刑。宣判后，法庭宣布韦斯没有任何犯罪前科。还有韦斯的基本薪饷是每月 60 美元，有不到 22 美元发给家人，6.4 美元交政府保险。当问及这些信息是否准确是，韦斯说：“报告长官，除了薪饷之外，我每月还领 70 美元的战斗奖金。”

法庭再次休庭量刑。韦斯面不改色地等候着。15 名军官又通过不记名投票决定对韦斯的惩罚：送他进监狱，或是“枪决”。几分钟后审判人员回到长桌前，讨论的时间太短，意味着他们没有争论。15 名军官中的福克纳中校命令韦斯起立。当时的小教堂跟大雪覆盖的小镇一样冷。福克纳宣

布 :“列兵史蒂芬 · J. 韦斯，编号 128033，你被开除军籍，罚没已发和未发的薪饷、津贴，在核准当局直接管辖的拘留场所服终身劳役。”

记录显示有四分之三的人投赞成票，即 11 名军官。“审判在 1944 年 11 月 7 日下午 14 点半结束，进行下一项事宜。”

决定 19 岁的列兵史蒂芬 · J. 韦斯命运的审判持续了五个小时，其中一小时在吃午饭。他被判终身监禁。

韦斯写道 :“他们没有杀死我，可我当时才 19 岁，我的人生已经完了。从那以后我成了一具行尸走肉。要是直接杀了我，还能好受点，因为我一点也不怕死。”

在那个星期二，正在投票的美国人的不止审判韦斯的 15 名军官。在美国本土，选民投票从富兰克林 · 德拉诺 · 罗斯福和托马斯 · E. 杜威之间选出总统和三军统帅。当时罗斯福知道他的支持率占压倒性优势，有望第四次连任，这是史无前例的事情。史蒂夫 · 韦斯跺了跺脚，以防冻伤。跟他同处一间牢房的有杀人犯、强奸犯、小偷和别的逃兵。将近一年前，在安齐奥海滩的围栏中关押的逃兵提醒过他，也许会落到他们那个地步。他当时还不信，后来他也不敢相信。

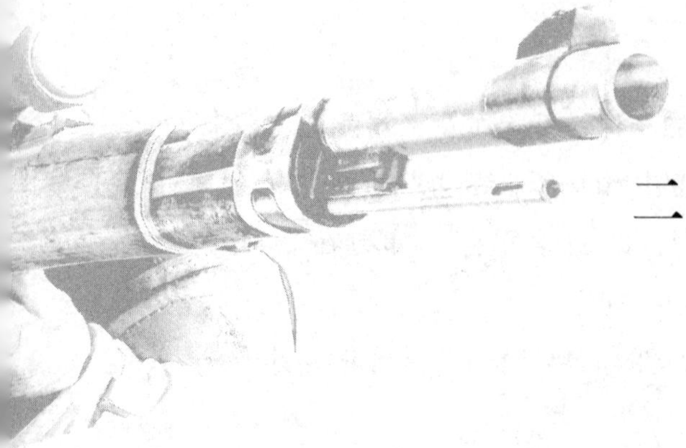

二十七

关禁闭可能起不到什么作用——有时还会使情况变得更糟。

《战士心理学》，第 355 页

1944 年 11 月，列兵史蒂夫 · 韦斯离开布吕耶尔的围栏，和其他犯人一起戴着镣铐乘火车往西去。换了几次火车，几天后来到巴黎东站。一名宪兵在火车站接韦斯，韦斯跳上了他的吉普车。宪兵没有给他戴上手铐，韦斯问为什么？宪兵回答说 :“即使放了你，你有地方可去吗？”

只有一个地方可去，在 100 英里外的勒芒附近的卢瓦尔惩戒训练中心。宪兵开着敞篷吉普在夜色中穿过解放后的巴黎，韦斯无心欣赏地标建筑。他们从西门出城，经过凡尔赛宫，在第 10 国道停车吃点宵夜。他们走进一所供军队卡车司机吃饭的食堂，屋里弥漫着香烟的烟和厨房的油烟，宪兵和犯人只顾吃饭，谁也没说话。吃完饭他们没有逗留，马上赶路。路上景物十分荒凉，到处都是几个月前那场战斗的伤痕，迎面刮来的寒风像刀割一般。韦斯记不得经过了多少片牧场和草地，无期徒刑的判决剥夺了他所有的感觉。他才 19 岁，“终身”漫长让得他难以想象。吉普车经过勒芒，巴顿将军的第 3 军在 8 月 8 日解放了这座城。穿过萨尔特河，接着向西，驶过冰封的草地。宪兵把车驶离主路，沿着一条小路来到一片地图上没有标注的区域，另一名宪兵在等他们。

送韦斯过来的宪兵要求开张收据，就像送货一样，把年轻的犯人交给宪兵之后，吉普车就开走了。韦斯看着四周荒凉的景象，想问惩戒训练中心在哪。宪兵告诉他还不存在，韦斯要和其他犯人一起将它修建起来。

这片区域在 1944 年 10 月 17 日前还是农田，第 2913 建设支队从英国来到此地，要在这里建起一座监狱。德国战俘打好了地基，等候 4500 名美军罪犯来建。韦斯到时，只见到三间小砖房。一间当作诊所用，另外两间是食堂和办公室。剩下的所有设施都需要犯人来修建，包括他们住的牢房，还有防止犯人逃走的哨塔。韦斯和另外一名犯人在一间小帐篷里住了一晚上。第二天一早，后勤部的黑人卡车司机运来了木头、铁丝网、铁钉等材料，让犯人修建他们的新家。他们用铁锹砸破冰冻的地面，在这片区域的四周竖起界桩。犯人手脚麻利，干了很久。工作结束后就在食堂外排队领吃的，大家共用一个厕所。由于毯子不够，他们睡觉都穿着衣服。

犯人的衣服既不保暖，也不防水。雨下个不停，浸湿了他们的外套、裤子和军靴。他们用冰冷的双手拍打身体取暖。患上肺炎的人会被送到军队医院治疗，一旦恢复就马上被送回来。营地食堂不提供热饭菜，犯人几乎都是吃干粮为生。韦斯写道："反正我们在前线也吃不饱饭，还真算是公平。"

韦斯注意到大部分宪兵在入伍前都是警察。他对这些人的评价不高。有位负责的中士经常拿着一根帐篷的撑杆，要看哪个犯人不顺眼，就给他一顿揍。他曾经是纽约的一名警察，却没给来自纽约的韦斯留情面。韦斯管他叫"弓形腿"，还给另一位宪兵取了个绰号叫"大个子艾尔"，他在芝加哥当过警察。营地的指挥官亨利 · L. 佩克中校曾是个建筑承包商。韦斯记得："有时我看见他走进自己的办公室，阴沉着脸，说话斩钉截铁，有种拒人以千里之外的感觉。我很想知道他为何能接受管理监狱这个岗位，和一群违法分子一起困在荒郊野外，而别的校官都在第一线带兵打仗。"韦斯自己到过"第一线"，他的那段经历以失败告终，而且他明白前线将领所面对的危险比步兵少得多。有件事让韦斯很烦恼，那就是在惩戒训练中心，他们既没有训练，也没有改造。他们"只是像货物一样堆在那儿"。

修建惩戒训练中心是为了作为军队“惩戒军营”的补充，因为通常只有罪大恶极之人才被关进“惩戒军营”。新机构名称意味着惩罚理念的革新，即犯人保持军人的身份接受训练和继续服役。另一所惩戒训练中心的《囚犯手册》上写道：“服役的目的是为了将能够展现自己的态度、品行、才能、素养的人送回部队。”然而大部分惩戒训练中心都未遵循这套理念。在英格兰斯塔福德郡的利奇菲尔德惩戒训练中心，看守对犯人非常残暴，对逃兵下手尤为狠毒，甚至有看守因为虐囚而被送上军事法庭。韦斯发现，卢瓦尔中心并没有改造任何囚犯，也没有将任何人送回军队的项目。只有无休止的艰苦劳动，毫无理由的残暴，物资匮乏，食物短缺。

战区宪兵司令弥尔顿 · A. 雷科德少将制定了一套方针，规定：“对犯人的惩罚不能太轻，不能比打仗更吸引人，也不能太严，否则会阻碍改过自新的可能。”根据他的指示，犯人必须睡在室内的“木板或者木床上，不提供床垫；住在帐篷里的人（像韦斯一样）必须有少量干草铺成的床。”至于伙食，雷科德少将指示：“除非极个别特殊情况，不允许吃肉。”又补充：“不为犯人提供电灯。灯光只能用于辅助工作。”

到了 12 月的第二周，营地有了一个大致轮廓：牢房区域有足球场那么大，犯人在里边搭起双人帐篷；在地上挖出了一些禁闭坑，顶上封着铁网；营地四面围着铁丝网，并用铁丝网划分区域；还有哨塔，宪兵站在上面拿着 0.30 口径机关枪，只要有人踏出营地一步，他们就开枪。宪兵司令办公室报告说犯人很快建起了一个院子，“由高 14 英尺的双层围墙围成一大片区域。11 个笼子里关着不同罪名的犯人。”韦斯和其他逃兵关在一起，他们的刑期从 20 年到终身不等。这场战争和他父亲的战争完全不同。

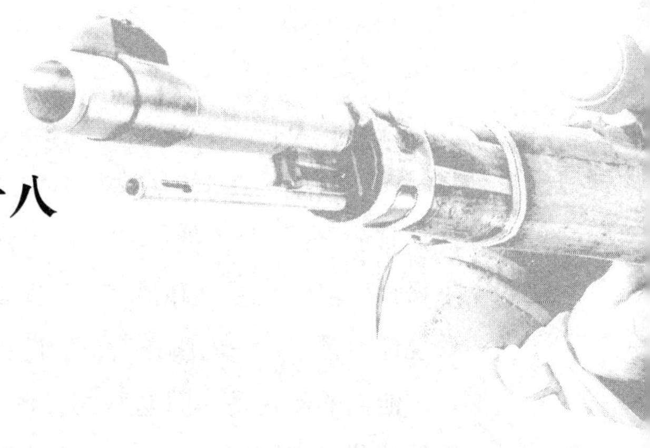

二十八

将怒火分享、控制、引导，使之为消灭敌人这一目标服务，成为生存和获胜的强大力量。

《战士心理学》，第 325 页

1944 年 11 月 23 日是感恩节，当时身在施内艾佛尔的艾尔弗雷德 · T. 怀特黑德下士心里有太多感激。自从 10 天前从巴黎回到第 2 营后，比利时和德国边界的战场没有任何动静。第 38 团挖出深深的战壕，用随处可见的松树建起小木屋。他们甚至在前线建起一座小教堂，哪怕放到大卫 · 克洛科特 [1] 的年代，这一举动仍不太恰当。多数时候都是炊事兵送来吃的，好的猎手还会打些野味来吃。随军教师查尔斯 · B. 麦克唐纳写道："美军按兵不动，战线另一侧的德军总体来说是很满意的，他们也尽量待在自己的战区不动。"但是步兵的状况并没有太大好转，因为有例行侦察，还得躲避迫击炮和大炮。

为了庆祝感恩节，指挥连转移到比利时境内的圣维特镇。他们撤离前线时，怀特黑德和另一位士兵坐在卡车的后挡板上。车开出 10 英里，士兵看见路边有辆着火的救护车，一定是被德军炮火击中了。他们还没来得

[1] 大卫·克洛科特（Davy Crockett，本名 David de Crocketagne，1786 年 3 月 17 日— 1836 年 3 月 6 日），美国政治家和战斗英雄。他曾当选代表田纳西州西部的众议员，因参与得克萨斯独立运动中的阿拉莫战役而战死。

及反应，德军的炮弹朝他们射来。“一声爆炸突然响起，卡车剧烈摇晃。”怀特黑德写道：“弹片从我头上飞过，离我就几英寸，直接击中了旁边一位士官的手。”卡车加速驶入一个弯道，司机把大家带到安全区域后就倒下牺牲了。怀特黑德和另一名士兵跳下车，冲进大雪覆盖的田里。那位士兵说他中弹了，他的脚在流血。医护兵把他扶了起来，大家继续前进。

他们的住处是一间老旧的农舍，农舍的前廊让怀特黑德想起了“远在田纳西州的家”。他们在农舍里洗了热水澡，换上新衣服，还看了劳军联合组织准备的节目。火鸡和各种小吃摆上了桌，可怀特黑德还没从炮击中缓过劲来，无心享用美食。他溜出了房子，进森林里打点野味，就像小时候逃避继父一样。日落之前林中没有值得放枪的动物。一只“大野兔”跳进他的视野。他一枪打中了野兔，但还是提不起胃口，于是把猎物送给了一位比利时农夫。

一周后怀特黑德回到了前线，他在侦察和站岗之间换班。他头一回收听有名的柏林电台，听见一位美国女播音员的声音，她自称是“麦克风前的米奇”。士兵都管她叫“轴心国的萨莉”，而她的真名叫米尔德丽德·伊丽莎白·吉勒斯。1935 年，她辞去了在柏林教英语的工作开始为纳粹播音。1941 年美国参战后，美军成了她的目标听众。她用迷人的声音勾起士兵的思乡之情：“我猜你们一定非常想念家乡的某个人，但恐怕她正围着某个没有参军的人团团转。”她呼吁士兵投降，说只要投降，就能享用“鸡蛋和培根”，这些都打动不了怀特黑德。他记道：“那种宣传都是在胡扯，一点都打动不了我们。”

12 月 11 日，第 106 步兵师从单薄的防线上换下了第 2 师。第 2 师坐车向西，经过圣维特，来到比利时艾森伯恩山脊附近的营地。他们在那集结，准备进攻比利时的克林科尔特和卢森堡的德莱伯恩之间的公路。目标是占领鲁尔河上的鲁尔大坝。当时大坝由德军把守，准备水淹逼近莱茵河的美军。12 月 13 日，第 2 师离开艾森伯恩，来到另一个比利时小村罗彻拉斯。第 9 团试图从那儿攻破德军防线。第 38 团紧随其后，一旦第 9 团突破防线，他们就随之攻入。然而德军在瓦勒沙伊德关口顽强抵抗，阻止了这此行动。

双方对峙直到12月15日。那天下午，第38团正在等待第9团突破防线，炊事兵把热腾腾的饭菜送了上来。克里夫·伯克利根据他父亲的回忆写道：“对老兵而言，那顿饭就像是死神之吻。他们畅快地吞下饭菜，他们很清楚这顿饭意味着什么：他们要战斗了——马上就要打响！”

12月16日清晨，第9团第2营撕开了德军防线，俘获大量敌军，攻占好几个碉堡，紧接着第9团第3营跟了上来，接着是怀特黑德所属的第38团第2营。“来到攻击位置后，我们不再有森林的保护。敌军在他们的堡垒前清理出了一大片攻击区域，在里面布下了密集的铁丝网和地雷。”第9团第2营打头阵。B连的查尔斯上尉写道：

> 午夜时分，(第38步兵团)的第2营守在瓦勒沙伊德据点的桥头堡，另一营的士兵成列悄悄过桥。两个营分别向西北和东北攻去。快速攻占了一个又一个据点，用蜂窝炸弹炸开碉堡的门，杀死或者俘虏守军，把散兵坑里疲倦的德军士兵一个个叫出来，最后在关口一举俘获了77名敌军士兵。

怀特黑德称自己对这场胜利贡献不小。他说他摧毁了“16个火力点，包括几座配有火焰喷射器的碉堡”，经历过这场战斗的其他士兵则表示怀疑。怀特黑德还说他的排长要为他申请银星勋章。第2营又向前推进了1500码，穿越蒙绍森林时遭遇了德军火炮和机关枪的攻击。截止到12月17日，这场攻势已经取得了令人满意的战果。

当天的自然环境对德军有利。大雾和雨夹雪让美国士兵苦不堪言，也让盟军的飞机无法起飞。怀特黑德在挖战壕时，一名传令兵找到了他。他记得那个年轻人说：“德军攻破了我们的阵线，夺取了我们的水库和邮件存放处，所有的圣诞节礼物都没了！”怀特黑德说：“你在开玩笑吧！”第

9 团和第 38 团深入德国境内，当时他们和他们的指挥官都还不知道德国陆军元帅格尔德 · 冯 · 龙德施泰特发动了一场大规模反击，后来报纸上都称之为“突出部战役”。意识到传令兵并不是在开玩笑，怀特黑德心想：“我们都快赢得这场战争了，偏偏这时传来令人震惊的消息。”第 38 团马上准备掉头撤退。

第 38 团迅速从瓦勒沙伊德的十字路口撤离，退到艾森伯恩山脊。德军的攻势劈开了盟军阵线，目标似乎是要攻占比利时的安特卫普港，这个港口从 11 月 26 日起只对盟军舰船开放。到了晚上，第 2 营殿后，掩护大部队撤到罗彻拉斯。怀特黑德记道：“我们不清楚在当时战况下的大策略，一路上都在抱怨。而我很想知道后方的人究竟为何守不住我们已经攻下的地方。”由于军官和情报机构未能察觉到敌军的增援，使前线士兵付出了惨痛代价。接下来的三天，第 2 师等部队随着德军的逼近而拼死抵抗。缺乏战斗经验的第 99 师几近覆没。要害据点几经易手，军令传达受阻，甚至有人死于友军之手。

“交战双方都毫不留情，”怀特黑德写道，“地上躺着我们死伤的人，还有士兵躲在散兵坑中射击，德军坦克一来，把他们碾得支离破碎。”12 月 19 日早上，怀特黑德参与了一次侦察。走进一栋房子，一名党卫军军官举着刺刀朝他冲来。怀特黑德被军官的枪托击倒，他连忙起身，用小刀扎了德国人一刀。两人扭打了一阵，最后怀特黑德用手枪结果了他。当时的情形跟在诺曼底 192 高地很像。“在那三天里根本没时间休息，每天只有 10 到 20 分钟时间合眼。有几次我不得不抓一把雪抹在脸上，好让我保持清醒。还不停对自己说不会有事的，不会有事的。”

怀特黑德对 12 月 16 日到 19 日三天的记录似乎不太可信，有好几项别人立下的战功都被他归入名下：从他的位置呼叫炮击，消灭占领据点的德军；用反坦克炮破坏坦克，等坦克兵爬出来时用枪杀死他们；在一所德军占领的房子里躲藏，最后穿着德军制服逃出来。这几件事的确都发生了，但不可能全发生在同一人身上。他的服役记录上看不到这些英勇事迹，不过第 2 营因“全体士兵勇敢、精练、无畏的表现”所获的“杰出部队嘉奖”中有怀特黑德的一份。这一点毫无疑问。

在克林科尔特和罗彻拉斯战斗了三天，第 38 团清理了每栋房子，很多时候都是白刃战，最后以撤退告终。12 月 20 日，第 2 师主力撤到了离艾森伯恩 3 英里的高地。“艾森伯恩山脊比分散的公路和边境城更有利于防守。”美军可以从山脊上炮轰山下的德军。怀特黑德记得军官从不用“撤退”这个词，而说“移防”。

三天之内第 2 师至少有 1030 名士兵接受治疗，还有几百人阵亡、逃亡或者被俘。艾尔 · 怀特黑德还活着，没有受伤，没有逃走，也没被关进德军战俘营。曾在麦考伊训练过他的弗兰克 ·“干面包”· 科威亚泰克就不那么走运了，他成了德军的战俘。

圣诞节那天，德军集中兵力往南进攻巴斯托涅的美军第 101 空降师等部队。艾森伯恩附近的第 38 团士兵只能通过挖战壕和吃军粮的方式来过圣诞节。过了几天，怀特黑德在监督一队士兵埋葬德军士兵尸体时，表现得非常冷酷无情，连久经沙场的士兵都看不下去。他写道 :“我用铁镐敲进他们脑袋，把他们一具具拖开，拖到大坑的边缘，再用铲子把他们推下去。小分队里的其他人大多是新兵，他们看不惯我的做法，都瞪大了眼睛盯着我。”

怀特黑德的左腹疼了好几天，于是去找军医要几片止疼药。军医在麦考伊军营就认识他了。他给怀特黑德检查了一下，对他说 :“天哪，怀特黑德，你的战争结束了！”怀特黑德不敢相信。军医解释道 :“你得了阑尾炎，必须做手术。你得回英格兰的医院，痊愈后应该会送你回美国。”

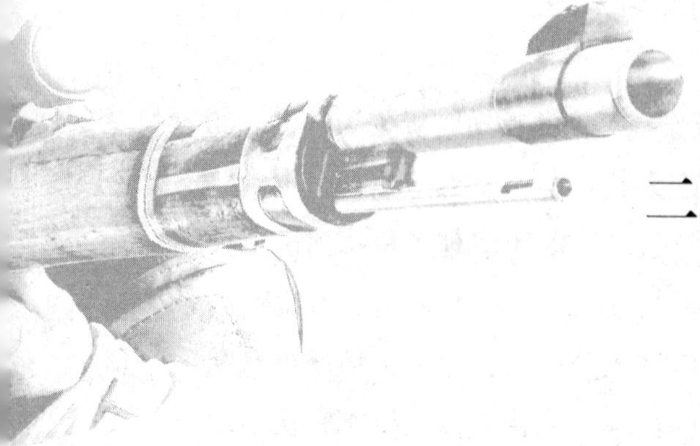

二十九

战争休克的患者不是懦夫，不是胆小鬼。他们也是战争的受害者。

《战士心理学》，第 353 页

12 月底的一个晚上，一名步兵上尉来到勒芒附近的卢瓦尔惩戒训练中心。犯人在外面站了一排，准备聆听上尉的讲话。上尉是一名正在疗伤的老兵，他问有没有人自愿返回前线。德军 12 月 16 日在阿登森林发起的反攻杀死了几千名盟军士兵，军队急缺补充兵，只要继续战斗就可以获得自由。战争结束后，不光彩的记录和指控会被清空，他们可以载誉而归。有几名犯人愿意回去，韦斯很羡慕他们的勇气。

韦斯对上尉说他愿意继续为军队服役，只要不让他当步兵，哪怕让他去排雷都愿意。他说自己的精神状态有问题，又没有接受治疗，不适合步兵战斗。上尉说要么当步兵，要么留在这儿。韦斯后来写道："我冷冷地回绝了他。"

每天早上日出之前，营地的号手会吹起床号。囚犯为了保暖都和衣而睡，连穿衣服的时间都省了。他们排成一队洗漱，然后去食堂领鸡蛋粉或粥。去吃早餐的路上，天还是黑的，韦斯听见身后有人吼了一句："走快点！"韦斯回了句："滚你妈的！"他真不该那么说。一名宪兵把他的头按在食堂的砖墙上，罚他保持这个姿势站了一个小时。韦斯听见身后一名中士吼道："就是这个王八蛋不听指挥吗？"韦斯还没来得及回答，脸上就挨了重重的一拳，头磕在墙上。韦斯写道："我眼冒金星，血顺着我的脸滴在地上。""弓形腿"一路拳打脚踢，把他拽进办公室。

一名军官要韦斯解释。韦斯被当众羞辱了一番，还挂了彩。他说以为叫他"走快点"的是个囚犯。否则他肯定不会还嘴。"弓形腿"为他为什么不戴手套，韦斯还没来得及回答，另一名军官就叫他闭嘴赶紧滚出去。这件事并没有结束，从那以后中士把韦斯当做了折磨的对象。后来有一次他抓到韦斯拜访别的囚笼，就用那根帐篷杆毒打了韦斯一顿。韦斯感到痛苦无助。

两名第82空降师的囚犯受不了了，在一天晚上剪断铁丝网逃了出去。第二天早上点名发现少了两人。看守怒不可遏，囚犯都乐坏了。韦斯写道："他们逃了出去，我感到很高兴。宪兵作为囚犯的体能指导，是一个清闲的岗位，却不得不被困在铁丝网中。想到这我更高兴。"囚犯之间用香烟打赌两位伞兵会不会被抓。

四天后，"弓形腿"中士抓着两名逃犯进了营地。他用帐篷杆抽打两人时，其他囚犯看了也都很难过。"弓形腿"把他们关进了地上挖的禁闭坑中，只给他们面包和水。一周以后，军方把这两人送到美国本土的监狱。官方的政策是"把没有挽救价值的人送回美国"。

关于"如何对待美军服刑士兵"，战区宪兵司令弥尔顿·A. 雷科德少将说："残忍的行为和超越常规的惩罚措施一律不可容忍。"但这并不妨碍宪兵在惩戒营里施暴，有的是故意为之，有人则是施虐成性而又缺乏监管。一天下午，营地看守让囚犯绕着基地行军。有个囚犯拐错了方向，一名宪兵吼道："嘿，回到队伍里去！"囚犯回到队列中后，那个宪兵掏出左轮枪朝他开了一枪。囚犯倒在地上，他捂着腿上的伤口，痛得大喊大叫。几名囚犯上前去帮忙，大家都为这种残忍行为感到惊讶和愤怒。另一名看守去叫医生，一小时后来了辆救护车，把囚犯送往医院。开枪的宪兵并未受到任何惩罚，囚犯都对他恨得咬牙切齿。

史蒂夫·韦斯遇见了两个第36师的逃兵，吉姆·迪克森和弗兰克·图雷克。上次见到迪克森还是在里昂，他和克拉伦斯·韦道要去救护站求医生治治他们的神经官能症。医生接收了韦道，认为他自从差点被德军烧死之后就不说话了，的确需要治疗，把迪克森送回了第36师。军事法庭以“敌前退却”的罪名判他服25年劳役。韦斯说：“我记得在惩戒训练中心遇到了迪克森，但我们再也没有共同语言了，我不再信任他。”同在10月28日那天逃亡，两人在惩戒训练中心见过第一面之后，后来都互相躲着对方。

弗兰克·图雷克也跟韦斯同一天离开第36师，但他到C连的时间不长，还没跟韦斯成为朋友。韦斯说：“我们一起走过几次，互相还不认识。我只记得他的行动让我佩服，身在前线，情况那么危险，他竟然能直接逃出来。我做不到，我会犹豫不决。”

中心建好以后，日子放佛变慢了。没有书可以读，没什么工作可做，也没有体育项目、恢复项目和心理辅导。劳役除了让人劳累，没有任何意义。韦斯说：“有体操、行军，各种项目，我做过一两次领操。”有些犯人成立了一个合唱团，唱歌给别人听。合唱团中既有白人也有黑人，韦斯记得他们的曲目“是白人和黑人都熟悉的歌曲”。最受欢迎的一首是《战车轻摇》。白人和黑人能组成合唱团一起唱歌，并不意味着种族之间的关系融洽。韦斯就知道有位第36师的得州兵不愿意和黑人住一间帐篷。“他是个粗暴的家伙，又高又瘦，长得像加里·库珀。”得州兵揍了一名黑人，挨揍的黑人拼命反抗。其他人在一旁叫好，而宪兵根本不管。韦斯说：“两人打得非常激烈，我觉得没有分出胜负。”

卢瓦尔惩戒训练中心的囚犯中黑人数量占一大半，他们其中的大多数人所犯的罪行都与军事无关，是谋杀、强奸、盗窃、武装抢劫等罪行。军队的记录显示，同样的罪行，黑人囚犯受到的惩罚比白人要重，死刑的比率更大。在军队中，死刑的方式有两种：枪决和绞刑。一份1943年7月8日印发的军队宣传册上写着：“人们认为绞刑比枪决更不光彩，绞刑通常用于间谍、军变或违反《军法条例》第92条（强奸）。枪决一般用于军事方面的违法，如站岗时睡着。”

军事法庭宣判士兵死刑后，需要有人来执行。欧洲战场的所有美军士兵都练过步枪，都能完成枪决的任务。但是当过绞刑吏的人很少。被判处绞刑的人又比枪决的人多，因而不得不四处寻找绞刑吏。

美军最初的建议是雇用当地的刽子手，但一位美军指挥部负责联络法国军队的官员“怀疑在法国找不到绞刑吏，因为在法国没有绞刑”。美军又不愿意使用法国当地的断头台，只好到处寻找绞刑吏。

1944 年 9 月 16 日，美军在欧洲战场的后勤部的长官约翰 · C.H. 李中将给每个基地都发送了电报，寻找绞刑吏。他那条“机密信息”是这样写的：

> 请务必在各位的部下中开展秘密调查，寻找合格的绞刑吏。一旦找到合适人选，确认其是否愿意承担此项工作。若有合适人选，请将志愿者的姓名、军衔、编号、所属部队通过电传打字机拍发给我。

第 4237 军需品消毒连的埃里克 · 克利克下士自愿承担这项工作，其实他没有实施过绞刑，只是在美国见过几次罢了。还有两位志愿者站了出来，分别是第 5 工程兵特种旅的二等兵约翰 · C. 伍兹，和第 554 军需品补给站的托马斯 · 罗宾森。陆军部的艾伦 · C. 斯潘塞中校给李中将写信说：“伍兹的经验只不过是‘在得克萨斯州和俄克拉何马州各协助过绞刑两次’。”只要稍稍调查一下，就能弄清两个州早就用电椅代替了索套：俄克拉何马州是在 1911 年，当时伍兹才 7 岁；得克萨斯州在 1923 年也换掉了，即伍兹 20 岁时。纽约市的一等兵罗宾森以前是个面包师。尽管如此，军队还是任命伍兹为官方绞刑吏，罗宾森做他的助理。

军中诸将想让士兵来执行绞刑，正如枪决队也由普通士兵组成，不过他们要授予行刑人高于列兵的军衔。很快他们就做出了决定，战区宪兵司令弥尔顿 · A. 雷科德少将在 9 月 28 日写道：“人事参谋长承诺由我给行刑人定军衔，作为对他们即将从事的工作的补偿。我建议将行刑人提拔为军士长，行刑人助理提为三等技师。”

突然由列兵升为军士长，伍兹的军衔如今比一等兵罗宾森高出两级（官方记录有自相矛盾之处，有时称罗宾森为一等兵，有时为下士）。

从 10 月起，伍兹和罗宾森就开始用卡车拖着简易绞架穿越整个法国。军队对于强奸犯的政策是在哪犯罪在哪绞死。受害者及其家人都将受邀观看行刑，以示美军不会容忍欺凌当地平民的行径。如果案件发生的地方无行刑条件，就会换到惩戒训练中心实施。

伍兹和罗宾森在法国东奔西走，在 12 月中旬来到卢瓦尔惩戒训练中心，史蒂夫 · 韦斯奉命协助两人搭起绞架。有两个死刑犯将在此地被处死，一人犯谋杀罪，另一人强奸了法国妇女。两个人都是黑人。战争部在 1944 年 6 月 12 日出台的《军队处决流程》中规定了绞死和枪决军人的步骤和注意事项。韦斯跟行刑人伍兹聊了很久。这名 41 岁的军士长“身材矮小，来自得州的圣安东尼奥；他的帽檐压得很低，差不多与眼睛平齐；佩着一把 0.45 口径自动手枪”。伍兹像牛仔决斗一样耍了耍他的手枪，还跟韦斯讲了讲行刑的经历，听得韦斯津津有味。他自称在 14 年内绞死过 300 多人。这一数字显然是夸大了，他两个月前才成为军方行刑人，以前只协助过四次绞刑。韦斯和其他犯人在营地旁的小丘上搭好绞架，伍兹试了试绳索、活板门等设施。韦斯觉得一切都已准备就绪。

军方手册上所说的“仪式”开始了，一队宪兵打开关死囚的笼子，给他们戴上手铐。还关在笼子里的死囚开始大吵大闹，他们高声咒骂，拿饭盒敲笼子。别的囚犯站在各自的帐篷外。宪兵领着死囚走出营地大门，来到绞架下面。韦斯就站在绞架旁，看着黑人囚犯走了上去。营地指挥官、随军教士、军医都按手册的要求在台上等着他。伍兹也在其列。指挥官宣读判决书，问道：“在行刑前你有什么遗言要说？”死囚说没有遗言。

伍兹走上前去，按照规矩用头套罩住他的头。头套“像个黑绸子做的口袋，不仅能罩住头，还能罩住前胸后背。颈部有根绳子，用来固定头套”。韦斯记道：“伍兹把头套给那人罩上，把索套拴在他脖子上，然后打开了活板门。”死囚刷地一下不见了，按照规定，“绞架下方要遮挡起来，机关启动后，不能让围观的人看到死囚的尸体。”军医扯开军绿色帆布，进去确认人死了没有。韦斯看见那个人还有呼吸。军医取出听诊器在他胸前听了听，然后摇摇头。韦斯才发现死囚的脖子没断，他还垂在绳子的底端扭动挣扎，只有韦斯和军医看见了这一幕。过了15分钟，死囚的身体才停止动弹。军医又听了听，才发现死囚终于咽了气。

其实这场绞刑与规定不符。1944年7月8日陆军部的A.E.奥利里下令：“在执行死刑前必须做好准备，防止死刑犯受到过长的痛苦。”1944年9月27日军法官对这项命令做了补充：“行刑过程中，若设施出现缺陷，绳索断裂，未能成功执行，应重复死刑流程，直到完成指定的刑罚。”在这场绞刑中，他们事先既没采取措施减少死刑犯的痛苦，军医也没有建议割断绳子再来一遍。

这场绞刑像一场儿戏，跟那次在阿尔布西埃枪毙米利斯分子一样。两件事都让韦斯感到恶心。几天后，他又奉命协助绞死第二个黑人死囚。伍兹并未吸取前一次的教训，第二个死囚也是慢慢吊死的。韦斯推断伍兹没有过错，他写道：“也许是伍兹的过失，但也许是绞刑的方法不对。究竟是什么造成了他们的痛苦，原因可能永远不得而知。”

从登陆诺曼底到1945年秋天，军法官的记录显示“在欧洲站区共处死了70名士兵”。其中白人15名，黑人55名，即黑人占80%。

尸体被运往费尔昂塔德努瓦附近的一战公墓下葬，没有给他们立碑。没有通知家属他们的为何而死、葬在何处，这也与规定不符。有的家属在接到死讯之后又收到另一份电报，写着士兵死于“蓄意渎职”。战争部做出指示：“若死者的至亲或者其他亲属要求归还死者尸首，处刑人应当尽量配合，将尸体移交给亲属下葬。”在实际操作中，这种情况从未发生。韦斯本已确信军方对活人不公，如今又发现军方对死人也不公。

死刑的情况记者不准报道。1944年12月14日，欧洲战场的参谋拉尔夫·B.洛维特准将明确指示：“每次执行死刑之后，会将恰当的信息向媒体通报……在任何情况下，都不允许公布士兵的姓名、所属部队。”军方认为披露死刑的细节会损害我军士气。

1944 年与 1945 年之交的那个冬天，史蒂夫 · 韦斯做了很多遍军体操，思考了很多次他的罪行。虽然他的精神有些错乱，营地的精神病医生却没有为他治疗。卢瓦尔惩戒训练中心没有给青少年士兵提供任何精神病护理，也没有疗养和训练项目。韦斯以为自己一辈子都要在这儿度过了，没有人通知他就在他受审两天后，第 36 师的军法官重新审阅了他的判罚。达尔奎斯特少将的参谋长哈里 · B. 凯尔登少校在 11 月 9 日写道 ：“判决通过了，但是刑期缩减至 20 年。”

军事审判之后，战争部给威廉 · 韦斯拍了封电报，通知他儿子还活着。韦斯写道 ：“接到电报后，我的家人好好庆祝了一番。所有亲戚，包括远房亲戚都聚到我家。”他还活着，并没有在战斗中失踪，也没有死，只不过是个逃兵。逃兵的家人一般会觉得不光彩，但韦斯记得 ：“他们并不觉得逃亡算什么大事，我爸跟别人不一样。”这位一战老兵没有埋怨他的儿子，而是致信战争部，要给他申辩的机会 ：

> 写信给您是想说我儿子的事，即列兵史蒂芬·J. 韦斯，编号 12228033……他参军时才 18 岁。他曾多次向红十字会献血，他把每一分钱都存起来买国债，高中刚毕业就参军入伍。他的遭遇或许会引起您的兴趣。
>
> 他军训五个月后出征海外，先到非洲，又在安齐奥滩头堡奋战。我们收到战争部两封电报说他在战斗中失踪。他随第 7 军第 143 步兵团从法国南部一路打到北部。
>
> 和部队失去联系后，他加入了一支伞兵特种部队。1944 年 11 月 12 日的那期《扬克》杂志讲述了 13 名伞兵特种部队的事迹，掉队的韦斯就在其中。他们炸毁桥梁，阻止德军撤退。他们在一间谷仓住了好几天，最后终于和法国地下组织取得联系，得到法国游击队的庇护。

> 有一天游击队带着法国警察制服找到他们，让他们乔装打扮撤下前线。我的儿子向他的部队报到时生病了，他忍饥挨饿，还患上了神经官能症。医护兵却嘲笑他。
>
> 他们把他送上了高级军事法庭，指控他在与敌军交战时脱离部队，他得到的判决是终身监禁。军法官后来给他减刑为20年，服刑期间保留军籍，罚没所有薪饷和津贴。他自1944年11月7日起开始服刑。我请求您重新考虑此事。我的妻子有病在身，我的父亲年事已高，若任凭事态发展，他恐怕命不久矣。这样对待一个18岁的孩子是不公平的；他冻伤过脚，还有皮肤病。我们从他写的每封信中得知了一切。他为国效命，不该受到这样的待遇。请您调查这件事；我只求恢复我的儿子在军队中的位置，请给他一个公平的机会。我曾在一战中为国而战，获得过紫心勋章。

参谋长诺曼 · B. 努斯鲍曼向第36师的指挥官要求："提供回信所需的相关信息，如果有的话，请将军法官的复审报告一并提供。"1943年韦斯的父亲未能阻止韦斯参军，1945年他正尽一切所能将韦斯从监狱中解救出来。威廉 · 韦斯觉得军方能在1919年阻挠第77纽约师的胜利游行，如今他们对普通士兵一定不会好到哪儿去。与此同时，军方高层正通过层层运作，缓慢处理着列兵史蒂芬 · J. 韦斯的案子。

用军事法庭的来处置战斗疲劳症患者是一大错误。恶果之一就是优秀的士兵渐渐都被关进监狱，其实经过精神病医生的治疗，他们或许能继续战斗。对士兵自身的影响难以估量。因为战争破坏了他们的精神健康，正如子弹伤害了他们的身体，他们需要的是治疗，而不是惩罚。约翰 · E. 达尔奎斯特少将等高级将领渐渐明白了这个道理。1944年他曾要求第36师的军事法庭判更多士兵有罪，尤其是重判逃兵。到了1945年，他的观念发生了改变。当时他的第36师逃兵最多。2月27日，他给欧洲战场副指挥官本 · 李尔中将写信说：

> 曾在意大利作战的几个师的士兵正遭受严重的战斗疲劳症影响……他们身体都没问题，医生检查不出来毛病。他们的症状又不符合战斗衰竭症，因而按照现有的规则无法调到其他岗位。但这些人的确应当离开步兵师，因为他们失去了活力，会削弱新兵的斗志。
>
> 在过去的几个月里，我们已经在逐步努力清除严重衰竭症（神经官能症）患者和战争疲劳症患者。这一过程必须悄然进行，因为这件事一旦走漏一点风声，我们的救助站就会涌入大量的步兵，要求轮岗休息。

有的士兵陷入崩溃无可挽回，达尔奎斯特等步兵将领每天都要面对这样的现实。可是后方梯队的军官却不愿承认这一问题。E.S. 休斯少将看过达尔奎斯特少将的信后也给李尔中将写了封信："达尔奎斯特说应当把失去活力的士兵从步兵师中移除，我不同意他的看法。我认为达尔奎斯特少将小题大做了，精神的疲劳没那么严重。"

军队中有些机构的观念在变。1945 年春，陆军医疗队派遣精神病医生去各个监狱调查犯逃亡罪的犯人。一位医生来到了卢瓦尔惩戒训练中心，他要求调查史蒂夫 · 韦斯。韦斯记得："我在营地的办公楼里见到了一位有学者气息的人，他中等身材，黑色头发，戴着眼镜。"

医生问他："感觉怎样？"

"说不清，"韦斯说，"没感觉。"

两人开始交谈，这还是韦斯参军以来头一回聊起他的所作所为和他的遭遇，还有他的印象。他把藏在心底的话一吐为快，这些话甚至在审判时都未说出口：他跟西蒙斯上尉的疏远，他的战斗经历，他在抵抗军和战略情报局的日子，回到第 36 师感到的被抛弃的感觉，朋友的牺牲，面对炮火的恐惧和崩溃。医生对他表示同情，韦斯没有想到一位军官会有这样的反应。医生把韦斯的困惑写了下来，解释说韦斯把他对西蒙斯上尉的愤怒发泄到自己身上了。他说为了保持理智，韦斯应该直接面对西蒙斯，而不是逃跑。他说："长期作战让你别无选择，要么咬牙坚持，要么退却。你选择了后者，因为你再也忍受不了更多焦虑了。"自从韦斯参军以来，第一回有人理解他。

医生说逃走并不能说明韦斯是个懦夫。"你只想缓解痛苦的情绪，但你没有学到正确的方式方法。"精神分析法的术语让韦斯感到陌生。在下结论之前，医生让韦斯好好琢磨琢磨他的话："有人犯了一个大错。"

"什么样的大错，长官？"

"你不属于这儿，你应当去医院。"

与此同时，各个惩戒训练中心的军官都在汇报他们的逃兵中至少有一半人患有"战斗疲劳症"。在卢瓦尔中心，90% 的逃兵都来自步兵连。检查过韦斯的医生建议撤销对他的起诉，让这位年轻的士兵归队。

几周过去了，韦斯没有得到任何消息。他忍受着监狱的日常生活，慢慢失去了离开的希望。4 月，罗斯福总统去世。5 月，红军攻克柏林。希特勒饮弹身亡，德国投降。欧洲有部分美军士兵准备动身奔赴太平洋战场，参加对日战争。历史事件接连发生。6 月的一天，一名军法署的上校来到卢瓦尔中心审问韦斯。上校看过军医的报告，认为应当再给韦斯一次机会。韦斯的未来掌握在他手中：是在监狱里呆 20 年，还是回到美军之中。韦斯站在上校桌前，等他阅览档案。上校问道："你愿意上太平洋战场战斗吗？"

韦斯立正回答："愿意，长官。"

这才是正确答案。其实韦斯对步兵师的看法并没有变。每个步兵都知道，艾森豪威尔将军下过一道命令，任何在两个战场作战的士兵都不会被派到第三个战场。韦斯在地中海战场的意大利和欧洲战场的法国东部打过仗。军队不会强迫他去太平洋战场。上校显然不清楚艾森豪威尔的命令，他同意将韦斯释放，恢复原来的军衔。韦斯自由了，他也不会被派往太平洋，他的终点是巴黎。韦斯笑到了最后。

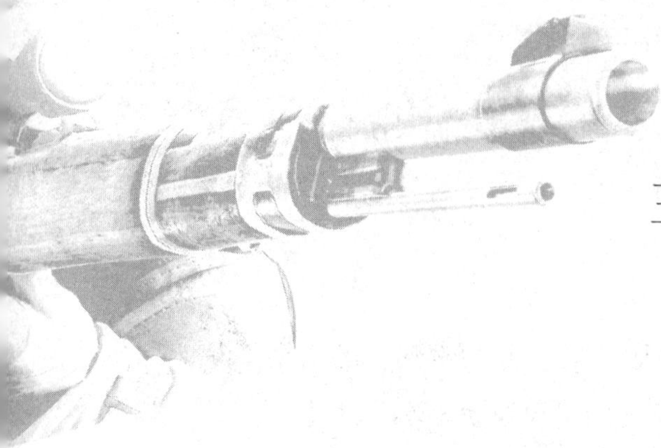

三十

爱无可取代。赢得战争，返回家园和爱人团聚是分离之痛的唯一解药。

《战士心理学》，第 342 页

艾尔·怀特黑德在巴黎的塞纳基地第一医院治疗期间一点也不配合。1 月初他刚到医院，护士让他把所有武器都解下来，他握着他的手枪不肯撒手，睡觉都要放到枕头底下。他吃得很少，吃了好几个月的军粮把他的胃口弄坏了。他睡不着觉，吃安眠药也不管用，他买通了一个人帮他带些“苹果白兰地、科尼亚克酒，或者随便什么酒”。结果弄到一瓶苹果白兰地。怀特黑德把酒拿到厨房，和葡萄汁混在一起喝了下去。他记得后来他一觉睡了三天。

醒来时，一名美国护士告诉他治好阑尾炎后就送他回去。“这是我到这儿之后听到的最好的消息，我没问原因——我以为他们会送我回第 2 步兵师，因为我的腹痛已经缓解了。”1945 年 1 月 11 日，第 2 师还在比利时的艾森伯恩山脊死守。军队却把怀特黑德派到了第 94 预备营，当时驻扎在巴黎南部枫丹白露的补给站。

1 月 12 日早上 10 点，怀特黑德来到补给站，一到那就感觉无法适应新环境。他不愿意当补充兵，很想被派到别的部队。他说第 2 师才是属于他的地方。但他发现他自己患上了“战斗疲劳症，可能拖累战友，也会害了自己”。补给站大部分军官和士官跟补充兵一样都没打过仗。怀特黑德自从登陆日以来到 1944 年 12 月 30 日，战斗从未间断，荣获一枚紫心勋章、两枚银星勋章、战斗步兵徽章和杰出部队嘉奖。在他眼中，谁也不能对他发号施令，他谁也不服。一名年轻的中尉给了他一把一战时用过的老式机枪，让他拿着站岗，怀特黑德叫他赶紧把这把“破玩具枪”拿走。他接受不了自己已经不属于前线部队的事实，要求发给他一把汤普森轻机枪和一把军刀。

史蒂夫 · 韦斯不愿意回到 C 连，而艾尔 · 怀特黑德却因回不到以前的连队而大发脾气。到了 1945 年 1 月，德军在阿登森林的的攻势让盟军损兵折将，美军急缺步兵，这时政策又发生了变化。军队开始送伤病痊愈的老兵上前线，但不一定是回以前的部队。怀特黑德正过得百无聊赖，于是申请休假三天。下士、连长和随军教师轮番劝他再等等，他却把他们都骂了回去。他怒气冲冲地走出大门，一名哨兵大喊：“站住，否则我就要枪了！”怀特黑德回头喊道：“见你的鬼！”

怀特黑德走出补给站大门，他本可以像不少后方士兵一样逃离部队，奔向前线。史蒂夫 · 韦斯的营长戴维 · M. 弗雷泽中校在 1943 年这样做过，他逃出了北非的一家医院，参加了进攻意大利的战役。差不多同一时间，三名 19 岁的列兵逃离阿尔及利亚前往突尼斯作战。他们搭便车向东走了 800 英里，被第 1 步兵师的约翰 · T. 科利少校拦了下来。科利没有饶恕他们的行为，但还是让他们参加了战斗。他说：“你们真算是逃对了方向。”（科利后来晋升为中校，调任第 26 步兵团的第 3 营，这意味着上级默许了他派逃兵上战场的决定。）

怀特黑德走出补给站大门一个月后，一位美国红十字会志愿者也逃离了她在巴黎的岗位。她名叫弗吉尼亚 · 冯兰普，来自纽约州的杨克斯。冯兰普小姐不顾纪律的约束，向东逃走，找寻第 101 空降师的伤兵，报纸上把他们称为“在巴斯托涅攻城战中负伤的家伙”。突出部战役打响时，他们被德军第 47 装甲军包围，到了弹尽粮绝的地步。德军要求他们投降，代理指挥官安东尼·麦考利夫将军一个字回绝敌人："呸！"此举被载入史册。一周前，巴顿将军的第3军如约而至，解了巴斯托涅之围。吉尼[1]·冯兰普趁乱进了城。少校对她的到来感到困惑，她解释道："长官，我带了些甜甜圈，可以给士兵吃。"少校要把她当成奸细扣押起来，直到她答出1943年美国职业棒球锦标赛的冠军是哪个队，才打消了怀疑——对于一个纽约人而言一点也不难——冠军是布鲁克林道奇队。

怀特黑德穿过枫丹白露来到一个美国军人服务俱乐部，他没有逃向前线。当时第2步兵师正在突出部之役中苦战，他们十分缺乏有经验的战士，很愿意让他回去。怀特黑德想去弄点酒喝。美军服务俱乐部里的宪兵不让他进去，因为他没有通行证。后来他进了一家妓院，心想："横竖都是一死，拿着那把玩具枪上前线肯定会死，当个逃兵一旦被抓也难逃一死。我还不如就呆在巴黎好好享受享受。"于是他这样做了。

第二天一早，也就是1月19日，他入住了夏尔·弗洛凯大街的一家酒店，当火车卫兵时他就在这儿住过。酒店主人犹豫要不要给他房间，他说他不是逃兵，而是休假三十天。房间在走廊尽头，里边"摆着老旧的家具，墙上贴着褪色的墙纸"。他喝了一杯又一杯的酒，直到醉得不省人事。

他睡了好几天，跟许多长期在高度紧张中战斗的士兵一样。但他睡得并不安稳。他总做噩梦，梦中他身处炮火连天的战场。他惊醒好几次，身上直冒冷汗。梦中他的弟弟尤尔无助地出现在战场上。就这样时睡时醒过了几天，做了几天噩梦，他才出门找东西吃。

他来到一家小餐馆，一位腿明显有点跛的女侍者看他可怜，就又往他盘子里盛了些炒鸡蛋。他和一个法国人玩掷骰子的游戏，赢了几百块钱。（在怀特黑德的讲述中，他从未赌输过。）正要离开咖啡馆，两名宪兵走了进来。他们问他是哪支部队的，他回答说第2师。这并不是实情。因为从出院后他被分配到枫丹白露的第94预备营。宪兵要他出示证件，他掏出了当初拒绝交给护士的手枪。怀特黑德说，宪兵没有找他麻烦，径直离开了。

[1] 弗吉尼亚的昵称。

女侍者递给他一把钥匙，要他去附近一家廉价酒馆的房间里等她。她工作到半夜才回到房间。从那一夜起，两人的关系既是恋人，又是合伙人。许多美国逃兵跟他一样，都在法国找女朋友。怀特黑德写道："于是我俩同居了，我和那位跛腿法国姑娘。"她名叫莱亚，"她相貌清秀，黑头发，蓝眼睛，笑起来脸上有两个酒窝，非常美。"她教怀特黑德最简单的法语，带他去参观博物馆，看电影和戏剧。来自田纳西农场的男孩头一回体验到了文化生活的乐趣。他穿上莱亚给他的旧衣服，没人认得出他是当兵的。怀特黑德说："那个时候，我决定做回平民。"

在莱亚工作的咖啡馆，怀特黑德遇到了另外几个逃兵。但他们是德国兵，其中有一个军官，"金发碧眼，约35岁，性格在战斗的磨练中变得冷酷。"军官在德军占领巴黎时就在军中服役，他没和敌军一起撤离。解放5个月后的巴黎成了欧洲大部分逃兵的集中地。来自十几个国家的逃兵在巴黎组成了一个地下网络，与黑市贩子、皮条客、小偷、强盗勾结在一起，躲避美国宪兵和法国警察的抓捕。

大量脱离军方控制的武装人员潜伏在解放后的巴黎，给这座城市造成了巨大的混乱。一项美军法律研究指出："没有美军内部人员的暗中支持，任何解放区都不会出现黑市，这是显而易见的。不单只外国人有贪欲。"法国法庭对黑市小偷比美国军事法庭仁慈得多。法国军事司法部长谴责法国军事法庭"毫无原则的仁慈"。而美军的问题不在于惩罚不严，而在于难以抓捕给黑市供应美军装备的逃兵。

一天晚上，宪兵搜查了怀特黑德和莱亚住的旅馆。他们敲门时，怀特黑德钻出窗户，握着手枪躲在窗沿上直到他们离开。第二天，这对男女租了一间公寓。那是一间简陋的小公寓，位于塞纳河畔绿树成荫的德拉莫特匹克大街，宪兵不大可能造访。在新住处，怀特黑德和莱亚互相倾吐了自己的过去。莱亚的父亲在一个小村里当警察。莱亚爱上了一名小伙儿，父亲为了拆散两人，把莱亚送进了一家修道院。她抓住机会逃到了巴黎。德军占领巴黎时，她成了一名德国军官的情妇。怀特黑德承认他是有妇之夫，妻子在威斯康星。怀特黑德不敢给妻子写信，害怕被宪兵发现，于是莱亚帮他用法语了写封信，寄给了怀特黑德的母亲。怀特黑德希望母亲告诉塞尔玛他还活着。两人靠莱亚在咖啡馆的工资生活，日子过得很艰难。

另一位逃兵说凯旋门附近有家旅馆是黑市帮派的据点，建议他去黑市赚钱。艾尔来到弗什大道的一家小旅馆。大厅里坐着一名没穿军装的美国兵，像是在放哨。怀特黑德很谨慎，没有跟他说话。第二天一早，他又来到这家旅店。前台坐着同一个士兵。怀特黑德还是一句话也没说就走了。第三次去的时候，士兵正在看报纸，他问道："我猜你是在休假吧？"

士兵回答："才不是！我是个逃兵。你能拿我怎样？"

"我想入伙。"

怀特黑德见到了帮派老大，他曾经是一位伞兵中士，长得短小精悍，一头金黄色卷发。团伙一共七人，成员来自第 82 空降师、第 2 装甲师以及第 1、第 3、第 8 步兵师。中士怀疑怀特黑德是宪兵的密探，说要考验他：要想入伙，先得偷一辆六轮军用卡车。没过几分钟，怀特黑德就看见路上停着一辆军用卡车，一名黑人司机坐在驾驶室里。他爬上卡车，用手枪指着司机的头说："滚下去，朝前面霓虹灯的方向跑，一直跑别回头，否则我一枪打爆你的头。"

怀特黑德通过了考验，加入了为害巴黎的逃兵组织。他们团伙在中士的旅馆房间里策划抢劫，就像策划军事行动一样。他们的作案工具包括法军和美军的制服，各种偷来的武器，伪造的证件和偷来的汽车。怀特黑德写道："我们偷了更多卡车，把车上装的货物统统卖掉，再用卡车去抢仓库。"接下来的几个月，他们用军事战术来洗劫军用仓库。他们像侦察时一样，悄悄尾随卫兵，从后面把他们敲晕，然后大肆掠夺。他们把作案范围扩张到比利时境内，从那儿偷来民用车，开回法国卖掉。

怀特黑德觉得黑帮行动要比战斗刺激得多。一天夜里，他和同伙盯上了一辆停在某军事指挥部门前的蓝色别克轿车。车上贴着两颗星星，显然车的主人是一位美军将领。他们跳进车中，强迫司机开走了车。宪兵朝他们射击。怀特黑德和另一个人朝后面还击。两人都没被打死，但车身上被打出了很多个弹孔，他们不得不把它抛弃。有时他们会假扮成宪兵，在街上遇到的真宪兵还对他们敬礼。他们还检查新兵的证件取乐。他们抢劫咖啡馆，开吉普车逃走，宪兵骑着自行车在后面追，根本追不到。

伞兵中士的帮派只是在解放后的巴黎作乱的众多帮派之一。和巴黎的其他逃兵组织一样，他们“可谓全副武装，有 0.45 口径手枪、步枪、汤普森轻机枪”。怀特黑德总是带着他的 0.45 口径柯尔特自动手枪，此外还有两把 0.25 口径的小手枪藏在衣兜和军靴里。巴黎媒体把当时城市的状况比作禁酒时期的芝加哥，巴黎当局把所有混乱归结于一个原因：美国黑帮。突然出现的犯罪狂潮让军队犯罪调查科措手不及，记录上写道：

> 举例来说，从 1944 年 6 月（攻入法国的时间）到 1945 年 4 月这 11 个月期间，犯罪调查科总共处理了 7912 起案件，其中 3098 起涉及盗用军需物资，占案件总数的 40%。其他类型犯罪（强奸、谋杀、过失杀人、故意伤害）的比例更大，占案件总数的 44%，剩下的 12% 是抢劫、敲诈、入室盗窃、聚众闹事和叛变。

《时代》周刊报道：“士兵的地下市场像雨后春笋般涌现，在凯旋门附近、皮嘉尔广场、埃菲尔铁塔之下，在小酒馆、小餐馆，甚至交通拥堵时吉普车一停就有交易发生。”士兵提供的货物价格过高，犯罪调查科发现一盒香烟共 55 条卖到 1000 美元，20 磅咖啡卖到 200 美元。卖家既有逃兵也有服役士兵，卖出的货物自然都成了违禁品。怀特黑德对自己当时的犯罪行为自鸣得意，他写道：“我们几乎洗劫了巴黎的每家餐馆，只有我们住的地方的餐馆得以幸免，警察都疯了。”有一回他们一伙人走进小餐馆，要几箱科尼亚克酒和香槟酒。等老板帮他们把酒装上吉普车，他们就立马掏出武器，还顺便抢顾客的钱。怀特黑德记得抢了三个月的餐馆，一次都没被警察打扰。他们还入室抢劫，抢来的床单和收音机等物都“很容易脱手”。

偷来抢来的汽油、烟酒、汽车和武器让帮派成员暴富。怀特黑德在6个月内赚了10万美元，这一数字很可能夸大了。欧洲战场的宪兵司令在《历史：犯罪调查科》中写道："估计通过非法走私军需品实现的利润共20万美元"。这还是1944年底第716铁道营的150多名官兵偷窃数月的所得。怀特黑德无法将钱转移回国，因为军队在1944年9月23日颁布了"禁止汇入汇出美国和英国货币"的禁令。怀特黑德把钱藏在公寓的床下，后来他拿钱投资了一家餐馆和一家酒店，登记到莱亚名下，让她负责经营。

艾尔·怀特黑德通过与巴黎黑市合作，发家致富，过上了富足的日子。他偶尔在妓院过夜，经常喝得大醉。他遇见了一位正在休假的第2师士兵，于是请他去逛了妓院。看到怀特黑德过的秘密生活，士兵并没感到不安，反而有些羡慕。他说第2师目前正驻扎在德国和捷克斯洛伐克边境，他还要赶回去。怀特黑德自己也想回去，可是那位士兵警告他回去后可能会被枪决，落得跟埃迪·斯洛维克一个下场。艾尔说："哎，哥们儿，死在行刑队抢下和死在德军枪下有什么区别——一样是个死掉的王八蛋而已。"话虽如此，他还是留在了巴黎。

巴黎这座城对怀特黑德的诱惑力正在衰减。他的犯罪活动也在减少，他变得无事可做。5月7日，收音机里宣布了盟军胜利的消息。他记得听见播音员说："战争结束了！战争结束了！"虽然在法国待了7个月，怀特黑德的法语还是不怎么样。他走上街拍了几张盟军旗帜在街上飞扬的照片（后来这些照片都收入了他的回忆录中），然后回到公寓沉思。"那天整个巴黎的人和欧洲所有人都在欢庆，而我却坐在公寓里思考整件事。"他漫无目的地走在巴黎的街头，偶尔沿着塞纳河畔漫步。6月底，他告诉莱亚他想回家。唯一的办法是向美军自首。

其实最简单的办法是找一个最近的宪兵指挥所自首。但他没这么做，他搭火车前往捷克斯洛伐克寻找第2师。没有怀特黑德的第2师攻入德国，一路奋战，攻占了莱比锡。5月1日，第2师进驻捷克斯洛伐克。怀特黑德说自己是在捷克斯洛伐克向第2师自首的，可是6月18日第2师已经转移到兰斯郊外的临时营地。军方1945年12月13日的一封电报记录着怀特黑德"于1945年6月1日，在法国兰斯被捕"。7月12和13日，这支"独一无二"的部队的大部分士兵都从勒阿弗尔上船，返回纽约，其中就包括怀特黑德所属的指挥连。

根据怀特黑德自己的叙述，他在捷克斯洛伐克找到了第2师，向一名军士长报到，旋即奉命回到以前的排。在营地的监禁围栏中度过了几日后，他被移交给第2师的高层。怀特黑德最后所属部队是枫丹白露的第94预备营，第2师命令他回那儿去。他和另外15名强奸犯、谋杀犯、逃兵一起戴着手铐坐上一辆卡车，被送往6英里外的另一个监禁场所。

怀特黑德被关进了一所旧监狱的二楼，和50名犯人一起睡在牢房的地板上。第二天早上，卫兵把他换到一楼的单间牢房里。他说频繁地换地方，让他感到"不安"和愤怒。他决定越狱，于是开始用拳头砸墙，想把砖墙缝隙中的灰浆砸脱落，好挖个洞出去。直到晚上6点，他的越狱计划并没有多少进展。他又被送上一辆开往枫丹白露的吉普车。到了目的地，第9预备营的军官把他跟另外三位犯人关进了牢房。

第9营的例行记录上写着："被监禁在补给站时，怀特黑德下士很配合，能够顺利完成交给他的工作。他是自首的，而不是被逮捕的，因此没有理由认为他会逃跑。"怀特黑德对看守他的士兵说他已经认命，他的内心充满了悔恨。负责看守他的士兵是一等兵罗伯特·C.舒梅特，怀特黑德在日记里称他为"一名下士"。怀特黑德自己的军衔是下士，也许他不愿承认自己要服从一名列兵的命令。早上，舒梅特命令怀特黑德和另外两名囚犯打扫基地的一间大屋。怀特黑德讨厌列兵舒梅特，他说："他让我们倒烟灰缸和马桶，还说：'你们休想逃出我的手掌心。我也不会让你们闲着。'我心想：'你这蠢货，给我五分钟，我让你知道自己有多蠢。'"

怀特黑德觉得自己是个老兵，是个"职业军人"，瞧不起列兵舒梅特这个"新兵蛋子"。舒梅特命令他打扫办公室，他看到写字台上有空白的请假条，就偷偷藏了几张在衣服下面。有了请假条，他就能大摇大摆地在巴黎闲逛，不用担心宪兵来找麻烦。打扫完了办公室，舒梅特让三位犯人去食堂吃饭。怀特黑德坐在屋外，说他没有胃口，吃不下饭。舒梅特警告他要是想逃就开枪打死他，怀特黑德回答："我为什么要逃？我喜欢这儿……"舒梅特领着另外两人进屋吃饭。补给站当日的记录上写着舒梅特其实让怀特黑德打扫食堂，另外两人去厨房打下手。"从厨房和食堂的位置来看，一个人不可能同时监视两个地方。"下午 1 点半左右，怀特黑德说自己坐在屋外，官方记录说他在打扫食堂。两种说法只有一个地方是一致的：一眨眼的工夫，他就逃走了。官方记录上写着："他逃走的时间大约在 13 点 30 分。"他并没有逃远，他回忆说："我翻过石墙，摘了些树叶披在身上做伪装，躲在林子里。"

怀特黑德运气特别好，官方的记录上说："1945 年 7 月 23 日，大约下午 13 点 30 分，四名宪兵因为有事离岗，原因分别是：一人被人事科叫去修改记录；一人去查案了；另外两个在休假。"怀特黑德并不知道这个情况，他运气好，选对了出逃的时机。

第 9 预备队补给站宪兵指挥部的约翰 · F. 康诺利中尉曾写道："搜捕逃犯的行动马上展开，我们搜查了城镇和火车站。还派一辆车沿着 N7 公路前往巴黎，又从 N5 公路返回，没有任何线索。"

怀特黑德披着枝叶像条蛇一样在林子里趴了一天，躲过了宪兵的搜寻。午夜的钟声敲响，他爬出了藏身之处。他脱掉了套在外面的囚服，里面穿的是一身军装。营地四面都被高墙围住，没有出口。好在有间屋子的门通向外面。他翻过墙，闯进屋子。屋里太黑，他找不到通往大街的门，于是打破了一扇窗户跳了出去。

宪兵和警察在街上巡逻。只要有吉普车驶过，怀特黑德就躲起来。他在火车站附近找了个地方，躲到天亮。7 点钟左右，有一辆客运火车正准备出发。怀特黑德跳上了火车，顾不上看火车去什么地方。他问列车员火车的终点站是哪，回答说是"巴黎"。正合怀特黑德的心意。

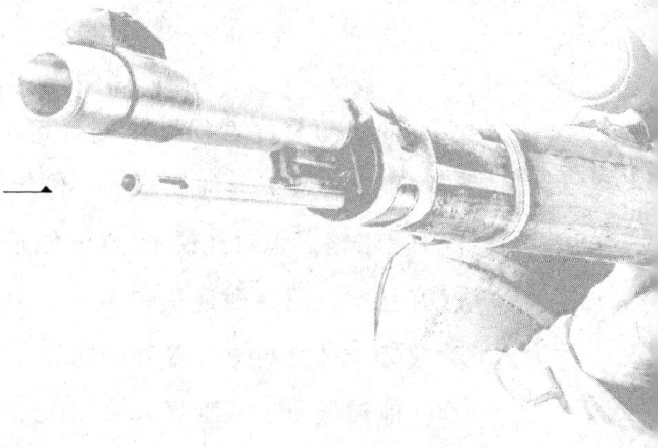

三十一

每个人都有自己的极限，不管他的精神和身体有多强壮。哪怕意志再坚强，也无法超越那些极限。

《战士心理学》，第 320-1

1945 年 4 月 25 日，苏联军队和美国军队在易北河会师。盟军占领了德国，希特勒一命归西，第三帝国土崩瓦解。5 月 7 日下午 2 点 41 分，德军最高指挥官在兰斯的一间校舍里宣布无条件投降。第二天晚上，所有战争行动正式结束。整个大不列颠的民众开始了庆祝活动。《每日快报》在头版上打出“彻夜歌舞”的标题，《每日邮报》上说：“9 点之前一片安静——9 点以后狂欢的人群涌到伦敦西区。”温斯顿 · 丘吉尔出现在白厅的卫生部时，人们唱起了《他是个快乐的好小伙儿》。

约翰 · 贝恩没有跟着一起唱。这名 23 岁的军人为国王和国家服役将近 5 年。在诺曼底的卡昂附近双腿负伤，当时正在疗养。欧洲的战争结束让他感到解脱，但是他内心还有更深的痛苦。许多有志气的军旅作家期待战争能让他们写出更多的诗歌、小说、戏剧，但是贝恩感觉他虚掷了青春。此外在北非阿卡里特河谷逃离军队，又因此坐牢两年半，这段经历始终压在他心头。要是再犯任何错误，不管情节多轻，军事法庭肯定会再把他关进监狱。

在柴郡的温维克医院康复期间，他又擅自离开了两次。第一次他穿着医院的病服，拄着拐杖蹒跚着走出了医院。他只有一天假，却在曼彻斯特待了不止一天。他偶遇了一位年轻的苏格兰姑娘，区辅助医疗队的马克西·麦卡洛。她对他说："别的姑娘，她们都做过那种事了，许多姑娘都做过好几次，只有我还是个处女，真让我烦恼。"她很想破身，贝恩也很乐于效劳。马克西想带着醉酒的瘸腿士兵溜进她的营房，不巧刚好被宪兵抓到，他被送回了温维克。第二次是有计划的出走，贝恩溜出医院去基督教青年会招待所和马克西幽会。两人需要找个私密的地方共赴云雨，而在那个年代男女共住酒店需要提供结婚证明，最后贝恩还是被宪兵抓住了。温维克医院的长官骂贝恩是个"屡教不改的浑蛋"，把他在神经病院的软垫病室里关了几天。

万幸的是贝恩并没有因为这两次出走被起诉。医院的长官受够了贝恩，就把他转移到了卡梅隆高地团的"忏悔石兵营"，位于苏格兰的哈密尔顿。这个疗养院"与其说是个医疗机构，不如说更像个军事机构"，要求贝恩穿军装，还让他接受体能训练和站岗。他的腿伤正在恢复，已经不需要拄拐了。但左脚踝还未痊愈，因而无法服兵役。

欧洲战场胜利的消息传来时，他本该待在兵营里直到减刑。但他没有选择等待，他心想："我要是继续待在军队里，一定会彻底完蛋，变成一个皮肤黝黑的呆子，失去想象力、智力和抱负。"他装好仅有的几件私人物品，背上行囊，再次逃走。

许多年后在一次电台采访中他说："我恨透了军队，不想过那种生活，于是起身逃走，一刻也不想等。还有6个月才轮到我退役，对我来说跟一年一样久。我想我是为了打仗才参军的，如今战争结束了，我可以走了。"一辆卡车司机带他去了伦敦北郊。约翰·贝恩已不再是那个在恍惚中逃离阿卡里特河谷的战士，当时他很清楚自己在做什么。他没有掩饰内心的喜悦，写道："我在逃亡的路上。"

接连逃回英国的士兵至少有两万人，英国各大城市里逃兵比战时还要多。国内有不少士兵逃离部队，在法国、意大利、比利时、荷兰和德国躲藏的士兵也纷纷回国。大部分是英国人，但也不乏美国人、加拿大人和其他国的盟军士兵。英国政府决定在和平后延长战时的配给制和全国身份证明一段时间，这样一来，没有证件的人就无法就业，领不到食物、汽油和衣物。这直接导致他们游离于法律之外，干起伪造证件的勾当。一旦被捕，就要蹲好几年军事监狱，还可能遭受罚款，协助犯案者也将面临最多6个月的监禁。逃兵的“共犯”中有德文郡农村的W. 麦凯夫妇，他们在农舍旁的马厩里收留了两名美国士兵，因而被罚160美元（约40英镑）。他们19岁的女儿多萝西为其中一名美国兵生了孩子，因此被县治安法庭判处两年缓刑，罚金40美元（约10英镑）。75岁的麦凯先生的儿子在英军服役，1940年6月敦刻尔克大撤退之后就一直躲在家中。1945年麦凯先生因为窝藏儿子也被判处缓刑。

贝恩18岁的妹妹西尔维娅从艾尔斯伯里的家搬到了伦敦，在谢泼兹布什的一间公寓，和男朋友还有一对年轻夫妇同住。贝恩找到了妹妹，她的男朋友名叫克利夫·霍尔顿，是个画家，两人是在另一位画家卢西恩·弗洛伊德的家中认识的。那对夫妇两人都很年轻，男的叫彼得·鲍尔，19岁，是个留着大胡子的英国小伙儿；女的叫伊冯娜，是个漂亮的法国姑娘，她逃出了德军占领的法国，在伦敦给艺术家当模特。西尔维娅向大家介绍他哥哥“弗农”，这是他参军前一直用的名字。回归平民生活让贝恩感到如获至宝。

贝恩在厨厅和西尔维娅、克利夫、彼得、伊冯娜一起吃了一顿芝士通心粉。贝恩和妹妹单独在一起时，他告诉她自己逃离部队的事，急需平民的衣服和一个住处。西尔维娅帮他解决了这两个问题，贝恩还担心西尔维娅的男朋友可能会反对藏匿逃兵。“噢，克利夫不会反对。”西尔维娅说，“他自己就是个逃兵，彼得也是。”

贝恩融入了一张无政府主义者、拒服兵役者和逃兵的人际关系网。1945年夏天，这张秘密的网覆盖了伦敦，其中有巴枯宁[1]的读者如克利

[1] 巴枯宁（Bakunin）：1849—1876年，俄国早期无产阶级革命者，著名无政府主义者。

夫，也有以偷军需品和抢劫为生的逃兵。克利夫把贝恩的戈登高地人团军装扔进壁炉烧成了灰，借给他一件深蓝色衬衣，说："这种颜色很经脏。"彼得给了他一双便鞋，在秋天之前都可以穿。他拿着西尔维娅的衣物票又自己添了点钱买了一条厚灯芯绒裤子。他写道："就这样，逃亡后的第一个夏天开始了，那段日子过得激动、紧张而又踌躇。"他经常去诺丁山、索霍和菲茨罗维亚的小酒馆，都是逃兵和放荡不羁的文人聚集的地方，狄兰·托马斯就曾光顾这里的酒馆。贝恩参军后就没再读书，如今又重新拾起这个兴趣。他的阅读兴趣还像以前一样广泛，有里尔克、卡夫卡、波德维尔、叶芝和奥登的作品。

克利夫在尤斯顿街的一家作坊帮贝恩找了一份工作，两人都在那加工木偶的脑袋。他们的老板叫帕特，以前是个海商。挣到钱后，贝恩在乔克农场租了一间小公寓。与帕特合作的那家公司突然不再收购他的货物，使他开不出工资，他便给克利夫和贝恩每人 200 个木偶的脑袋作为补偿。丢了工作，贝恩交不起房租，为了逃避房租他不得不逃走。帕特请他到自己家里来住，不用付房租，只要帮忙跑跑腿，照看一下两个小孩子就行。

贝恩混迹在酒吧，他在伦敦的生活失去了目标。夏洛特大街的一家酒吧有个人介绍他去伦敦大剧院当电工。工作内容是检修道具灯笼的灯泡，合唱团要提着灯笼上台表演，还有在关键场景给主要演员打探照灯。有一次，贝恩忘了把红色的滤光镜移走，结果打出来的灯光将演员置于"极为可怕的场景之中"。他曾在诺曼底慌乱之中忘记拉机枪保险栓，在控制灯光时也同样手忙脚乱，还不小心把探照灯打翻。没等到被人炒鱿鱼，他自己先溜走了。

没过多久，他又遇到一位名叫杰基的姑娘，跟她在科文特加登的蒙茅斯街同居。她说没准能用那批木偶脑袋赚点钱，只要她能给它们缝上身子。逃兵贝恩进不了大玩具店，只在酒吧里卖了几个木偶。他们把挣的钱拿去买酒喝，不够干别的。克利夫又给他介绍了一项生计，就是在街边集市上卖印度香水。有一天贝恩和杰基在酒吧喝酒，他忽然有了一个好主意。他是个职业拳击手，可以重操就业。

《拳击新闻》上有一则广告：想成为职业选手的业余拳击手，请联系威利·达尔金教练。贝恩来到菲茨罗伊广场的比尔·克莱因体育馆，达尔金为这位体重160磅的选手安排了一次测验赛。第二天，贝恩来到体育馆，他身穿运动短裤、运动鞋，嘴里含着牙套，这些装备都是他借钱买的。他的对手是一位强壮的爱尔兰人。尽管酗酒和抽烟让他状况不如从前，但他还是用强劲的左刺拳和右交叉拳把对手击倒。达尔金马上雇用了他。

贝恩减少了喝酒的量，刻苦训练，正式在体育馆打拳。他记得："在那儿训练的都是拳击好手，但都不是最优秀的。我跟弗莱迪·米尔斯打过几场，那真是惨痛的经历。"（1948年，米尔斯成为了男子75-81公斤级世界冠军。）贝恩的第一场职业比赛是在伊普斯威奇，一共有六轮，对手是一位更有经验的选手，来自罗姆福德。第一轮开局失利，贝恩被击倒。但第二轮和第三轮贝恩掌握主动权。第四轮击倒了对手，赢得了比赛。拳击管理委员会为约翰·贝恩颁发了职业资格证，也给了他一项生财之道。达尔金又为他安排了好几场六轮制比赛，贝恩全都获取胜，他自己说"对手都不强"。接着开始和更强大的拳击手进行八轮制比赛。

一天晚上，在夏洛特大街的菲兹洛伊酒店，贝恩对一位刚认识的人说自己是个逃兵，"或许是为了自夸"。他的酒友提醒他伦敦现在不适合逃兵。警察在到处抓捕逃兵。他不久前还看到索霍区的一家酒馆里有很多人被揪出来，关进了囚车。

在英国有两万名逃兵，将近一半躲在伦敦。还有两万应征去挖煤的工人逃走，这项罪行在当时与逃离部队一样严重。工党国会议员约翰·贝尔德呼吁政府宣布大赦逃兵。1945年11月29日《泰晤士报》总结了他在下议院的讲话："这些年轻人是战争的失败者，但他确信他们中的许多人在和平时期'会好好干活'。"他的声音没有得到回应。

《每日电讯报》指出"一战以来最大规模的匪帮活动正愈演愈烈"，警察和几家报纸都将其归罪于逃兵。伦敦大都会警察局的局长公布可起诉的犯罪比开战前一年，即 1938 年，上升了 34%。已结案的罪案中有 9% 是逃兵所犯。全英国 4700 万人中有两万逃兵，比例其实相当高了。据科文特加登的一名罪犯回忆，塞文戴尔斯附近从来不缺逃兵和武装抢劫。战后军队已经不再急需士兵，所以是少数逃兵的暴力犯罪迫使警察展开抓捕行动。

从 1945 年底到 1946 年初，警察封锁了伦敦的几个区域，通过排查持有可疑证件的人来抓捕逃兵。1945 年 12 月 14 日，两千名伦敦警察在英、美、加三国宪兵队的协助下，发起了“天网行动”。他们封锁了四平方英里的区域，逐一检查身份证，与此同时竟然还有一伙强盗闯进一家商店，“拖走了一个装有 800 美元的保险箱”。这次行动总共审问了 15161 人，只查出来四名逃兵：一名美军军官和三名士兵。伦敦的《明星晚报》指责警察采用了“盖世太保”的战术。

要是贝恩在天网行动当天刚好在西区，或者刚好在宪兵突击搜查的那家酒馆，他肯定会再次受到军事法庭的审判，并且再次入狱。贝恩在酒吧遇到的那个人劝他离开伦敦。那人在利兹学医，他说利兹逃兵很少，也没有警察的抓捕行动。那里生活成本低，而且文化生活丰富——有戏院、剧场，还有一所好大学和许多场公共演讲。贝恩考虑过后，决定搬到利兹。这意味放弃职业拳击手的生涯，和女朋友分手。他把这个打算告诉杰基时，她大哭一场，但拒绝和他一起搬走。

他知道英国军方已经把戈登高地人团的约翰·贝恩记在抓捕名单上，他改名为弗农·斯坎内尔。他的回忆录中没有提到为何要选斯坎内尔这个姓。他的儿子约翰·斯坎内尔解释说，有一回他和父亲在菲茨罗维亚的小酒馆喝啤酒时，“他说他曾在离这儿不远的一家妓院偷了一本护照，那上面的姓就叫斯坎内尔。”弗农·斯坎内尔喜欢这个新名字，某种程度上是因为彻底断绝了和父亲的关系。

在多数伦敦人眼中，利兹只不过是个北方的偏远地区，是荒凉的工业基地，一个沉闷无趣的地方。斯坎内尔写道：“起初我很讨厌那儿。”维多利亚时代遗留下来的贫民窟脏乱不堪，让他大为震惊。当地人的口音，“刺耳难听，就像外国人在说话，听上去可能并非是厌恶，只是有些排外的情绪。”医学院的学生让他在地板上睡了几天，后来住进了查珀尔顿区的“一间干净的小阁楼，但有点漏雨”。后来才知道这间位于查珀尔顿的房子属于北利兹共产党，其实并非躲避警察搜查的好地方 。1946 年的冬天异常寒冷，斯坎内尔眼中的利兹犹如一片战场，烟雾“笼罩着城市，发黄的乌云看上去就像毒气”，东北风“从街角刮过，冷如刀割”，“人行道上布满了冰雪饵雷”。

后来他喜欢上了利兹。他曾写道 :“感觉就像我在那儿出生，或者说，我在那儿重生……”他的重生就像一首诗。“我又开始写诗，写我自己。那些诗写得都不好，当时还没感觉有多糟糕。生活充满了惊喜、危险和希望。”1 月 23 日，他满 24 岁，没有工作，躲在一间阁楼里，也没有合法的证件。

斯坎内尔在酒吧里遇见了利兹大学的一名博士生肯尼思 · 西弗斯，他也是《北方评论》周刊的编辑。西弗斯把斯坎内尔引荐给了利兹大学有名的文学教授博纳米 · 多布里。多布里很喜欢这位 24 岁的诗人，安排他在大学旁听课程，包括乔治 · 威尔逊 · 奈特的文学评论课。多布里和奈特给他提了些阅读建议 :“我头一回接触福克纳、陀思妥耶夫斯基和福斯特的作品，还有霍普金斯的诗，看得我眼花缭乱……”几年前参军打断了他的学业，如今他正全心全意地学习，他写了很多诗，其中不少是关于利兹的，他把诗寄给文学期刊。和每个年轻的诗人一样，他也积攒了一大叠退稿信，直到有一天左翼周刊《论坛》刊登了他的一首诗。后来约翰 · 米德尔顿 · 默里办的《阿德尔菲》杂志，还有《芝加哥诗刊》都登载了他的诗。斯坎内尔写道 :“我很开心，以为通往文学成就的大门就此开启，其实我错了。”

同一时间，在伦敦的威斯敏斯特，解决“逃兵问题”的呼声越来越高。工党国会议员伍德罗 · 怀亚特打算在 1946 年 11 月提交一个问题供下议院讨论 :“请问不管部长是否为抓捕逃离 9 个月以上的逃兵的行动提供激励措施。”党鞭劝他撤回这个问题，因为可能会使公众注意到政府在这件事上处置不力。怀亚特写信给首相克莱门特·艾德礼说：“目前的情况似乎是国内有两万名逃兵没有抓捕归案，他们没有身份证、配给票证簿等物，因此他们其实都是不法分子……很显然没有哪国社会能容忍这种情况。”

国防部长艾伯特·亚历山大于 1947 年 1 月 22 日在国会通报，3 月 31 日以前自首的逃兵“一旦定案，将享受所有符合条件的所有减刑措施”。这一举措的力度不及大赦，陆军部被迫披露两万人中只有 1158 人在“宽容期”内自首。

艺术家赫伯特·里德、奥古斯塔斯·约翰和作家奥斯伯特·西特韦尔等人发起了“大赦逃兵运动”。他们在给《泰晤士报》的一封信中提醒读者“1 月份国防部长宣布的‘自首计划’收效甚微”。他们呼吁政府宣布大赦：“我们确信这是解决逃兵问题的唯一方法，既操作方便，又合乎人性，只要宣布赦免这些人——在他们沦为全职罪犯之前……”当时首相办公室注意到在一个月内不仅没有逃兵自首，反而又新增了 700 名逃兵。

弗农·斯坎内尔通过利兹大学的关系使他成为了学生会的一员，他不仅能使用学校的体育器材来训练，还加入了拳击队。他在北部大学锦标赛中荣获了次中量级、重量级和次重量级三个分组的冠军。他隐藏了职业拳击手的身份，否则会被降级到业余比赛。

他花了大量的工夫学习文学和打拳击，却没攒到钱，孤独地生活在阁楼里。他对被捕的恐惧“就像一道阴影遮住了意识”，正如他在《逃亡》这首诗中所写：

如果睡梦降临，或许楼梯会轰然作响
门猛然推开，皮靴狠踢骨头
皮开肉绽，愤怒的镣铐
咬紧手腕，头痛欲裂
要么是现实，要么是梦中的爆炸

两种情况，都可能发生

一个星期天下午，斯坎内尔正在阁楼里读《罪与罚》，诗中的情景真的发生了：“楼梯上突然传来沉重的脚步声，下一秒我的门突然被撞开，两名便衣警察冲进屋里。他们拽住我，把我摁到地上。”其中一名警察说：“我们知道你是谁。”接下来，贝恩在“一间牢房里度过了难熬的五天。牢房的墙上贴着通常贴在厕所里的那种瓷砖，有张木板床，和三床破旧的毯子”。军队的看守乘火车把他押送到阿伯丁，给他换上军装，和另外两个逃兵关到了一起。

帮他在法庭上辩护的下级军官告诉他一定要服罪。贝恩给利兹的博纳米·多布里和乔治·威尔逊·奈特写信。两位老师寄给他一些书，并且都答应为他作证。

审判贝恩的法庭上有三位军官，他的辩护人承认贝恩有罪，并请求法庭将他在北非和诺曼底的战斗记录考虑在内。法庭允许被告陈述，贝恩说他在将近五年的军队生涯“不管有没有战斗，都摧残着他所重视的品质，如想象力、敏感性和智力”。他说他除了逃走，别无选择。

庭长见他在辩护词上写着自己想成为一个作家，就问他写过什么作品。被告答道：“诗歌。”后来他回想起法庭上众人的反应，说：“他们面面相觑，眼神充满疑惑和猜测，然后说：‘好吧，给他找个精神病大夫，他应该是疯了。’”精神病医生的报告将他送到伯明翰附近的诺斯菲尔德军队医院，那是一所精神病院。在监禁期间，贝恩写了一首诗，名叫《伤员–精神病房》，其中有这样的诗句：

我的脑子出了问题

工兵在里面布下了地雷和铁丝网

我和死者促膝长谈

贝恩在精神病院待了好几周，他两次见到了一名年轻的上尉在从事精神病医生的工作。在他接受第二个疗程的治疗时，精神病医生告诉他："如果你真是病了，待在这儿绝对没法康复——更何况我认为你没病。"他把贝恩的情况会报给医疗委员会，他们没准儿会批准将其释放。上尉还建议贝恩"最近最好表现好点"。他听从了建议，并耐心等待。他写道："没过多久，我就被释放了。原因是'患有焦虑症'，还算比较体面。"

经过漫长的寻找，贝恩终于获得了自由。但内心还是有些愧疚。他写道：

> 还有许多人犯的错误比我轻，却长期被关在监狱。我仿佛能看到他们的身影，他们在指责我。除了他们，还有别人在指责我。我在战场上活了下来，但许多人死了，其中有我的朋友，他们的生命跟我一样宝贵；他们躺在利比亚的沙丘上、诺曼底的果园里，他们表现出色，但没有人赦免他们。他们所有人，都在指责我。

回想起1943年的一天，贝恩发现有一名上尉逃离了马雷斯防线。后来有位同僚跟他说起了那名上尉的事。当时他们遭遇敌军炮轰，连队的传令员约翰·贝恩"前去查探上尉的情况，到达位置后发现他不在那儿。他逃走了。他逃向了后方。在发起进攻时逃走了。我不知道他下落如何"。过了很久，贝恩得知他被擢升为少校，仍在军中服役。当时的军事司法制度将列兵关进穆斯塔法监狱，却让军官得到提拔，一想到这儿，贝恩心中的愧疚感顿时烟消云散。

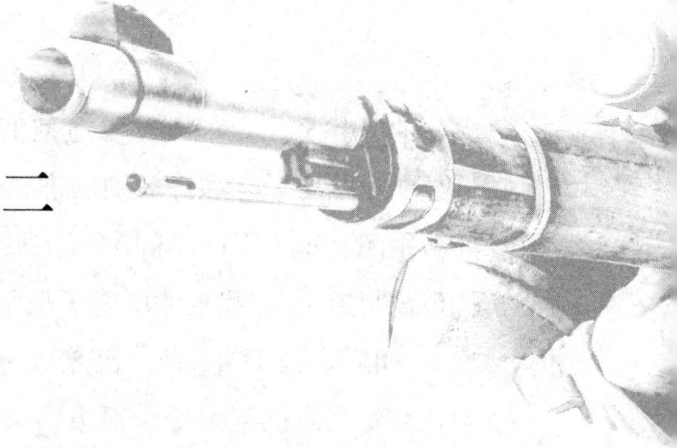

三十二

他们可能没有发现，真相其实是想家了。他们想念自己的归宿，想念寄托感情的地方。他们想念妻子和母亲。

《战士心理学》，第 334 页

1945 年 7 月 24 日，艾尔弗雷德·怀特黑德乘坐的火车自枫丹白露抵达巴黎里昂车站。他乘地铁回到位于德拉莫特匹克大街的公寓，他管地铁叫“地下街车”。他穿着全套军装，因为有偷来的请假条，他一点也不怕宪兵。可他不知道莱亚为他准备了什么样的惊喜。门开了，两人盯着对方没有说话。他离开后的一个月里，有些事情发生了变化。过了一会儿他才意识到是怎么回事。另一名美国兵搬了进来。

莱亚悄悄地说，让他去浴室等一小会儿，她让新欢离开。怀特黑德想杀了两人。他的头脑已经不清楚了，一会儿自首，一会儿逃跑就是证据。他妒火中烧，想要采取报复行动，但是谋杀会再次把他送回监狱，或许还会送他上绞架。他待在浴室里，另一名士兵离开后，莱亚给了艾尔一杯酒，他一句话也没说，心想：“我对我自己的妻子不忠，如今的确无话可说，但我决不饶她。”喝了很多酒，他倒下睡着了。

1945 年的夏天，巴黎很快恢复了秩序。虽然许多市民还能从黑市买到违禁品，但基本的必需品已经抵达法国的港口。逃兵团伙还在东躲西藏，军队有了更多人手去抓捕他们。怀特黑德藏着一把手枪，其实一点也不怕黑帮的人找上门，他刻意躲避他们，他还像往常一样酗酒、赌博、嫖妓，只是变本加厉了。和许多别的逃兵一样，放荡的生活让他不禁想加入法国外籍军团，这个军团不问出身，服役五年之后，给复员军人新的身份。怀特黑德写道："但我真的厌倦了战争和杀戮。"

1945 年 12 月 12 日，巴黎天寒地冻，怀特黑德又喝醉了。他思念塞尔玛，觉得自己很可怜，很想回家。回到公寓，他做出了一个决定。他脱下平民的衣服，换上美军军装，给莱亚留了封离别信。他走上大街，掏出那把 0.25 口径自动手枪，朝路灯射击，吸引警察的注意。警察纷纷拔枪朝他靠近，命令他举起手来。怀特黑德大喊道："我在德军面前都没举过手，你们区区几个法国警察更别想让我投降。"警察试图夺下他的武器。怀特黑德说他只交出了一把手枪，并要求在火车站谈判，获得同意后他才交出另一把。

法国警察把他送到第 15 区的芳达利路 69 号。美国宪兵随后赶到。关于怀特黑德被捕的经历，宪兵的记录和他本人的供述有很大差别。他坚称自己要求法国警察给美国宪兵打电话，宪兵赶到之后提出要释放他。而宪兵的记录上清楚地写着法国警察将其逮捕，并自主决定呼叫美国宪兵。怀特黑德说他将第三把 0.25 口径自动手枪送给宪兵当纪念品，还说宪兵开着吉普车送他去指挥部时，他又从靴子里掏出了两把小手枪。他写道："我还记得他们惊恐的表情。"但是宪兵的报告中没有提到多余的武器。怀特黑德的叙述更离谱，他说到达指挥部后，他又掏出一把手枪送给了坐在写字台后面的中士。根据他的叙述，他一共交出了 6 把自动手枪。而官方记录上说他总共只有 1 把手枪，3 发子弹。

怀特黑德说他告诉法国警察他名叫乔·吉沃丹，见到美国宪兵后马上承认自己是怀特黑德下士。第 787 宪兵营 C 连的理查德·S. 卡彭的讲述又是另一种样子：

我问他叫什么，他说他叫乔治，然后递给我一张请假条（B 级），上面写着乔治·瓦斯科。法国警察把他的0.25口径手枪交给了我，手枪的编号是2993，弹夹里有3发子弹。

我搜了他的身，发现他的吊牌上写着艾尔弗雷德·T. 怀特黑德，还有一枚军官的吊牌，写着尼克松。我问他逃离部队多久了，他接着撒谎，说怀特黑德是他的朋友。当我问道他的编号是多少时，他没答上来。

我们来到位于斯克里布街8号的酒店预订中心，发现这个人是艾尔弗雷德·T. 怀特黑德。我把他交给当班的军官鲍尔中尉。然后接着去巡逻了。

这份报告中没有记录怀特黑德的那些虚张声势的行为，像魔术师一样一把接一把地往外掏手枪这种事显然没有发生过。宪兵并没有提出过要释放他，更别说他拒绝宪兵的好意了。他在回忆录中写道："他们还劝我回自己的部队。我告诉他们说我是因为醉酒而忘了回去。"官方记录上恰恰相反，宪兵的表现非常敬业。当晚11点，他们把怀特黑德锁了起来。第二天早上，军法局长指控怀特黑德违反了《军法条例》第61条，擅离职守304天。要是欧洲战场的战争还没结束，罪名可能就是逃亡，他可能会面临死刑。

12月17日，军法局的朱利叶斯·霍克斯坦中尉委派尤金·T. 欧文中士调查这几项罪名。两周后，欧文递交了一份汇报表：

怀特黑德要求的证人，以及其他证人，若其证言无法达到起诉书中所指示的完整和满意程度……此后，在合理的条件下，将交给我审问，并允许他在场。他可以在我的协助下询问或交叉询问证人，并能在了解其权利和特权之后，为自己做陈述和申辩。

表格上问："在被告违法时，是否有合理依据证明其有心理缺陷，精神失常，或心理变态？"欧文中尉填"否"。表格的陈述部分写着"我认为

( ) 将他从部队中移除。”欧文在括号中填了“应当”。还有一句话是“我提议 ( )”，欧文填写的内容是“进行一次高级军事法庭审判”。12 月 22 日，霍克斯坦中尉安排了一次审判。

怀特黑德在回忆录中没有提到欧文这个人，也没说欧文提醒他可以传唤证人为他作证，而是抱怨军官虐待他，把他在单人禁闭室中关了 14 天，只给他面包和水，就因为他没有回答他们的问题。他说等候开庭时，他透过窗户看见莱亚走了进来，于是扔给她一张纸条，提醒她不要来看他，不想连累莱亚，他假装不认识莱亚，还声称莱亚流着泪离开了。

怀特黑德还说因为他没有回答宪兵的提问，被关进了禁闭坑里，不得不独自过圣诞节。军官从他口中问不出话来。到了第 14 天，军官威胁说要是不招供，就再关他一周。怀特黑德写道，监禁没有继续，而是把他推上了法庭。他没有洗澡，没换衣服，头发也没梳，看着像个流浪汉，不像个士兵。他记得军事法庭是在 12 月开庭，但官方记录写着开庭日期是在 1946 年 1 月 2 日。

法庭的状况跟审判史蒂夫 · 韦斯时一样，庭上全是军官，没有一名普通士兵。六名军法官之中军衔最高的是通信军团的乔治 · F. 肖少校。庭审军法官和他的助理，还有辩方律师都被请出了法庭，具体原因法庭记录里没说。由另一名助理军法官谢里登 · H. 霍维茨和助理律师哈利 · 科恩中尉展开辩论。霍维茨中尉为控方展示了两件证物，分别是 1945 年 1 月 19 日和 7 月 23 日的晨间报告。第一份报告上写着怀特黑德擅离职守，第二份写着“越狱”。他问辩方律师是否认同“被告艾尔弗雷德 · T. 怀特黑德下士于 1945 年 12 月 12 日回到美国军方的掌控之中”。辩方说认同，控方宣布陈述结束。

辩方律师没有向法庭做开场陈述。科恩中尉说：“在本案中，被告已经得知可以选择做未经宣誓的陈述。”法庭成员戴维 · L. 斯普雷彻曼学过法律，他为怀特黑德解释了三种选择：誓后陈述，可使控方和法庭进行交叉询问；未经宣誓的陈述，排除了交叉询问，但在本案的法庭上作用不大；保持沉默。“你若选择不站在证人席上作证，法庭上任何人都不能有任何评论，并且你的选择不会被当作认罪。”斯普雷彻曼问被告是否明白自己的选择。怀特黑德回答：“明白了，长官。”

怀特黑德决定做未经宣誓的陈述。他没有宣誓就站在了证人席上，因而只有科恩中尉上来问话。他的证词很短，法庭记录还不满一页。科恩问他的姓名、所属部队，是否是本案被告，出生日期和地点。

科恩继续问：“你 4 岁时发生了什么？”

“我的生父去世了，长官。”

“当时你做了什么？”

“我去了一家农场干活。”

“你读了几年书，怀特黑德？”

“没读几年。”

“你在哪工作？”

“沃尔特 · K. 帕内尔的农场。”

下一轮提问确认了他未曾有民事犯罪前科以及在军中服役三年的事实。

“你参加过战斗吗，怀特黑德？”

“打了 7 个月的仗。”

“你参加过几场战役？”

“长官，我从诺曼底打到德国，参加了四五场战役。”

“你负过伤吗？”

“没错，长官，我负过伤。”

“受过几次伤？”

“两次，长官。”

“负伤后你是怎么做的？”

“我继续战斗，我知道待在原地能得救。”

“怀特黑德，你从前被军事法庭起诉过吗？”

“没有。”

“关于你自己，你还有没有什么话想在法庭上说？”

“没有，长官，没什么可说了。”

怀特黑德被请下证人席，科恩中尉宣布：“辩方陈述完毕。”

法庭书记员没有记下辩方的总结陈词，助理军法官也没有做陈词。于是短暂休庭。重新开庭时，怀特黑德立正站好。法庭宣布罪名和罪行都成立，怀特黑德被判“有罪”。在宣读刑罚之前有短暂的休息。大多数陪审员都认为他违反了《军法条例》第61条，被判终身服劳役。法庭对怀特黑德网开一面，宣布他被“开除军籍，罚没所有已发和未发的薪饷、津贴，在核准当局直接管辖的拘留场所服5年劳役”。

怀特黑德说法庭没有给他申辩的机会，让他解释自己的疲劳症，以及他想回第2师，不想待在陌生的预备营的想法。但法庭记录上却写着允许他做任何陈述，并且幸好控方没问他逃到巴黎的两周是如何度过的。在回忆录中记录的那些犯罪行为一旦被发现，他一定会直接被判死刑。上午10点25分，审判结束。

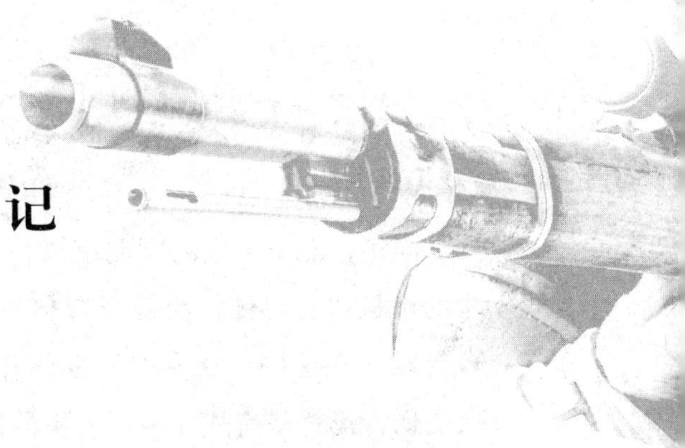

后 记

他们也是战争的受害者，跟被炸断腿的士兵一样。

《战士心理学》，第 352 页

在巴黎受审之后，怀特黑德先后在法国南部的三角洲惩戒训练营、新泽西汉考克要塞联邦监狱、纽约州杰伊要塞和绿海文拘留所服刑。后来军队将他的刑期减为两年半。1948 年 5 月 17 日，当他走出绿海文拘留所时，身上只剩 25 美元和一身棕色呢子西装。他的妻子塞尔玛在外面等他。他的假释条件让他深恶痛绝：在继父的农场干活。早在 1942 年他正是为了逃离继父才参军的。两年后他成了名理发师，手艺是当兵时学的。艾尔的理发店大概在 1950 年前后开张，位于田纳西州士麦那城，就在萨姆戴维斯街的吉尔斯维尔家庭中心。他和塞尔玛搬进了枫树街上的一栋小房子，养育了三个孩子。

怀特黑德觉得被开除军籍非常委屈，认为自己战斗过，获过表彰，不该有这样的待遇。他坚信只要证明负过伤，就能说服军方他的逃亡完全是因为身体状况。1949 年 5 月，田纳西州莱巴嫩的 R.C. 卡什医生为他做了一次体检，然后写道：

> 我在他的头顶偏右前部发现了一道长 1 英寸的伤痕，颅骨受损，在右手手背上，食指掌骨和指骨关节处有伤痕，据说是刺刀所伤，

> 这些伤疤不新也不旧，我认为可以确信大约是四五年内所受的伤。

同年，五角大楼的宽刑审核委员会重新审阅了怀特黑德的档案。委员会的审核报告对怀特黑德很有利："申请人其他记录良好。他参加了登陆日行动，在法国、比利时、德国作战。"另外，报告还评论："他自称两次受伤，仍然坚持战斗……但不能以伤病和精神状况的原因为他的行为开脱。"1945 年 12 月他被法国警方拘捕时身上带着假身份证明，还藏着武器，这一事实也对他不利。委员会建议："此案不必交给军事档案更改委员会审核，因为此案并无错误和不公正的记录。"

18 年后，有位律师接过了怀特黑德的案子。律师名叫 C. 亚历克斯 · 米查姆，他的律师事务所跟艾尔理发店在同一个购物中心。1977 年 1 月，吉米 · 卡特米查姆总统宣布大赦在越战中逃避兵役的人。米查姆看准这一时机，于 3 月 14 日致信白宫：

> 我代表我的好友艾尔弗雷德·T. 怀特黑德写信给您。随信附上他的兵役记录和开除军籍的证明。
>
> 怀特黑德先生从 1943 年 12 月到 1944 年 12 月期间参加第二次世界大战。他在战斗中两次负伤，第二次负伤后他的军队和医疗档案遗失或放错地方。他不幸被误解，因而遭受擅离职守的指控，被送上军事法庭受审，并在军事监狱里服刑一段时间。当时，他也被开除了军籍。
>
> 他无法获取他的档案，也不能使军方重审他的案子。因为他的真实档案无法递交给法庭，他坚信自己遭到不公正的审判和处罚……
>
> 我请求您考虑还他一个清白的记录。

米查姆的信与事实相差十万八千里，当然这都是根据怀特黑德提供的虚假信息写的。显然怀特黑德没有告诉米查姆他逃离枫丹白露预备队补给站；他没有上前线找第 2 师，而是去了巴黎。他也没告诉他的律师，他偷了盟军的物资，朝宪兵开枪，又从拘留所越狱，这些事都记在他的私人回忆录里。要是知道这些情况，米查姆一定不会写怀特黑德离队 7 个月是因为“他不幸被误解”。谁料到在 1978 年 12 月 27 日，军事档案更改委员会竟会将怀特黑德解除军籍的记录由“可耻”更改为“正常”。怀特黑德的儿子亚历山大 · T. 怀特黑德二世写道：“信寄到的那天，是我第二回看见父亲在清醒的时候哭泣。头一回是在母亲的葬礼上。”虽然“正常”比“光荣”低一个等级，但要是怀特黑德回忆录中的故事属实，他其实连“正常”二字都不配。委员会没有撤销他的有罪判决。

他在印第安人头像师的战友没有忘记他和他的逃亡行为。1970 年，他想参加第 2 师在佐治亚州哥伦布的年度聚会。后来第 2 师的老兵杰西 · 布罗德写道：“（怀特黑德）被请走了，因为他不是第 2 师的成员，也不可能成为一员。”

1989 年春，审判已经过去了 40 多个年头，艾尔 · 怀特黑德独自乘飞机来到巴黎。他写道：“一切都变了。过去的旅馆变成了公寓。我喝了几杯酒，心想哪怕步行 20 英里，也要找到一家跟我记忆中一样的旅馆。”怀特黑德记忆中的旅馆更像是出租屋，人们长年住在里面。大多数这样的旅馆都消失了。怀特黑德自己也变了。64 岁的他早已不是那个初次造访“光明之城”的鲁莽小伙儿。巴黎的黑市和美国宪兵巡逻队早就没了，现代化的都市让怀特黑德晕头转向。他回到机场，在航站楼的长椅上睡了一觉。

在戴高乐机场一觉醒来，他返回城中寻找熟悉的地方。他把美元换成法郎，这回享受不到黑市汇率了。他漫无目的地走过一条条大街。日落时分，他乘一辆出租车来到第 7 区的一家小餐馆，他和莱亚就是在这儿偶遇的。他写道：“我走了进去，站了一会儿，很久之前的记忆潮水般涌上心头。”他又喝醉了，问吧台后面的女人哪儿有住的地方。她把怀特黑德带到后面，有个黑头发的小伙子在里边等着他。三人来到顶层，走进一间简陋的房间。怀特黑德以为两人是妓女和皮条客，他说自己想要一张床，而不是要一位姑娘。他掏出一些钱给那个小伙儿，结果小伙儿接过钱扔回他脸上。作为一名老兵，曾经的黑帮分子和罪犯，怀特黑德感觉心中又燃起了战时的怒火。他写道："我对他们下了狠手，两人逃了出去，我追到屋外。"

他在附近的小巷子里遇到了两个小混混。他是个容易下手的目标，喝醉了酒，用他自己的话说"胡子花白，是个无害的老头子"。小混混想不到一位 64 岁的美国游客会反抗，怀特黑德背靠着墙，防止背后偷袭。他用蹩脚的法语大吼："二战时我把你们这种杂碎揍得屁滚尿流，谢天谢地，我能再陪你们玩玩！"

一个小混混挥了一拳，怀特黑德抓住他的胳膊，用军队的搏击技巧拧断了他的胳膊。第二个小混混把他朝墙上推。怀特黑德抓住小伙儿的头，用膝盖猛击他的下体。当他掏出随身带的小刀时，几个小混混吓得落荒而逃。怀特黑德在一辆面包车下躲了十分钟，确认没人回来帮忙后才爬了出来。他坐出租车回到机场，坐飞机回到了美国。那是他最后一次去巴黎。

怀特黑德把艾尔理发店从田纳西州搬到了马萨诸塞州科德角的西亚茅斯。一位名叫托马斯·林赛的顾客说曾在 1991 年见过他。"我坐在椅子上，听他讲故事。还买了一本他摆在门口的书。"在他的店里出售的回忆录没有隐藏逃亡、黑帮和入狱的事。

1996 年 1 月 26 日，怀特黑德在科德角去世，五天前他刚过完 74 岁生日。他的家人把他葬在威斯康星州韦斯特比的库恩草原公墓，不远处就是他年轻时和塞尔玛·谢尔帕恋爱的那片农场。他在这儿和塞尔玛一家相处的日子里头一次体会到什么是幸福。他的儿子记得："多年以来，父亲只是假装活着。他的脸上从未有过笑容，连微笑都很少，他的心总是离我们很远。"他的儿子对他深感惋惜，因为他"很久以前就死了，死在法国的田野和树篱之间"。

1953 年 2 月，再次担任首相的温斯顿·丘吉尔宣布大赦战时逃兵，以庆贺英国女王伊丽莎白二世加冕。藏在英国的逃兵得以获得自由，可以从事正当工作，海外的逃兵也终于可以回家。战后警察和宪兵长达七年的抓捕行动告落下帷幕。

迟来的大赦没有让弗农·斯坎内尔受益，他早就因为身体原因被解除军籍，回到了利兹。学习9个月之后，他搬回伦敦，后又到过好几个英格兰小镇。他的战后职业生涯非常丰富，当过拳击手，先后在几所公立学校教过书。在萨里郡林普斯菲尔德的一家小学教书时，他的班上有个叫西蒙·詹金斯的学生，也就是后来《泰晤士报》的总编辑。詹金斯很喜爱他以前的老师，说他有两个非凡的天赋："无双拳击技巧和诗才。"学生大都不知道他曾是职业拳击手，还发表过诗歌。詹金斯还说："他给人的感觉总是心事重重，仿佛心在远方，他好像总是在躲藏，没有多少可以分享，分享给大家的都是极为珍贵的东西。他跟约翰·勒卡雷很像。"

1954年，弗农·斯坎内尔娶了约瑟芬·希格森，两人有六个孩子。有个儿子夭折以后，两人的婚姻渐渐走向失败。他靠写小说、诗歌和评论基本很难养活一大家子人。根据他的儿子约翰的回忆，他经常过度饮酒，直到60岁后还喜欢打拳。他的老婆孩子知道他在阿卡里特河谷逃亡的事，但他从未在诗歌和早期的回忆录中提及。直到1987年，他的新书《诸王的争论》出版，在这本书中才讲述了完整的故事。英国广播公司有名的"荒岛唱片"节目邀请他做访谈，为他的新书做宣传，还要和他讨论如果要去一座荒岛，应该带上那几段音乐。

电台录音中斯坎内尔的声音低沉，听上去感觉他很博学，像个牛津大学的老师。光听声音，谁也猜不到他是白金汉郡工人阶级之子，在拳击场上比在教室里待得久。他说的话很容易让人联想起经典散文和诗。他承认，"（拳击和诗歌的结合）像一种怪异的混合物，一定有人会这么想。其实拳击手诗人不止我一个。约翰·济慈，虽然他不打拳，但他也是个爱打架的小伙儿。拜伦当然也是。他的有个随从就是拳击冠军，经常和他过招……还有T.S. 艾略特和萧伯纳。"

英国广播公司机敏的主持人迈克尔·帕金森问起他逃离部队的事。斯坎内尔描述了阿卡里特河谷的景象。那天早上，锡福斯高地人团穿过戈登团的营地前去攻打鲁马纳山脊。他说："他们完全暴露在德军机关枪的火力之下。"

> 他们占领了一部分山脊，我们跟了上去。天渐渐亮了，太阳升起来了。地上到处都是死人，他们刚刚还从我们身旁走过，和我们互相对骂。我们的士兵，我的朋友，开始四处洗劫尸体。他们在死人身上翻找手表、钱包等值钱的东西。我感到毛骨悚然，无法相信，这种事我从未见过。洗劫自己死去的战友……突然间我对整件事感到非常恶心，于是掉头逃走，根本没人拦我。

选完 8 段音乐之后，《荒岛唱片》的嘉宾还要他回答要带哪些书去荒岛，莎士比亚的书和《圣经》除外。斯坎内尔选了五本英语诗集，还有 W.H. 奥登的诗集，最后一件带上荒岛的物品是一件奢侈品。对斯坎内尔来说，这个选择并不难做："一叠 A4 纸和一杆好用的笔。"

公开讨论逃离部队的事对他的影响比预料中要大。回忆采访当天，他的儿子约翰说：

> 我跟他说好在酒吧见面，但他没有来，整个下午都没有见到他。我的父亲从不做出格的事，他是个绝对诚实的人。讲述逃亡的事激起了他的回忆。他走出演播室，三个小时以后找到了出版商杰里米·罗伯森。他说："想不起来我是怎么到那儿的。"

后来逃兵斯坎内尔得到了官方的无罪证明。1960 年，皇家文学会接纳他成为会员，一年后他获得海涅曼文学奖。1981 年女王因为他在文学方面的贡献奖励他王室年俸抚恤金，帝国战争博物馆为他的《诸王的争论》一书问世提供赞助。他一生经历了许多坎坷。他经常搬家，他跟税务局死磕，因为他朗读诗歌获得的收入从不交税。他因酒驾坐过几个月牢。地方法官不待见他诗人的身份，对他的判罚格外重。

弗农·斯坎内尔逃离过部队三次，他的作品大多是写军队对人性的摧残。终其一生，他都没有放下内心的战争。他把心中的感受写进诗里，成为了二战时期最优秀的诗人，并且认为自己的视角跟一战诗人在同一水平。弗农在《不无荣耀：二战诗集》里说最杰出的诗人是基思·道格拉斯，道格拉斯是名年轻的军官，他逃离了阿拉曼防线，差不多就在贝恩负伤前后，他死在诺曼底。

从斯坎内尔的诗歌和回忆录中可以看出，他最喜欢的主题是暴力，有时在拳击场，有时在战场，其实多数时候是在内心的战场。他最好的一首诗名叫《爱与战争》就是证明。

1970 年 5 月 11 日，他在多西特给朋友詹姆斯·吉布斯写信谈到一首新诗，名叫《行走的伤员》。诗中的伤兵还没严重到需要担架的地步，他们正在北非的荒漠上蹒跚而行。这幅画面在他脑海中萦绕了多年。他告诉吉布斯“这首诗很难写成”：

> 要完成这首诗我还得等待更久，因为我对描述性的诗提不起兴趣：我必须看清意象所传达的比喻和象征意义。我慢慢意识到“行走的伤员”呈现了人类的普遍状态：戏剧色彩浓厚的英雄人物毕竟是少数。我们大多数人在生活中受了轻伤，不得不一次次重返战场，长远地看，或许这样的角色才更重要，更有英雄气概。

诗中的人物形象跟画家约翰·辛格·萨金特在《中毒者》这幅画中所描绘的人物很像：

> 他们来了，行走的伤员
> 前前后后，走在路上，就像铁索拴住的囚徒
> 步履蹒跚，疲惫而绝望

昨夜的冲锋，让他们今天低垂着头
眼睛中仍有深邃的黑暗……
……英雄的尸体
在功勋卓著的梦里，缓缓翻身
所有救护车都消失了
行走的伤员还在缓慢前行
听到召唤，再次拿起武器

弗农·斯坎内尔，本名约翰·弗农·贝恩，死于 2007 年 11 月 17 日，享年 85 岁。就在他去世前，他还在戈登高地人团的网站上发帖，题目是“想知道戈登·伦尼和威廉·‘比尔’·格雷的下落”。网站上还没有人回复。

1991 年，拉塞尔·达克斯中尉刚写完回忆录手稿，书名叫《军中二十五年》，当时史蒂夫·韦斯正住在加利福尼亚州。这本回忆录在第 36 师的老兵之间传阅，其中提到了发生在意大利的某件事。事件发生时，韦斯还没有加入第 36 师。那时 C 连的指挥官是霍顿上尉，他召集军官策划突袭萨穆克罗山。和二战时期美军其他步枪连一样，C 连也有六名军官，一名上尉，五名中尉。有名叫格林利的中尉不久前阵亡了。达克斯写道：

霍顿上尉命令所有排长马上召集人员在山顶集合，准备在天黑前发起突袭。这将是一场夜袭，突然一声刺耳的爆裂声响起，紧接是一声闷响，过了几秒，我们都不知道发生了什么事，来自缅因州贝尔法斯特的西蒙斯中尉和我，拉塞尔·达克斯中尉，发现霍顿上尉和其他几名中尉躺在地上一动不动，他们头上血如泉涌。三人被德军狙击手的同一颗子弹贯穿，子弹从 A 连所在的区域射来。

指挥 C 连的重任落到了艾伦·西蒙斯身上，他被提拔为上尉。狙击手枪下的另一名幸存者达克斯中尉成为了 C 连的参谋长。

读到这件事后，韦斯大为震惊。他开始反思西蒙斯上尉的谨慎和疏远，目睹三名战友死在同一颗子弹之下，对他一定刺激不小。1991 年，韦斯正在从事精神病医生的工作，他研究精神创伤，知道为何精神创伤能让一个人变得内向孤僻。这样的事情在他父亲身上发生过一次，似乎西蒙斯也受到了影响。史蒂夫 · 韦斯曾以为自己有逃走的理由，突然也明白了西蒙斯也有理由不涉险，不走近部下，不提供精神支持。然而时至 1991 年，韦斯纵然想明白了道理，也不再有任何用处。

战后韦斯又去过法国，见到了曾经帮助过他的人。他和自由法国的军官弗朗索瓦 · 比诺什取再续友谊，还拜访了在里昂收留过他的龙尼和奥尔加 · 达昂夫妇。2011 年春，他回到了布吕耶尔，也就是第 36 师判他服终身劳役的地方。不认识他人都以为他只不过是一名来度假的八旬老人。但其实八十多岁的美国老人出现在法国小村，几乎不会是来度假的。他们曾战斗在法国的山间和村镇，如今这些地方都已变得繁华。他们是在寻找留在这里的青春和欢笑。

韦斯很瘦，但举止优雅，保持着一种庄严的仪态。他有种退役军官的风度，与人交谈时挺直背，双眼直视对方。我跟他在布吕耶尔寻找当年审判他的法庭。虽然已是 86 岁高龄，走在布吕耶尔的街上，他不需要任何帮助，就像他 19 岁来这儿时一样。

史蒂夫 · 韦斯领着我探索这个地方，这里曾是德军和美军的战场。几小时前，他去过埃皮纳勒的军人墓地。在他的朋友哈利 · 尚克林中士的墓前，他流下了眼泪。他告诉我说那是此行唯一一次落泪。尚克林在摩泽尔河附近牺牲时才 22 岁。想到尚克林没能活到娶妻生子的那一天，没有机会打拼事业，反思战争，韦斯感到非常难过。愧疚和惋惜压在韦斯心头，因为他为了活命选择了逃走，虽然是身不由己。

4 月和煦的午后，我和韦斯漫步在布吕耶尔，他的心情明显好多了。我们敲开居民的门，开门的老人 1944 年时还是个孩子。我们问他们是否知道第 36 师驻扎过的地方。没人能给出确切的答案。一位端庄的白发老妇人问我们为什么要打听。我们告诉他史蒂夫曾是第 36 师的士兵，老妇人展开双臂拥抱了韦斯。她说当年第 36 师赶跑德国鬼子时她才 14 岁，太年轻了，所以没有亲吻那些士兵。她亲吻了韦斯的双颊，接着开始啜泣。

后来我对他说也许逃亡是个正确的选择，否则可能会过早死亡，或者身负重伤。他回答我说逃走也会受伤。“你看我费了多少工夫才恢复正常。我在精神病医生的椅子上躺了好多年。后来我自己也成了一名精神病医生，治疗战争的受害者。我费尽毕生精力才把一切恢复原样。”

韦斯记得有一片楼房，包括指挥所、监狱和教堂。审判他的法庭就设在那个小教堂里。1944 年的冬天，大雪覆盖了整个小镇。2011 年的春天，一切都是那么明媚温暖。镇上的居民给我们指了好几片楼房，他们记得那几处都像是第 36 师曾经的指挥部。一处是一所天主教教会学校，校舍大楼紧挨着一座教堂，另一处是一所当地的医院，外边也有一座小教堂。韦斯来回走了几圈，打量着两个地方，不得不承认他的记忆完全派不上用场了，其实这都没关系了。他在意大利和法国战斗过，赢得过勋章，逃离过部队，在孚日山的小镇里受审，又在卢瓦尔惩戒训练中心服刑。在他的记忆深处，对他的审判持续了好多年。寻找当年受审的地方是我个人的请求。我想挖掘一些官方记录中没有的东西。1944 年 11 月 7 日的军事法庭所在地就像一把钥匙，可惜我们没能找到它。

致谢

我的上一本书《美国人在巴黎：纳粹占领下的生与死》讲述了战争时期美国侨民的故事，其实当时逃离法国才是明智的选择。写他们的故事时，有人问我逃离的那些人后来怎么样了。我问自己："你是否知道二战中有很多美军和英军士兵逃离部队？"答案是"我不知道"，我马上意识到其实没多少人知道。关于一战逃兵的文献有很多。后来有人发起了一场运动，争取为去世的一战逃兵免除罪名。而这些文献在运动中起到了很大作用。于是我开始着手研究二战中来自美国、英国和英联邦的逃兵，结果惊讶地发现鲜有书籍提到这一群体。威廉·布拉德福德·休伊在 1954 年出版的《处决列兵斯洛维克》是唯一一本详细讨论这一主题的著作，不过那本书关注的是唯一一个被处决的逃兵，而不是约十五万名活下来的逃兵。

在"最伟大的一代人"中，逃兵现象仿佛成为了一个禁忌。他们的故事尘封在档案馆、警察局记录、精神病报告和军事法庭记录之中。需要寻找的材料太多，在许多人的帮助之下，我才得以探索陌生的题材，才能获知各种千差万别的信息。此时再美的文字也无法表达我心中的感激之情。

我要感谢夏洛特·戈德史密斯，如果没有她的提问，我不会开始这项研究。我感谢我的朋友戈尔迪·霍恩和库尔特·拉塞尔，我们在杜布罗夫尼克的一家餐馆喝酒时，是他们帮犹豫不决的我给书定了名。他们问我为何不就以《逃兵》为名。我在写这本书时，我的妻子安妮·洛尔·索尔在巴黎为我生了个儿子，我们给他起名叫卢西恩·克里斯琴·查尔斯。当时我正一边研究，一边努力为所得的信息赋予意义，儿子的出生给我带来了灵感。因为工作的原因而对他疏于照顾，在此我请求谅解。我还要向另外几个孩子、我的养子和孙子表示抱歉和感谢，我没能花更多时间陪他们，有时我的坏心情也影响到了他们。

为了完成这本书，我在美国、法国和英国都待了很长时间，三个国家的朋友和同事给了我极大的支持。在美国，我尤其要感谢蒂姆·嫩宁格博士和理查德·博伊兰博士，两人都在位于马里兰大学帕克分校的国家档案和记录管理局工作；在弗吉尼亚州阿灵顿的美国陆军法律服务处法庭书记官办公室工作的玛丽·B. 查普曼、杰弗里·托德、莉萨·托马斯和乔安妮·P. 埃尔德里奇；得克萨斯大学哈里·兰塞姆中心的伊丽莎白·L. 加弗；乔治·C. 马歇尔基金会的图书和档案馆主任保罗·B. 巴顿；纽约州西点军校历史系的兰斯·A. 贝特罗斯上校和德怀特·米尔斯少校；还有西点军校的拉贾·舒艾利博士；第 2 师的克利夫·伯克利等朋友；还要感谢位于宾夕法尼亚州卡莱尔兵营的美国陆军军事史研究所和国家人事档案中心。感谢阿比盖尔·纳普、科拉·柯里尔、克里斯托弗·艾莎姆和詹妮弗·艾莎姆、玛丽·艾丽斯·伯克、杰夫·普赖斯和安妮·普赖斯、康拉德·C. 克兰博士、理查德·W. 斯图尔特博士、戴维·W. 霍根博士、唐·普雷尔、乔·迪拉德、约翰·贝利。

在英国，我首先必须感谢史蒂夫·韦斯。此外还要感谢约翰·斯坎内尔和他的妹妹简·斯坎内尔，他们花了大量的时间帮助我理解他们的父亲弗农·斯坎内尔。斯坎内尔的朋友保罗·特雷惠拉，他向我提供了宝贵的资料，而且最早是他把我介绍给斯坎内尔一家认识的。我必须感谢我的合作者布赖恩·莫伊纳汉、科林·史密斯、阿蒂米斯·库珀、马克斯·黑斯廷斯，他们为我提供了建议和战争的背景材料。利兹大学的休·塞西尔教授和二战体验中心的卡西·皮尤为我提供了珍贵的访谈记录，让我能了解到二战英军士兵对逃兵的讲述。我还要感谢阿尼娅·哈特·戴克和安德鲁·帕森斯；维里蒂·安德鲁斯和南希·富尔福德；伦敦图书馆、国家档案馆、大英图书馆、伦敦国王学院的利德尔·哈特军事档案中心、帝国战争博物馆的全体员工。

这本书的大部分内容是在法国完成的，我必须感谢巴黎一家美国图书馆的洛朗·戈尔德贝格、阿米·斯威尼、夏尔·特鲁哈特；还有莎士比亚书店的亚历山德拉·施瓦茨、罗斯·福伦、艾丽斯·卡普兰、塞尔瓦·布尔吉、斯特凡娜·莫琉、希尔迪·圣托马、吉尔·唐纳森、西尔维娅·惠特曼、耶马·比勒尔；法国国家档案馆、法国国家图书馆、巴黎警察博物馆的全体员工。还要衷心感谢法国南部我最爱的几家餐馆的店主和店员：福卡尔基耶的小镇餐馆、拉科斯特的法兰西餐馆、圣罗曼的谢兹·克洛代特餐馆、博尼约的特莱斯餐馆、雷亚讷的林荫道餐馆——在这些地方都很适合一边抽着烟、喝着咖啡，一边写作、编校和遐想。

我要感谢为我提供住处，让我远离都市喧嚣的热心人：萨凡纳艺术与设计学院拉科斯特校区负责人和全体员工，2010 年夏天他们慷慨地允许我住在冬季宿舍；乐团指挥家奥利弗·吉莫尔，在杜布罗夫尼克他让我住进他的豪宅；罗比·伯克和凯西·伯克，他们在上普罗旺斯的别墅环境清幽、景色怡人，是个创作的绝佳场所；格斯塔德的塔基·西奥多拉可普洛斯和亚历山德拉·西奥多拉可普洛斯；西蒙·高尔和埃利·高尔，他们在格里莫附近的住所风景壮丽；埃玛·索姆斯，她把她在法国南部的乡间别墅借给我住，我正是在那个理想的住所完成了这本书的收尾工作。我还要感谢达尼埃尔·阿德尔和韦罗妮克·阿德尔，他们帮我在吕贝龙租到了一间房子。

最后还要万分感谢本书的编辑，纽约企鹅出版社的安·戈多夫和伦敦哈珀出版社的马丁·雷德芬。他们的指导（和精神）都在字里行间。如果还有我没感谢到的人，请您谅解我的疏忽。